Smith

Frei von Selbsttäuschung

Rodney Smith

Frei von Selbsttäuschung

Der buddhistische Weg aus der Ego-Falle

Mit einem Vorwort von Joseph Goldstein

*Aus dem amerikanischen Englisch übersetzt
von Maike und Stephan Schuhmacher*

WINDPFERD

Titel der amerikanischen Originalausgabe *Stepping Out of Self-Deception*
Erschienen bei *Shambhala Publications, Inc., Bosten MA, USA*
www.shambhala.com
© 2010 by Rodney Smith
Aus dem amerikanischen Englisch übersetzt
von Maike und Stephan Schuhmacher

1. Auflage 2011
© 2010 Windpferd Verlagsgesellschaft mbH, Oberstdorf
Alle Rechte vorbehalten
Umschlaggestaltung: Kuhn Communication Design, Amden (CH)
unter Verwendung von Illustration (123rf/Shutterstock)
Lektorat: Sylvia Luetjohann
Gesetzt aus der Warnock
Druck: Himmer AG, Augsburg

Printed in Germany
ISBN 978-3-89385-657-2
www.windpferd.de

Inhalt

Es gibt keine andere spirituelle Praxis als die, der Selbsttäuschung zu entkommen und nicht mehr darum zu ringen, spirituelle Zustände zu erlangen. Lass das einfach sein, denn es gibt keine andere Spiritualität.

– CHÖGYAM TRUNGPA RINPOCHE,
Der Mythos Freiheit

Vorwort

Gelegentlich erscheint ein Buch, das unser Verständnis davon, wer wir sind und worum es in unserem Leben geht, erneuert. *Frei von Selbsttäuschung* ist ein solches Buch. Es ist einerseits eine wunderbar frisch und gut geschriebene Darstellung des Pfades des Erwachens, und es stellt andererseits manche der Vorstellungen, die wir uns auf dem Weg machen, infrage.

Ich kenne Rodney Smith seit vielen Jahren und er ist wohl am ehesten als ein buddhistischer Revolutionär zu beschreiben. Er gibt sich nicht mit formelhaften Ausdrucksformen der Lehren zufrieden, hat sich in den Kern des Erwachens vertieft und hat diese Freiheit inmitten unseres alltäglichen Lebens gefunden. Seine Leidenschaft für das Wachsein – genau jetzt – wird auf jeder Seite dieses bemerkenswerten Buches deutlich. Bei seiner Ergründung der Frage, was uns helfen kann, den Geist zu befreien, schöpft er aus seiner eigenen reichen Lebenserfahrung – als buddhistischer Mönch in Thailand und Indien, als langjähriger Direktor eines Hospizes, als liebevoller und engagierter Ehepartner und als langjähriger Lehrer.

Wollen wir die Selbsttäuschung hinter uns lassen, dann müssen wir aus dem Ich heraustreten, nicht nur in unseren weltlichen Beziehungen, sondern, was wohl noch wichtiger ist, in unseren spirituellen Bestrebungen. Rodney Smiths Lehren sind ein Spiegel für unseren Geist*; sie legen ihren Finger mit unmissverständlicher Klarheit auf die Stellen, wo wir uns selbst etwas vormachen, und weisen darauf hin, dass es jederzeit möglich ist, aufzuwachen. In diesem engagierten und von Herzen

---

* Zum Gebrauch des Begriffs „Geist" siehe den Hinweis zur Übersetzung auf Seite 285. Weitere Anmerkungen des Übersetzers sind mit römischen Zahlen gekennzeichnet und finden sich auf Seite 286.

kommenden Buch geht es nicht darum, ein bisschen bequemer zu leben oder einige der rauen Kanten unserer Psyche zu glätten, obgleich auch dies geschehen kann. Es geht um die lebendige Unmittelbarkeit des Augenblicks, der, frei von jeglicher Selbsttäuschung, wach ist für die Wunder, die eine solche Freiheit mit sich bringt.

Joseph Goldstein
Barre, Massachussetts
September 2009

Danksagung

Ich hatte das große Glück, Lehrern aus vielen Traditionen zu begegnen, die mich aus einem hartnäckigen Muster nach dem anderen hinausbugsiert haben. Für all ihre Anstöße verneige ich mich in tiefer Dankbarkeit. In Hinsicht auf dieses Buch verdienen zwei Lehrer besonderen Dank: Ajahn Buddhadassa, der mir meine Natur offenbarte, indem er auf die Natur zeigte, und Nisargadatta Maharaj, der es so schwierig machte, ihn zu ignorieren, dass ich mich ihm überantworten und ihn in mich einlassen musste. Andere, die sich unauslöschlich in mein Bewusstsein eingeprägt haben und sich direkt auf den Inhalt dieses Buches ausgewirkt haben, sind Jiddu Krishnamurti, Tulku Urgyen, Adyashanti und Eckhart Tolle.

Besonderer Dank gilt Joseph Goldstein und Narayan Liebenson Grady, die mir halfen, einige Aspekte des Dharma neu zu formulieren, und Guy Armstrong, der geduldig die Quellenangaben für mehrere Suttas (Sûtras) ausfindig machte.

Jedes Buch benötigt einen vertrauenswürdigen objektiven Leser, der das Geschriebene kritisieren kann. Ich hatte das Glück, Parker Huey zu haben, die das Manuskript akribisch las und immer wieder prägnante und taktvolle Kommentare beisteuerte. „Rodney", pflegte sie zu sagen, „könntest du vielleicht in Erwägung ziehen, diese Stelle folgendermaßen ... zu verändern?" Wer könnte derart höflich vorgebrachten Vorschlägen schon widerstehen?

Einleitung

In den vergangenen fünfzig Jahren sind buddhistische Praktiken im Westen immer populärer geworden. Achtsamkeit wird mit Stressreduktion, erhöhter Abwehrkraft des Immunsystems, psychischem Wohlbefinden und tiefen Glückszuständen in Verbindung gebracht. In vielen Fällen wurde die Übung von Achtsamkeit vollkommen von den Lehren Buddhas abgekoppelt und zu einer eigenständigen kognitiven Therapieform zur Behandlung verschiedener geistiger Störungen von Depression bis hin zu Zwangsneurosen gemacht.

Das Konzept des Anattâ (skrt. anâtman)[1], welches besagt, dass es kein dauerhaft bleibendes Ich beziehungsweise keine unsterbliche Seele gibt, bildet das Herzstück der buddhistischen Lehre, doch da wir im Westen die psychische Gesundheit dermaßen betonen, ist es vielleicht unvermeidlich, dass dieser wesentliche Aspekt der Lehre entweder heruntergespielt oder gar ausgespart wird. Leere steht schließlich im Gegensatz zu vielen unserer wichtigsten Werte, wie etwa der Eigenständigkeit, der individuellen Initiative sowie dem Streben nach Vergnügen. Wir wünschen uns die Zufriedenheit und das Glück, die der Buddha uns versprochen hat, aber mit einem vollkommen stabilen und intakten „Ich".

Diese selektive Herangehensweise an den Buddhismus scheint es möglich zu machen, uns das Beste aus der östlichen und der westlichen Welt herauszupicken. Wir können die Techniken und Praktiken verwenden, die unseren unmittelbaren Zwecken dienen, ohne die spirituellen Fragen stellen zu müssen, die unsere Existenz betreffen. Das Tolle daran ist, dass die Methoden funktionieren und die größere Achtsamkeit intensive und wohltuende Auswirkungen sowohl auf unsere geistige Gesundheit wie auch auf unser alltägliches Wohlbefinden hat.

Die Geschichte fände hier ein glückliches Ende, wenn es nicht einen Haken dabei gäbe, den Dharma (die Lehren Buddhas) derart zurechtzustutzen. Im Äußeren sehen wir, wie die Umwelt der Erde vor unseren Augen kaputtgeht, wie die Bevölkerungszahl emporschnellt und wie unsere natürlichen Ressourcen abnehmen. Wir sehen, wie beispiellose Gier und Aggression auf einem ständig schrumpfenden Planeten zu immer größeren Spaltungen führen. Zu einer Zeit, in der die Welt nach Freundlichkeit und Mitgefühl hungert, sehen wir, wie Kulturen ihr altes Gezänk fortsetzen und dabei ihr gemeinsames Erbe vergessen.

Innerlich bestehen unsere Probleme ebenfalls weiter. Wir leiden und verstehen nicht, woran. Angst, Begehren und Kummer erfüllen unser Leben. Unsere ausgefeilten psychologischen Methoden sollten unsere Probleme eigentlich lösen, aber all die Therapien und Selbsthilfemethoden scheinen unsere Isoliertheit und Getrenntheit nicht mindern zu können. Wir würden gern Mitgefühl für alle Wesen empfinden, aber unsere eigenen Probleme nehmen uns so sehr in Beschlag, dass wir wenig Zeit haben, andere in unser Herz mit aufzunehmen. Wir versuchen diese Mängel durch mehr sozial engagierte Aktivitäten zu kompensieren, stellen jedoch fest, dass unsere Motivation oft auf Rechthaberei beruht, welche die Welt weiter aufspaltet.

Durch all unsere Techniken und Behandlungsmethoden hindurch bleibt die Ichempfindung der Eckpfeiler unserer Existenz. Wenn wir unsere Erfahrung betrachten, scheinen wir der Mittelpunkt des Universums zu sein. Alle Erfahrungen scheinen unseren zentralen Platz im Leben zu bestätigen und jede Wahrnehmung wird durch die Brille des Ich betrachtet. Wir hören von der verderblichen Macht des Ego, scheinen jedoch unfähig zu sein, diese allgegenwärtige Ichempfindung abzuschütteln. Die Autorität des Ich scheint absolut zu sein und die meisten von uns beugen sich letztlich seiner Herrschaft. So üben wir denn den Dharma, indem wir die Ichempfindung im Herzen unserer spirituellen Entwicklung mit uns tragen.

Viele von uns verbinden mit ihrer Praxis ein freundlicheres und sanfteres spirituelles „Ich", das im Gegensatz zu dem weltlichen „Ich" steht, dem uns Probleme bereitenden Zwilling, der einer Therapie bedarf. Wir spielen dann das vertraute Spiel von „Teile und herrsche" und nehmen mit unseren spirituellen Idealen den Kampf gegen unsere weltlichen Reaktionen auf. Doch dem Ego nur verschiedene Namen zu geben, so erkennen wir schließlich, führt lediglich dazu, seine umfassende Kontrolle noch zu verstärken, was unausweichlich zu größerem Leiden und größerer Feindseligkeit führt.

Einige von uns folgen dem Weg der Weisheit und es gelingt ihnen, den Einfluss des Ego zu schwächen, sodass sie einzigartige Einsichten in die Substanzlosigkeit des Ego erfahren, aber sie können aus diesen Offenbarungen zurückkehren, ohne dass Macht und Stärke ihres „Ich" wesentlich vermindert wurden. Das Ego bringt es fertig, auf seinen eigenen Untergang Bezug zu nehmen, indem es sagt: „Oh, ich habe gerade eine Erfahrung meiner eigenen Leere gemacht." Ganz gleich, was wir tun, ganz gleich, wie viele Einsichten in unsere wahre Natur wir gewinnen, wir scheinen die Welt noch immer um die Grundprämisse herum zu organisieren, die da lautet: „Ich" bin hier drinnen und sehe nach draußen auf alles Übrige.

Irgendwann realisiert ein den Dharma Übender, dass seine innere Welt von abstrakten Diskussionen angefüllt und die äußere Welt von Konflikt und Kampf belastet bleibt, solange das „Ich" die treibende Kraft hinter Gedanken und Emotionen ist. Wir beginnen zudem zu verstehen, dass die Ursache unseres Leidens nicht in dem liegt, was wir tun, sondern in der Weise, wie wir wahrnehmen, und solange wir mit diesem Hindernis nicht fertig werden, wird alles, was wir mit Körper, Rede und Geist tun, unweigerlich unsere alten Wahrnehmungen von Ich und anderen, Problem und Lösung, Einschränkung und Freiheit verstärken.

Spirituelle Praxis heißt, der vermeintlichen Realität des „Ich" zu entfliehen, indem man begreift, was das „Ich" ist, und seinen ständigen Fixierungen Energie entzieht. Der Buddha stellte die Verwirklichung und Integration von Anattâ in den Mittelpunkt seiner Lehren. Wir besitzen keine getrennte Existenz; das ist eine Tatsache. Wenn wir all unsere Praktiken und Bemühungen auf diese Tatsache hin ausrichten, wird der spirituelle Weg recht einfach und transformiert alles, was wir tun. All die Klöster, Entsagungen, Beschränkungen, geschickten Mittel, Lotos-Sitzhaltungen und alles Richten der Aufmerksamkeit auf die Nasenspitze haben nur diesen einen Zweck. Ein wesentlicher Punkt wird sich in immer neuen Ausdrucksformen durch das ganz Buch ziehen, und der ist, dass wir sehr aufpassen müssen, die Annahme der Getrenntheit nicht in unsere Praktiken hineinzutragen, die den ausdrücklichen Zweck haben, die Selbsttäuschung hinter sich zu lassen. Tun wir das, werden wir die Konditionierung durch unser Ego nur noch verstärken und uns von der Freiheit Buddhas entfernen.

Meine frühe Praxis war noch stark von diesem Widerspruch geprägt. Mein Herz strebte ernsthaft nach der Wahrheit, aber ich hielt die Verwirklichung von Freiheit für einen sehr langen und mühseligen Prozess, der zielgerichteter Entschlossenheit und harter Arbeit bedurfte. Meine Bemühungen richteten sich darauf, mich selbst zu überwinden. Mein „Ich" war das Problem und „ich" wollte mittels Anstrengungen „mein" Problem lösen. Meine Lehrer sprachen häufig von mehreren Leben, die notwendig seien, um zum Erwachen zu gelangen, und der langen Kultivierung geistiger Qualitäten, von denen die Freiheit abhinge. Ich stellte mir Freiheit als etwas vor, auf das ich hinarbeitete, das aber jetzt nicht erreichbar war.

Nach einigen Jahren strengen Rückzugs ließ ich mich zum buddhistischen Mönch ordinieren und begab mich im Januar 1980 auf eine Pilgerreise nach Bombay in Indien, um den berühmten Weisen Nisargadatta Maharaj aufzusuchen. Ich hatte ihn einige Jahre zuvor durch sein Buch *Ich bin* kennengelernt. Nachdem er mich einige Tage lang immer wieder wegen meines Haftens am Mönchsdasein gehänselt hatte, sagte er: „Sie sind wie ein Mann, der eine Taschenlampe hält und versucht, über deren Lichtstrahl hinaus zu laufen. Die Sichtweise, mit der Sie die von Ihnen verwendeten Methoden ausüben, unterminiert Ihre Absicht." „Sie verstehen den Buddhismus nicht", erwiderte ich. „Sie verstehen die Wahrheit nicht", entgegnete er.

Ich wollte recht behalten, aber er hatte recht, und seine Botschaft traf ins Schwarze. Ich saß vor ihm, präsentierte meine buddhistische Tradition, verteidigte meine Meditationserfahrungen und beharrte auf meiner spirituellen Ausrichtung. Er zeigte in eine Richtung, in die ich noch nicht gegangen war und in die ich auch nicht sehen wollte. Es war, als sprächen wir verschiedene Sprachen. Im Laufe der Zeit verlor ich jedoch meine Arroganz und meine Identifikation mit den buddhistischen Roben und fand mich entblößt und ungeschützt wieder. Während einer unserer Sitzungen kam es zu einer Wandlung, und ich sah die Bodenlosigkeit, auf der er stand. Dies veränderte meine Auffassung vom Buddhismus für immer und die Möglichkeiten der Lehre reichten auf einmal weit über den begrenzten Horizont hinaus, den ich mir zuvor gesetzt hatte.

Indem Nisargadatta direkt auf die Wahrheit zeigte, zerstörte er meine spirituelle Struktur und Ausrichtung sowie meinen Orientierungsrahmen. Als diese weggefegt waren, erwachte mit einem Aufwallen von Energie etwas, das sich unmöglich eindämmen ließ. Es explodierte nach außen und offenbarte mir, wohin der Buddha zeigte. Der Weg, den Nisargadatta mir wies, war kein Suchen, sondern ein Finden, kein Kämpfen, sondern ein Verweilen, keine Schulung, sondern etwas, das allem innewohnte. Ich hatte mich dem Geist der ausdauernden Übung verpflichtet gefühlt, nicht aber der Essenz, nicht der unmittelbar verfügbaren natürlichen Freiheit. Aus diesem Blickwinkel gesehen gab es viel zu viel Methodik in dem Buddhismus, den ich praktiziert hatte, und nicht genug Freiheit.

Je nachdem, wie wir ihn anwenden, kann der Achtfache Pfad Buddhas entweder auf der Ichempfindung aufbauen oder sie niederreißen. Wenn er im Einklang mit seinen inneren Prinzipien ist, erscheint der Pfad wie ein vollkommen geschliffener Diamant, bei dem jede Facette zur Schönheit des Ganzen beiträgt. Nach meiner Begegnung mit Nisargadatta wurden die Lehren Buddhas in ihrer Schlichtheit und Eleganz atemberaubend. Der ganze Pfad steht, und stand schon immer, offen. Längere Klausuren oder Unterhaltungen beim Abendessen hatten den gleichen Bezugspunkt. Es gab nichts, das im Konflikt mit seinem Gegenteil stand. Jede Übung und Handlung hatte ihren richtigen Ort und ihre angemessene Zeit, widersprach jedoch nicht dem oder verstärkte das, was bereits vorhanden war. Alles war ein vollkommener Zusammenhalt, und jede Bewegung entstand aus dieser Vollkommenheit.

Damit fing ich an, den Laienbuddhismus zu verstehen. Ein Laienbuddhist ist jemand, der sein gesamtes Leben in Arbeit, Familie und Beziehungen ganz und gar verkörpert, ohne einer der Aktivitäten spirituell einen höheren Wert beizumessen. Aus dieser Perspektive gesehen sind alle Augenblicke gleichermaßen kostbar, und ob wir nun formelle Meditation in Klausur üben oder uns in gewöhnlichen Momenten unseres Laienlebens befinden mögen, die Freiheit wird niemals gemindert. Die vorbehaltlose Entschlossenheit, uns nicht von dort, wo wir sind, fortzubewegen, ist wesentlich. Haben wir den Glauben, es gäbe einen spirituell nützlicheren Augenblick als denjenigen, in dem wir uns jetzt gerade befinden, erst einmal fallen gelassen, dann haben wir das ganze Leben angenommen und es mit der Energie des Erwachens durchtränkt.

Ich glaube, es ist ganz gesund, den Buddhismus von Zeit zu Zeit abzustauben, zeitgemäße Fragen zu stellen und zu sehen, wie er darauf antwortet. Will er relevant sein, muss er in der jeweiligen Zeit lebendig und im Rahmen seiner unvergänglichen Wahrheiten flexibel sein, um eine Antwort auf die gegenwärtigen Ausdrucksformen des Schmerzes liefern und den bestehenden Umständen des Übenden begegnen zu können. Obwohl ich die buddhistischen Lehren über viele Jahre unmittelbar erfahren habe, bin ich kein buddhistischer Gelehrter, noch neige ich zu spitzfindigen Unterscheidungen zwischen einzelnen philosophischen Standpunkten. Ich schränke meine Worte oder Vorstellungen nicht nur auf „das, was der Buddha sagt" ein, als könnte die buddhistische Tradition nur eine Interpretation bestimmter Vorstellungen umfassen. Dieses Buch wurde als pragmatischer Führer für Praktizierende geschrieben, die mehr an der Freiheit interessiert sind, die Buddhas Botschaft enthält, als an ideologischer Reinheit.

Es ist zwar so, dass wir die Einheit aus den Augen verlieren, doch sie verlässt uns niemals. In diesem Buch geht es darum, wie wir die Sicht der Einheit wiedergewinnen und Anattâ in unser Leben integrieren können. Als ich mich 1983 zum letzten Mal von meinem Heimatkloster Wat Suan Mok verabschiedete, sagte mein Lehrer Ajahn Buddhadassa zu mir: „Lehre Anattâ und scheue dich nicht, die Menschen aufzurütteln."

1

Mit dem Erwachen in Einklang

Komme zum Ursprung der Wurzel deines Ich.

– RUMI

WAS ERWARTEN WIR von unserer spirituellen Praxis und wie definieren wir deren Ziel? Benutzen wir die richtigen Methoden und Techniken, um die gewünschten Resultate erzielen zu können? Viele von uns sind so eifrig bemüht, loszulegen und in den Genuss der viel gerühmten Wohltaten der Achtsamkeit zu kommen, dass diese tieferen Fragen außer Acht gelassen werden. Doch die Richtung, die wir einschlagen, und die Mittel, die wir benutzen, werden unsere Praxis von Anfang bis zum Ende grundlegend lenken.

Schon wenn wir uns zum ersten Mal zur Kontemplation über unsere spirituelle Absicht und Ausrichtung hinsetzen, wird deutlich, dass in alles, was wir tun, sofort Gedanken eindringen und die Stille, die wir für so leicht erreichbar hielten, stören. Wie wir unser letztes Ziel und unsere Ausrichtung definieren, wird die Weise, auf die wir mit diesen Gedanken arbeiten, unmittelbar beeinflussen. Wenn wir uns zum Beispiel Gemütsruhe wünschen, dann nehmen wir an, dass die Gedanken im Gegensatz zu der Ruhe stehen, die wir suchen, und wir werden nach dem Frieden eines gedankenfreien Geistes streben. Geht es uns jedoch

19

darum zu verstehen, was der Geist ist und wer wir darin sind, dann möchten wir die Natur des Denkens, was es ist und wie es uns antreibt, beobachten. Während wir vorwärtsstreben, stellen wir außerdem fest, dass, je mehr wir uns bemühen, unsere Gedanken zu eliminieren, umso mehr Gedanken aus dieser Anstrengung entstehen, und dass umgekehrt unser Geist umso ruhiger wird, je mehr wir unsere Gedanken beobachten und den Geist verstehen.

Während wir die Natur des Geistes kennenlernen, müssen wir in unserer Ausrichtung und Zielsetzung offen für Veränderung sein. Wie das oben angeführte Beispiel zeigt, mögen wir mit einer Ausrichtung beginnen, doch den Kurs ändern, während wir die Prinzipien, die den Geist beherrschen, beobachten. Diese Prinzipien unterscheiden sich erheblich von den Standards, denen wir im alltäglichen Leben folgen, und wenn wir störrisch nur danach streben, das von uns gewünschte Ergebnis zu erhalten, wird dieses Bemühen sicherlich frustriert werden. Bei jedem Auftreten eines Hindernisses in unserer Praxis müssen wir zuerst einen Schritt zurück tun und die Gesetzmäßigkeiten dieses Hindernisses begreifen, bevor wir weitergehen können. Schließlich werden wir erkennen, dass dieses Zurücktreten der Weg nach vorn ist.

Wir können uns dem Geist nicht herzlos nähern, wie wir es bei vielen weltlichen Angelegenheiten tun, denn die Weise, wie wir die Sache angehen, und die Methodik, die wir benutzen, haben eine bestimmte Auswirkung auf das, was wir suchen. In den Geist einzutreten ist in erster Linie eine Entdeckungsreise, und Entdeckung erfordert Einfühlungsvermögen, Bewusstheit, Urteilsvermögen und ein allgemeines Interesse an der Dynamik des Geistes. Können wir zuerst die Gesetze verstehen, die den Geist beherrschen, und auch, wer wir innerhalb all der Kommentare des Geistes sind, dann wird sich der Weg zu unserem Ziel vielleicht abzeichnen.

An jedem geistigen Scheideweg lauern potenzielle Täuschungen, die uns verwirren und unser Fortschreiten behindern können, und unsere spirituelle Reise muss uns durch dieses Minenfeld mentaler Fallen und Fallstricke hindurchführen, sodass wir diesem Blendwerk auf die Schliche kommen. Eine solche Reise in das Innere unseres Geistes verlangt von uns leichtes Gepäck, vorsichtiges Auftreten und extreme Wachsamkeit. Wie ein Grubenarbeiter schnallen wir den Lichtstrahl unserer

Aufmerksamkeit auf unseren Helm und stürzen uns in die Dunkelheit unseres Bewusstseins, wobei wir unsere Meinungen beiseitelassen und jede Erfahrung ganz unvoreingenommen betrachten.

Die erste Frage, die sich stellt, ist, ob es möglich ist, den Geist zu beobachten, ohne daran zu denken, was wir sehen – sozusagen an einem neutralen Ort Posten zu beziehen, wo wir still mit der dafür notwendigen Unparteilichkeit beobachten können. Wir können nicht verstehen, was etwas wirklich ist, solange wir es nicht frei von den Einmischungen unserer Gedanken mit ihren Geschichten betrachten können, und der Geist bildet da keine Ausnahme. Um diese Frage beantworten und die Täuschungen, die uns erwarten, verstehen zu können, müssen wir tief in die Natur des Geistes und des Menschen, der da beobachtet, eindringen.

Täuschungen des Geistes

Der denkende Geist ist nicht unser Feind; er ist im Grunde ein für das Funktionieren in der Welt lebenswichtiges Organ, aber seine Macht ist übermäßig groß und wird zudem missbraucht. Wenn wir uns umsehen, erkennen wir sofort, welchen Wert das Denken für die vielen Erfindungen und Annehmlichkeiten hat, die es der modernen Welt beschert hat. Der Verstand ist ein wunderbares und wesentliches Werkzeug zur Steuerung des Lebens, und über weite Strecken unserer Evolution war es auch das perfekte Organ zur Gewährleistung unserer Sicherheit. Wenn der Verstand einen Löwen sich nähern sah, vermochte er den Löwen von einem Baum zu unterscheiden und einen Ablauf von Handlungen in Gang zu setzen, um hin zu dem einen und weg von dem anderen zu rennen.

Das Problem besteht darin, dass wir diese Kampf-Oder-Flucht-Strategie verinnerlicht haben und Löwen sehen, wo überhaupt keine sind. Wir haben uns vom Leben zurückgezogen, indem wir eine Reihe mentaler Grenzen gezogen haben, die uns vor inneren und äußeren Raubtieren schützen sollen. Diese Grenzen haben wir uns selbst auferlegt und durch Gedanken geschaffen, weil der Verstand noch immer annimmt, dass der Organismus bedroht sei. Eine dieser Grenzen wurde zwischen dem Organismus und der äußeren Umgebung errichtet, eine andere trennt unseren Körper vom Geist, und noch andere bilden Begrenzungen innerhalb des Geistes, die das „Bild von mir" von mentalen Eigenschaften, die für unser Selbstbild nicht akzeptabel sind, abtrennen. All dies ist imaginär, aber wir haben uns in einer Ecke unseres Geistes eingerichtet, und wir empfinden Stress und Spannungen, die mit der Aufrechterhaltung dieser Abschottungen in Zusammenhang stehen.

Das Denken hat unser Leben in Beschlag genommen, und es ist hilfreich zu begreifen, wie es dazu gekommen ist. Wenn wir mit dem Rohmaterial beginnen, aus dem sich der Geist zusammensetzt, sehen wir, dass unsere Sinne die Daten liefern, die wir zum Unterscheiden, zum logischen Denken und letztlich zur Reaktion auf die Welt benutzen. Im Geist treffen die verschiedenen Sinneswahrnehmungen zusammen und er organisiert die Daten in verständliche Bits, indem er das Gedächtnis als Schablone zur Wiedererkennung und Orientierung benutzt. Wir gehen voran, indem wir wissen, was in der Vergangenheit geschehen ist. Wissen ist die Sicherheitsformel des Geistes und er geht nur im Rückgriff auf seine Geschichte voran. Dieses Wissen schränkt uns auf eine feste Beziehung zu den Objekten ein, was, wie wir in den späteren Kapiteln sehen werden, das Heilige verschleiert.

Auch wenn es für den Geist eine biologische Notwendigkeit ist, den Organismus von der Umgebung zu trennen, entspricht diese Trennung nicht der Wahrheit. Die Wahrheit ist, dass alle Dinge auf eine Weise miteinander verbunden sind, die zu erfassen unser Geist nicht fähig ist; deshalb können wir ihn nicht dazu verwenden, um zu beurteilen, was letztlich wahr ist. Er reagiert in Übereinstimmung mit seiner Organisation der Daten und denkt daher in Kategorien von Getrenntheit. Da der Geist zudem nur ein Teil der Wahrheit aller Dinge ist, ist er nicht in der Lage, die Wahrheit durch die Pforten der Sinneswahrnehmung zu erkennen. Der Geist verwendet die Sinne, um Objekte zu externalisieren, und nimmt „Gott" daher als etwas wahr, das sich außerhalb seiner selbst befindet. Wir können nicht im selben Augenblick die Wahrheit sein und die Wahrheit wahrnehmen.

Der unvermeidliche Fallout dieser mentalen Neustrukturierung der Realität ist der Glaube an ein getrenntes Ich, das durch diese Neustrukturierung gebildet wird und das Subjekt dazu verleitet zu glauben, es gäbe eine Realität außerhalb von ihm selbst. Ist das „Ich" erst einmal aufgebaut, beginnen wir die Dinge so zu arrangieren, dass sie unseren Wünschen und Ängsten entsprechen, und reagieren dann so auf die Realität, als ließe sie sich unseren Bedürfnissen und Wünschen anpassen. Dies ist der Punkt, an dem die Hölle losbricht, denn Realität ist nicht geteilt, und wenn wir auf die Realität reagieren, als seien wir getrennt von ihr, schafft dies den Schmerz und das Leiden der Welt.

Das grundlegende Prinzip, an das wir uns erinnern müssen, wenn wir den spirituellen Weg einschlagen, ist, dass „wir" keinen Geist „haben". Der Geist hat das Gefühl von *„Du"* und *„Ich"* durch seine Weise geschaffen, wie er die Wirklichkeit wahrnimmt. Die Wahrheit ist, dass der Geist „uns" in sich enthält. „Wir" sind nicht die Besitzer des Geistes, und der Geist ist nicht etwas, das uns widerfährt, so als würden wir von außen auf etwas in unserem Inneren schauen. „Wir" sind ein Teil der mentalen Verarbeitung des Geistes. Die Gedanken des Geistes und die Ichempfindung sind nicht zwei verschiedene Dinge. „Wir" existieren lediglich, weil der Geist uns in die Schöpfung denkt.

Was sich aus dieser Wahrheit ergibt, hat immense Auswirkungen auf unsere spirituelle Praxis. Eine Erfahrung wird durch die Sinne vom Geist empfangen, das „Ich" reagiert auf die Informationseingabe und ringt damit. Da die Ichempfindung nur aus Gedanken, Emotionen und mentalen Phänomenen besteht, ist das Bemühen, Kontrolle über eine Erfahrung zu erlangen, das „Ich" des Geistes, wie es gegen die Interpretation ankämpft, die es den Daten selbst gegeben hat. Jeder Willensakt, einschließlich aller Bemühung, Kontrolle, Vermeidung, Verleugnung und allen Widerstands, ist eine innere Reaktion auf die Bedeutung, die der Geist dieser Erfahrung beigelegt hat. Wenn sich der Geist auf die Seite seiner Reaktion auf seine Interpretation stellt, drängt er diese Erfahrung nach außen, als etwas, das ihm zustößt. Je mehr der Geist versucht, durch Willenskraft ein Gleichgewicht herbeizuführen, desto unversöhnlicher wird der Zwist zwischen seiner Reaktion und der beigelegten Bedeutung – zwischen „Ich" und der Welt da draußen. Er hält sich für getrennt und schneidet sich selbst von der Welt ab, indem er innerlich mit seinen eigenen Prozessen ringt.

Wenn wir glauben, entweder von der Erfahrung oder vom Geist, der erfährt, getrennt zu sein, werden unsere Bemühungen die Trennung von „Welt" und „Ich" verschärfen. An diesem kritischen Punkt entwickeln sich zwei verschiedene Stile spiritueller Praxis. Wenn wir denken, wir befänden uns außerhalb des Geistes, der eine schwierige Erfahrung macht, werden wir das Problem zu lösen suchen, indem wir Anstrengungen unternehmen und danach streben, das Problem von außen nach innen zu lösen. Wir werden uns verhalten, als sei die Ichempfindung von dem Geist, der die Schwierigkeiten hat, getrennt. Wir werden den Geist tatsächlich weiter in getrennte und miteinander konkurrierende Gebiete aufteilen, womit wir sicherstellen, dass das Kernproblem einer isolierten und abgetrennten Ichempfindung aufrechterhalten bleibt. Wenn an diese Sichtweise geglaubt und nach ihr gehandelt wird, dann wird alles andere in unserem Leben von dieser Warte aus gesehen und die Getrenntheit wird alle Situationen von Grund auf bestimmen.

So schleppt denn auch die spirituelle Reise dieses Paradox von Anfang bis Ende mit sich herum. Wir gehen aus von dem geteilten Geist, der der Organisator und Lenker dieser Suche ist und der gleichzeitig das Leiden schafft, welches er zu überwinden sucht. Wie ein geschickter Zauberkünstler benutzt der geteilte Geist Kunststückchen, um den Eindruck zu erwecken, die Reise verliefe erfolgreich, während er das wahre spirituelle Hindernis der Selbsttäuschung unangetastet lässt. Der Geist beharrt hartnäckig darauf, genau dieses Problem der Dualität als spirituelle Lösung zu benutzen, um Einheit zu erlangen.

Wenden wir das genannte grundlegende Prinzip an, dann können wir auch erkennen, dass eine klug ausgerichtete spirituelle Praxis dem Geist gestattet, ungeteilt zu sein. Da der Geist eins ist, wenn man ihn in Ruhe lässt, besteht die einzige Arbeit, die von „uns" verlangt wird, darin, nicht mehr Partei zu ergreifen. Ohne unseren Kommentar wird nicht länger ein Teil des Geistes gegen einen anderen ausgespielt, und wenn er ganz, heil oder eins ist, kann der Geist nicht leiden. Ohne den Widerstand und die Verdunkelung, die durch die konkurrierenden Beziehungen zwischen den zwei Hemisphären verursacht werden, wird eine neue Dimension zugänglich. Nichtwiderstand beendet auch die Vorherrschaft des „Ich", denn das „Ich" baut auf dieser Streitsüchtigkeit auf. Sobald der Geist durch die Beendung der inneren Auseinandersetzung ganz wird, implodieren die Ichempfindung, der Geist und alle äußeren Objekte zu einer untrennbaren Einheit. Ein Geist, der eins ist, umfasst alle Dinge und ist von ihnen nicht zu unterscheiden. Dies ist das Ende des Leidens und letztlich die in Buddhas Lehren verheißene Freiheit. Ein ähnlicher Zug findet sich im Christentum, wenn Jesus in Matthäus 5:48 sagt: „Darum sollt ihr eins sein, gleichwie euer Vater im Himmel eins ist."[II]

Dieses Prinzip des ungeteilten Geistes ist für eine Wandlung unseres Verständnisses grundlegend und wirkt sich auf alle Bereiche unserer spirituellen Praxis aus. Wenn der Geist in eine weise Richtung arbeiten soll und wir die Fiktion der Dualität durchschauen wollen, dann muss der ganze spirituelle Weg von Anfang bis Ende um diese Wahrheit herum organisiert werden. Wenn unser Geist mit der Vorstellung, die Ichempfindung befände sich außerhalb des Geistes und habe den Anspruch, den Geist zu besitzen, eine unweise Richtung einschlägt, dann werden all unsere Bemühungen einfach nur die vom Geist geschaffene fälschliche Wahrnehmung der Getrenntheit verstärken.

Wenn wir den ungeteilten Geist im Licht unserer Praxis betrachten, erkennen wir unmittelbar, wie er alles, was wir tun, bestimmt. Das Prinzip des ungeteilten Geistes beinhaltet, dass es sinnlos ist, dem Geist zu widersprechen, und dass nichts ausgeschlossen oder vermieden werden kann. Je mehr wir versuchen, eine Erfahrung zu vermeiden, desto mehr gewährleisten wir, dass sie zurückkehrt. Wir können nicht entscheiden, was in den Geist kommt und was nicht. Wir können nur alle Einschränkungen fallen lassen und alle Umstände und Erfahrungen willkommen heißen. Gibt es Kommentare oder eine Neigung hin zu oder weg von einer bestimmten Erfahrung, wird die Ichempfindung ihre Parteilichkeit wieder aufnehmen und der Geist wird aufgespalten in das, was er ist, und das, was er will.

Wir können keinen Teil von uns selbst hinter uns lassen. Wir müssen die Gesamtheit des Geistes annehmen, oder wir werden ein zersplittertes Bewusstsein haben, das unablässig versuchen wird, sich mittels weiterer Unterteilungen einen Weg aus der Aufteilung herauszubahnen. Außerdem können wir uns nicht selbst in den Prozess einbringen, weil das nämlich hieße, die Vorstellung, dass wir von dem beobachteten Geist verschieden sind, aufrechtzuerhalten. Und schließlich können wir unseren Weg zur Freiheit nicht durch Strategien finden. Freiheit ist nicht etwas, das wir selbst herstellen könnten. Wir müssen die Kontrolle Kräften überantworten, die nicht unsere eigenen sind.

Hier ist nicht einfach nur von Wohlfühlprinzipien oder Strategien für die Praxis die Rede. Es geht um eine Grundlage für unsere Praxis und unser Leben in der Wahrheit unseres Seins. Die Wahrheit soll einen Kanal erhalten, durch den sie sich manifestieren kann, wenn unsere Praxis nach ihren Prinzipien angelegt ist, und Freiheit kann nur dann aufsteigen, wenn all unsere Energien auf dieses Ziel ausgerichtet sind. Diese Prinzipien sind aus einer erwachten Dimension abgeleitet, und wollen wir diese Dimension betreten, so bedeutet das häufig, dass wir erst einmal nach ihren Regeln leben müssen, bevor wir zu ihren Wahrheiten erwachen können. In den weiteren Kapiteln wird all dies noch eingehender erörtert, aber dieser wichtige Punkt musste zuvor unterstrichen werden. Wenn das Ziel unserer spirituellen Ausrichtung die Freiheit des Buddha ist, so hängt ihre Verwirklichung davon ab, ob wir bei *jedem* Schritt auf dem Weg in Einklang mit der Wahrheit unserer Natur in Körper, Rede und Geist sind. Es ist, wie Nisargadatta Maharaj 1980 zu mir sagte: „Wenn du weiterhin versuchst, den Buddha durch individuelle Anstrengungen zu finden, wird er immer mehr vor dir zurückweichen."

Das Potenzial des Laiendaseins aufdecken

Der Verwirklichung des Potenzials, das im Leben des Laienbuddhisten steckt, stehen drei Einstellungen im Wege. Die Erste ist der Glaube, das Mönchstum und lange Klausuren stellten den einzigen Weg dar, auf dem man seine eigene Natur verwirklichen könne. Die Klöster Asiens haben lange als zentrale Schulungsstätte für nach Befreiung strebende Praktizierende des Buddhismus gedient, und da dieser über so lange Zeit innerhalb einer monastischen Tradition überliefert wurde, entstammen viele seiner Ausdrucksformen dieser formellen Kultur. Heute, da der Buddhismus in den Westen kommt, spielen die Klöster eine zunehmend geringere Rolle in der Schulung und Lehre des Buddhismus. Ihren Platz haben Klausurzentren für die stille Meditation eingenommen. Der buddhistische Laie im Westen nimmt häufig an intensiven Schulungen in Klausuren statt, die von wenigen Tagen bis hin zu mehreren Monaten dauern können, ähnlich wie seine Vorgänger in den Klöstern es in den vergangenen Jahrhunderten getan haben. All dies hat der Vorstellung

Vorschub geleistet, dass ein stilles, zurückgezogenes Leben für die buddhistische Schulung von zentraler Bedeutung sei.

Nur für wenige Menschen ist es jedoch der richtige Weg, als Mönch zu leben oder viele Jahre in Klausur zu verbringen. Jeder Einzelne von uns besitzt seine einzigartigen spirituellen Anlagen, die ihn zur Freiheit hin ziehen. Problematisch wird es, wenn wir in Hinsicht auf unseren Weg auf andere hören oder glauben, wir „müssten" etwas tun, nur weil andere es in der Vergangenheit getan haben. Spirituelles Wachstum ist eine Feinabstimmung unseres Ohres auf die Bedürfnisse unseres Herzens.

Was dieses Verständnis in vielen von uns verschleiert, ist die Vorstellung, dass stiller Rückzug den Vorrang vor anderen Ausdrucksformen des Lebens haben sollte. Wenn wir glauben, wir befänden uns nicht dort, wo wir für das spirituelle Wachstum sein sollten, dann geben wir dem alltäglichen Leben eine zweitrangige Bedeutung. Wir steigen energetisch aus unserem spirituellen Leben aus und warten auf den geeigneten Augenblick in der Zurückziehung, um uns vollkommen zu engagieren. Jegliche Neigung hin zu einer Erfahrung oder weg von ihr erzeugt die Erwartung einer Erfüllung in der Zukunft, und das Heilige, das hier und jetzt vorhanden ist, geht verloren. Das Heilige in allen Augenblicken zu entdecken ist jedoch das Markenzeichen des Erwachens.

Wir empfinden unseren Alltag oft als eine Ablenkung von unserer spirituellen Intention. Wo dies der Fall ist, wird das Leben in heilig und profan aufgeteilt, und der Geist spielt ein Konzept gegen das andere aus. Wie wir im nächsten Kapitel sehen werden, modelliert der Glaube die Realität, und wenn wir den Glauben aufrechterhalten, das Heilige läge irgendwo anders als im Jetzt, wird unser spirituelles Leben von dieser Einschränkung beherrscht. In Wahrheit ist die Ichempfindung nicht von dem Augenblick, in dem sie auftaucht, getrennt – genauso wenig, wie sie sich außerhalb des Geistes befindet, den sie zu besitzen glaubt. Begreifen wir, dass der Geist ungeteilt ist, so heilt das in der Tat auch die dualistische Vorstellung eines außerhalb des Augenblicks vorhandenen „Ich".

Wir dürfen das völlige Annehmen des Augenblicks nicht hinausschieben, denn das hieße, die Aufteilungen innerhalb des Geistes, zwischen Geist und Körper und zwischen dem Organismus und seiner Umgebung aufrechtzuerhalten. Alle Aufteilungen sind Versuche, uns von der Wahrheit dessen, was genau hier ist, abzusondern. Wenn der wahrhaft Übende das versteht, kann es kein Zögern, kein Aufschieben, kein Zurückziehen und kein Warten auf den rechten Augenblick mehr geben. Es geht buchstäblich um „jetzt oder nie".

Durchbrechen wir dieses Zögern, so kann die geistige Energie in den Augenblick einfließen und unser gewöhnliches Dasein in das Heilige transformieren. Plötzlich findet sich der Buddha inmitten von Beziehungen, Arbeit und Familie – in allen Aktivitäten, Reaktionen, Gedanken und Gefühlsreaktionen. Nichts steht außerhalb des Jetzt, weil keine Grenzen gezogen werden, die das Jetzt vom Dann trennen. Die Botschaft Buddhas ist an allen Orten zu allen Zeiten gleichermaßen relevant. Solange wir dies nicht vollkommen realisiert haben und solange wir noch danach streben, dieser Umgebung zugunsten besserer spiritueller Umstände zu entfliehen, solange werden wir weiter leiden.

Die zweite Behinderung der Entfaltung des Laienbuddhismus ergibt sich aus einem Missverständnis der Lehren über den mit großer Ausdauer geschulten Geist. Der Buddhismus ist voller Zeitmetaphern, die uns entwaffnen. „Ihr habt mehr Tränen geweint, als sämtliche großen Ozeane an Wasser enthalten", sagt der Buddha und spricht in Begriffen unvorstellbarer Zeiträume von unseren unendlich vielen Leben.

Angesichts solcher Zahlen verfallen manche Schüler der Hoffnungslosigkeit. Sie interpretieren diese Metaphern dahin gehend, dass es endlos viele Reinkarnationen braucht, um Freiheit zu erlangen. Ich glaube, der Buddha verwendet diese Analogien, um zur Geduld zu mahnen. Die von ihm verwendeten Zahlen sind so unermesslich, dass er die Zeit auszulöschen scheint, aber ganz gewiss will er uns nicht von unseren Bemühungen abhalten. Wenn die Zeit aufgehoben wird, wird auch die Erwartung aufgehoben, dass sich irgendetwas irgendwann in der Zukunft ereignen wird. Erwartung ist im Grunde kontraproduktiv für die Praxis, denn indem wir auf unsere Erfüllung in der Zukunft warten, schweifen wir von dem ab, was unmittelbar präsent ist.

Vielleicht ist Buddhas Gebrauch von Zeit außerdem ein Versuch, uns aus unserer Selbstgefälligkeit herauszulocken. Mittels dieser Analogien scheint er darauf hinzuweisen, dass sich nichts ändern wird und wir unendlich viele Leben in unserem geteilten Geist umherirren werden, wenn wir nichts tun. Diese Beispiele sind ein Aufruf der Dringlichkeit, einer Dringlichkeit aber, die durch Geduld gemäßigt ist. Geduld ist auf dem spirituellen Weg unverzichtbar, nicht aber das Aufschieben. Geduld bringt die Zeitlosigkeit wieder ins Spiel und die Praxis wird zu einem Spiel des Erwachens und nicht des Erwartens, denn Geduld ist der Zustand vollkommener Wachheit.

Für einen Laienbuddhisten ist es am wichtigsten zu begreifen, dass das Erwachen unmittelbar greifbar ist. Erwachen muss nicht nach einer langen und langwierigen Zeit der Praxis eintreten – es sei denn, wir glauben, das sei notwendig. Wir schieben unser Bereitsein gern absichtlich auf, weil wir geteilter Meinung über das sind, was wir wirklich wollen. Wir praktizieren, bis wir es müde sind, uns auf etwas vorzubereiten, das schon immer hier und jetzt existiert hat, und dann werden wir still und geben uns hin.

Die Frage des Bereitseins ist in Wirklichkeit eine Frage der Absichtlichkeit. Wollen wir bereit sein oder nicht? Wenn ja, müssen wir unsere miteinander konkurrierenden Interessen genauer untersuchen. Wir nutzen unsere Zeit am geschicktesten, wenn wir den Wert und die Begrenzungen unserer gegensätzlichen Wünsche beobachten. Ein voll engagiertes Laiendasein lässt ein ständiges Feedback in Hinsicht auf unsere Interessen zu. Die meisten von uns geben eher ihren Wünschen nach, als dass sie etwas über deren Begrenzungen lernen, aber diese Gelegenheit zum Lernen ist stets vorhanden. Wieder ist es die Aufrichtigkeit der Lernenden, die bestimmt, ob ihr Leben ein Hemmnis oder eine Unterstützung ihres spirituellen Wachstums ist.

Ein drittes Hemmnis für den Weg des Laien zu spiritueller Erfüllung besteht darin, bestimmten Praktiken und Bedingungen Heiligkeit zuzusprechen. Als ich jünger war, machte ich einmal ein Experiment, das Krishnamurti vorgeschlagen hatte. Ich legte einen Stein, der für mich keinerlei besondere Bedeutung besaß, auf ein Sims und verneigte mich jeden Tag vor ihm. Ich tat dies bewusst, um zu sehen, ob ich einem so vollkommen gewöhnlichen Ding eine einzigartige Qualität verleihen konnte, indem ich es einfach in mein Morgenritual integrierte. Am Ende des Monats nahm der Stein einen besonderen heiligen Platz in meiner Wahrnehmung ein.

Die Buddhastatue, das Zafu (Sitzkissen), auf dem wir sitzen, das heilige Bild oder Gedicht, die in Meditation, Einsamkeit oder gar der Natur selbst erreichten Geisteszustände – all dem lässt sich eine außergewöhnliche Bedeutung geben, indem wir diesen Dingen besondere Aufmerksamkeit zuwenden. Wenn wir das Heilige an bestimmten Umständen festmachen, fühlen wir uns nur dann spirituell, wenn wir ebendiese Erfahrungen machen. Der Rest des Lebens geht spirituell unbemerkt an uns vorüber.

Spirituelle Formen und Rituale können zur Fokussierung unserer Ausrichtung sehr hilfreich sein und ein Tor zur Heiligkeit allen Lebens darstellen. Sie können die Empfindsamkeit des Herzens erwecken und unserem Geist erlauben, still zu werden. Formen und Rituale werden allerdings dann zu einem Problem, wenn sie kein Tor zu unserem selbst mehr darstellen und zu einer exklusiven Repräsentation des Heiligen werden – wie etwa der Glaube, die einzige Art, mit Gott zu kommunizieren, sei, in die Kirche zu gehen oder einen Spaziergang in der Natur zu unternehmen; oder die einzige Art zu meditieren sei, in einer stillen Umgebung allein zu sein. Wenn wir Rituale und Formen für den einzigen Zugang zum Heiligen halten, bleibt der Rest unseres Lebens in einer spirituellen Warteschleife.

Der Laienbuddhist beginnt deshalb das Heilige in den entlegensten Winkeln seines Lebens aufzudecken, inmitten von Schwierigkeiten und Unzufriedenheit, Einsamkeit und Verzweiflung. Die Realität der Probleme wird hinterfragt und erforscht, und das Leben beginnt frei von Umständen und Bedingungen zu gedeihen. Das Herz übernimmt die Führung und wird aus den konditionierten Gewohnheiten des Gemüts errettet.

In ihrem Streben nach Verwirklichung ihrer Ganzheit verteidigt die Laienbuddhistin sich nicht, sie sucht keinen Schutz und vermeidet keinen Konflikt. Genau hier, inmitten unseres totalen Engagements, kann sich die Alchemie des Geistes am besten vollziehen. Unser Leben wird um diese Transformation als unsere wichtigste Zielsetzung im Leben kreisen. Wir finden alles, was wir brauchen, direkt vor uns, inmitten der Umstände und Bedingungen, die wir so lange nicht ausstehen konnten. Spirituelles Wachstum steht in Hülle und Fülle zur Verfügung und wird nicht mehr mit einer ganz bestimmten Repräsentation oder Form assoziiert.

Der Achtfache Pfad Buddhas ist ein Heilmittel für die drei beschriebenen engstirnigen Sichtweisen, die spirituelle Entwicklung hemmen, aber nur dann, wenn er aus der richtigen Perspektive und in seiner Gesamtheit gesehen wird. Ein kurzer Überblick kann die ganze spirituelle Reise ins rechte Licht rücken, besonders, wenn wir einen bestimmten Schritt, wie etwa die Achtsamkeitsmeditation, überbetonen.

Der Achtfache Pfad

Die Lehren Buddhas stellen eine umfassende Matrix für das Erwachen dar. Die Ursachen und Bedingungen für das Unbefriedigtsein haben sich in den etwa 2600 Jahren seit Buddha nicht verändert. Die in Buddhas Achtfachem Pfad enthaltene Medizin lässt sich heute noch genau so anwenden wie damals, als sie zum ersten Mal definiert wurde. Dieses Buch will zeigen, dass bestimmte Aspekte des Achtfachen Pfades im Laienbereich eine neue Relevanz bekommen und wie diese Lehren unter Verwendung zeitgenössischer Metaphern formuliert werden können, damit sie einen heute Lebenden direkt ansprechen.

Die folgenden Kapitel werden erkunden, welche buddhistischen Lehren von zentraler Bedeutung sind, wenn wir ein völlig engagiertes Leben führen wollen und möchten, dass dieses Leben uns zu der von Buddha verkündeten vollkommenen Befreiung führt. Die Lehre ist in ihrer Schlichtheit und Universalität doch sehr tiefgründig. In diesem Buch werden wir den Achtfachen Pfad und andere relevante buddhistische Konzepte behandeln, nicht unbedingt der Reihe nach, sondern auf sinnvoll angepasste Weisen. Dabei geht es im Wesentlichen nicht darum, die präzise Bedeutung der Worte Buddhas festzulegen, sondern aufzuzeigen, auf wie vielfältige Weise wir seine Lehren falsch interpretieren können, indem wir uns unbewusst selbst täuschen. Aufgrund der Betonung der psychologischen Perspektive im Westen wird Spiritualität heute oft von der Warte dieser Voreingenommenheit her interpretiert und entsprechend verzerrt, sodass die Selbsttäuschung damit letztlich verstärkt wird. Dieses Buch möchte den Leser dazu anhalten, sich eine wirklich spirituelle Frage zu stellen, nämlich: „Täusche ich mich in diesem Augenblick selbst?"

An dieser Stelle ist es hilfreich, den Achtfachen Pfad kurz zu beschreiben. Der Achtfache Pfad soll den ganzen Körper und den gesamten Geist in eine natürliche Beziehung zu allen Dingen bringen. Jeder Schritt auf dem Pfad ist so angelegt, dass man die Täuschungen des

Geistes erkennt und die darin enthaltene grundlegende Schönheit offenbart wird. Jeder Schritt stellt ein Hologramm all der anderen Schritte dar und kann nicht unabhängig vom Ganzen bestehen. Die einzelnen Schritte sind so miteinander verknüpft, dass sie sich zu einem integrierten Ganzen zusammenfügen. Es ist wichtig, dies zu verstehen, denn wir versuchen oft, die einzelnen Schritte voneinander zu trennen und sie einzeln anzuwenden. Dabei versucht der Geist wieder einmal, selektiv das, was ihm gefällt, von dem abzulösen, was ihm missfällt, um einen Entwurf für ein geordnetes Leben zu erstellen.

Weise Sicht

Weise (oder rechte) Sicht ist die wahrhaftige und natürliche Weise, die Dinge so zu sehen, wie sie im Grunde sind. Wie bereits am Anfang des Kapitels ausgeführt wurde, besteht eine weise Ausrichtung des Geistes darin, ihn nicht durch innere Konflikte und Zwiste zersplittern zu lassen. Der Geist ist ein ganzheitliches Organ, und die Wahrnehmung einer einheitlichen Wirklichkeit hängt davon ab, ob wir ohne Widerstände und Gegenargumente wahrnehmen können. „Normalerweise" nehmen wir immer durch eine Folie aus Aversion und Attraktion hindurch wahr, was unweigerlich zu einer Aufspaltung der Welt in Subjekt und Objekt führt. Werden die Wahrnehmungen von Anschauungen befreit, kehrt der Geist wieder zu einer Sicht der Einheit zurück. Weise Sicht stellt alle Formen von Getrenntheit infrage, wobei die Wahrheit der Einheit in unserem Herzen stets an erster Stelle steht.

Weise Absicht

Weise Absicht bringt unsere Energien mit der Verknüpftheit aller Dinge in Einklang und begegnet unseren selbstzerstörerischen Neigungen mit Weisheit. Tief im Inneren wohnt jedem von uns der Drang inne, sich zu verbinden und zu vereinen. Dieser Drang hat viele Facetten, unter anderem die Bereitschaft, Zwistigkeiten zu überwinden, auf Leiden zu reagieren, zuzuhören, auch wenn man anderer Meinung ist, und Liebe. Absichten treiben unsere Bemühungen an, und unsere Absichten wurzeln in unseren Vorstellungen davon, worum es im Leben geht (unweise oder Weise Sicht). Beginnen wir das Leben als eine verknüpfte Totalität zu sehen, dann wird unsere Absicht unsere Energie auf dieses Ziel hin lenken. Unsere spirituelle Praxis gewinnt eine neue Bedeutung, wenn wir uns der gegenseitigen Abhängigkeit aller Dinge bewusst werden.

Den uns innewohnenden und auf Einheit gerichteten Absichten wirken die Wünsche und Befürchtungen unserer Ichempfindung entgegen. Dann wird diese innere Energie auf äußere Ziele hin kanalisiert, durch die wir das „Ich" zu befriedigen versuchen. Unser Wunsch und unser Streben nach weltlichem Gewinn beginnen jedoch gegenüber der uns innewohnenden, auf Einheit gerichteten Absicht in den Hintergrund zu treten, wenn wir mit Gewissheit erkennen, dass die Befriedigung, die uns das Verlangen verspricht, nicht den Schmerz wert ist, der mit dem Streben danach verbunden ist. Viele der buddhistischen Praktiken sind darauf angelegt, uns diese Tatsache deutlich zu machen.

Weise Rede

Weise Rede beginnt damit, dass wir verstehen, wie Worte die Wahrnehmung verzerren. Wurde unsere Wahrnehmung erst einmal durch unser Denken in einzelne und getrennte Objekte zersplittert (unweise Sicht), dann folgen unsere Worte gewöhnlich dieser Aufteilung und verstärken die Getrenntheit, da sie von dieser allgemeinen Annahme beherrscht werden. Solche Worte werden von Urteilen und Vergleichen, Einschätzungen und Erwartungen gefärbt sein. Sie werden ein Gefühl von Lust oder Unlust vermitteln und auf Selbstbestätigung hin wirken. Ganz gleich, wie nett und freundlich wir unsere Worte machen, wenn sie nicht von Weiser Sicht geprägt sind, werden sie energetisch die Botschaft von Abstand und Isolation vermitteln.

Weise Rede vermittelt einem selbst und anderen eine Empfindung von Einheit und drückt sich in Übereinstimmung mit dem Herzen aus. Die Worte sind energetisch freundlich, beziehen andere ein und sind darauf bedacht, Leiden zu verringern. Solche Worte sind wahrhaftig, ohne unbedingt hart zu sein, und sie entsprechen dem Augenblick, ohne jemanden zu verletzen.

Weises Handeln

Weises Handeln ist spontan und unmittelbar und arbeitet mit der dem Körper innewohnenden Intelligenz, die den Intellekt des Geistes weit übertrifft. Unser Denken behindert die Intelligenz des Körpers oft und schränkt seine Handlungen auf ein vorwiegend auf alten Gewohnheiten und Konditionierungen beruhendes Schema ein. Handlungen, die von Gedanken regiert werden, basieren im Allgemeinen auf der Abwägung, ob eine Situation angemessen und sicher ist. Unser Denken hinkt einen Schritt hinter der notwendigen sofortigen Aktion hinterher, und wenn wir schließlich so weit sind, den Wert dessen, was jetzt geschehen sollte, „abgewogen" zu haben, ist der Augenblick bereits vergangen und unsere überdachte Reaktion ist nicht mehr angemessen. Bei Weisem Handeln durchdringt der Geist zwar die körperliche Aktion, aber er dirigiert sie nicht mehr.

Weiser Lebensunterhalt

Wenn wir auf den Dharma (den natürlichen Weg) eingestimmt sind, gerät unser Leben ins Lot. Die Weise, auf die wir unsren Lebensunterhalt verdienen, ist eine Fortsetzung des Weisen Handelns, das hierbei stärker darauf gerichtet ist, unsere berufliche Situation auf die Bedürfnisse unseres Haushalts abzustimmen, wobei es um unser finanzielles Wohlbefinden sowie die Bedürfnisse einer größeren Gemeinschaft geht. Ganz gleich, was unser Beruf ist, wenn die Bereitstellung unseres Lebensunterhalts im Einklang mit Weiser Absicht und Weiser Sicht ist, bringt dies unsere latenten Energien zum Vorschein und fördert unsere Lebendigkeit und unsere Interessen.

Wenn die Weise, unseren Lebensunterhalt zu verdienen, vor allem dem finanziellen Gewinn oder dem Statusdenken dient, geraten wir sehr leicht auf Abwege. Wir werden von den Absichten unweiser Sichtweise versklavt und rutschen häufig in eine Einstellung ab, die den „Job" nur noch als „Plackerei" versteht. Burn-out und Lustlosigkeit, von einem verminderten Selbstwertgefühl angetrieben, können einen Achtstundentag zur Qual werden lassen.

Weises Bemühen

Unser Bemühen ergibt sich aus unserer Sicht des Lebens und den Absichten, die wir damit verbinden, und es befindet sich entweder im Einklang mit der natürlichen Einheit aller Dinge oder steht im Gegensatz dazu. Wenn wir uns für abgetrennt halten, wird ein großer Teil unserer Bemühungen auf eine stärkere Abgrenzung unseres Ich zielen, und damit laden wir uns nur noch mehr selbst erzeugtes Leiden auf. Dieses unweise Bemühen versucht ein Problem eher zu umgehen oder zu übergehen, anstatt dessen Energie zu nutzen, um die Natur des Problems an sich zu verstehen. Weises Bemühen wirkt mit Weiser Sicht zusammen und untersucht und hinterfragt ständig unser Bedürfnis, getrennt zu sein, und löst es auf. Es ist ein Bemühen, das mit dem ungeteilten Geist verbündet ist.

Weise Achtsamkeit

Achtsamkeit beginnt für die meisten von uns mit einer individuellen Anstrengung, bewusst zu sein. Obwohl diese Art von Bemühung ihren Wert hat, werden wir in unserem Versuch, die Bewusstheit zu kontrollieren und zu steuern, schnell frustriert, denn Bewusstheit ist in dem Maße verfügbar, in dem wir in der Lage sind, das „Ich", das bewusst zu sein versucht, loszulassen. Wir können, mit anderen Worten, nicht mittels unseres Willens (unweises Bemühen) bewusst werden. Nichttun[III] und Entspannung führen schließlich zu einem neuen Verständnis der Achtsamkeit, und Nichttun gibt allem seinen Wert. Wenn unser Ehrgeiz, unsere Achtsamkeit zu fördern, nachlässt, beginnen wir in dem zu verweilen, was auf natürliche Weise vorhanden ist. Achtsamkeit geht mühelos in eine durchgehende Bewusstheit über, die sich selbst aufrechterhält, wenn unser Ich abwesend ist.

Weiser Samâdhi

Samâdhi wird als Einssein oder Ganzsein des Geistes erfahren und ist daher der Höhepunkt von Weiser Sicht. Auf dem Pfad Buddhas ist Beständigkeit des Geistes wesentlich und das Aufrechterhalten der

Aufmerksamkeit gestattet dem Geist, präsent zu sein, seine Natur zu begreifen und zu verstehen, wie er funktioniert. Alles hängt von der Stabilität der Sammlung ab sowie davon, dass wir die verkrampfte Natur unseres Lebens erkunden, und nur durch stetige Aufmerksamkeit können wir das Problem erkennen und die Ursache entschlüsseln. Es ist die Funktion von Samâdhi, den Unterschied zwischen dem Nachdenken über eine Sache und deren direkter Erfahrung zu erkennen. Durch die stille, durchgehende Aufmerksamkeit von Samâdhi erkennen wir deutlich, wie das Ich durch unsere Kommentare zu den Dingen und die Geschichten, die wir erfinden, entsteht.

Der Achtfache Pfad ist von Anfang bis Ende ein multidimensionales, transparentes Hologramm. Die Mittel, mit denen wir praktizieren, bestimmen, was wir entdecken werden. Wir gehen niemals davon aus, dass die Wirklichkeit des Einsseins nicht gegeben ist, nur, dass wir sie falsch wahrnehmen. Wir setzen auch nicht voraus, dass der Wirklichkeit etwas hinzugefügt oder etwas aus ihr entfernt werden muss, sondern nur, dass die Vorstellung, die der Geist sich von der Wirklichkeit macht, unzutreffend ist. Wir lernen, wie wir alle die Aufteilungen mit der Totalität des Geistes umfangen können, statt der Geteiltheit Ausdruck zu geben, indem wir die Ereignisse manipulieren. Spirituell gesehen bleiben wir offen für alles, denn durch diese offene Haltung erfahren wir die Verknüpftheit und die alles umfangende Haltung wird zur Grundlage all unserer Bemühungen.

All dies basiert auf der grundlegenden buddhistischen Lehre und der Wahrheit von Anattâ. Dieses Konzept ist das Herzstück des Achtfachen Pfades und wir werden es im nächsten Kapitel eingehender betrachten. Es geht nicht darum, Anattâ intellektuell zu lernen; Anattâ muss realisiert, verdaut und vollkommen in jede Facette unseres Lebens integriert werden. Die spirituelle Reise ist nur sinnvoll, wenn wir sie von Anattâ her angehen; kommen wir aus irgendeiner anderen Richtung, dann wird die Ichempfindung durch ihre Leistungen nur noch verstärkt und unser Streben nach Freiheit wird letztlich frustriert. Haben wir unsere Praxis jedoch erst einmal mit Anattâ in Einklang gebracht, dann fließt all unsere Energie in die Richtigstellung unserer falschen Wahrnehmungen und der Pfad entfaltet sich auf geradlinige Weise.

2

Die Ichempfindung

Sein oder Nichtsein, das ist hier die Frage.

– WILLIAM SHAKESPEARE, *Hamlet*

IN EINEM RELATIV UNBEKANNTEN Sutta, dem *Kukkuravatika Sutta*, kommen zwei Asketenmönche zum Buddha. Der eine benimmt sich wie ein Hund, läuft auf allen Vieren, isst vom Boden und rollt sich wie ein Hund zusammen, wenn er ruht; und der andere verhält sich wie ein Ochse und hat einen langen Schwanz an seinen Rücken geklebt. Der Buddha begegnet diesen ziemlich seltsam aussehenden Männern höflich, und als einer von ihnen ihn bittet, ihm das Schicksal und den Verlauf weiterer Inkarnationen des anderen zu beschreiben, mag er nicht antworten. Der Buddha hält sich wahrscheinlich deshalb zurück, weil die Antwort für die Männer beunruhigend wäre; der Fragende bleibt aber beharrlich und schließlich sagt der Buddha, diese beiden Asketen könnten bestenfalls hoffen, in der zukünftigen Inkarnation als Hund beziehungsweise Ochse wiedergeboren zu werden.[1]

Auf den ersten Blick scheint diese Darlegung wenig über das heutige spirituelle Leben auszusagen. Die meisten von uns sind keine Asketen und benehmen sich nur gelegentlich wie Tiere. Wenn wir die Episode jedoch eingehender betrachten, zeichnet sich ein verstecktes Motiv ab:

Wie wir üben, so werden wir. Praktizieren wir wie ein Hund, so werden wir wie ein Hund, und – was vielleicht für unsere Situation relevanter ist – wenn wir als ein getrenntes, individualisiertes Ich leben und praktizieren, werden wir die Annahmen, die um die Glaubensvorstellungen gruppiert sind, verhärten und in der Zukunft weiterhin voneinander isoliert sein.

Dieses Sutta stellt unsere spirituelle Ausrichtung infrage und rät uns, unser Handeln in Körper, Rede und Geist auf die erwachte Einheit, die wir suchen, auszurichten. Begriffe wie „Leere" und „Freiheit" mögen eine gewisse Anziehungskraft für uns haben, wobei sich unser Leben aber dennoch um bloße Selbstbefriedigung dreht. Wenn die Ichempfindung bei allem, was wir tun, ob wir nun gerade auf dem Meditationskissen sitzen oder nicht, im Zentrum steht, wird das Ergebnis ganz anders sein, als wenn wir im Einklang mit den tiefsten Wahrheiten Buddhas leben. Wenn unser Leben einzig um unser persönliches Wohlbefinden kreist, dann – so scheint der Buddha zu sagen – begraben wir uns innerhalb unseres fehlgeleiteten Denkens selbst.

Solange unsere Praxis um das „Ich" kreist, der Dialog vom „Ich" ausgeht und an dieses gerichtet ist und wir von „unseren" Errungenschaften eingenommen sind, solange werden „ich", „mir" und „mein" die Rückstände sein, die unser Leben lang und vielleicht noch über den Tod hinaus weiter bestehen. Wenn wir so weitermachen, werden wir unsere Annahmen über uns selbst verfestigen, und die uns bekannte Realität wird dadurch verewigt, dass wir sie immer wieder bestätigen. Die Realität ist nichts Festes, sondern verändert sich je nach der Wahrnehmung des Einzelnen. Durch das, was wir über sie denken, konfigurieren wir aktiv die Realität; wir sehen, was wir sehen wollen, und werden zu dem, wozu wir werden wollen. So konstruieren wir unsere gegenwärtige Realität ständig aus vergangenen Erfahrungen und leben die Gegenwart so, als sei sie Vergangenheit.

Die folgende Geschichte illustriert diesen Punkt. Vor einigen Jahren flog ich nach Kansas City, um eine Klausur zu leiten, und wurde von Sandy, einem kleinen, schmal gebauten Mann mittleren Alters, der äußerst ängstlich zu sein schien, vom Flughafen abgeholt. Während der Fahrt erwies er sich als totales Nervenbündel, und nachdem er sich mehrfach verfahren hatte, wurde er zunehmend ärgerlich und feindselig. Als die

Stimmung im Auto immer angespannter wurde, fragte ich Sandy, ob er über seine Sorgen sprechen wolle. Er erzählte mir, er habe die letzten zweiundzwanzig Jahre in einem Hochsicherheitsgefängnis verbracht und sei erst vor sechs Monaten entlassen worden. Jeden Vormittag, bevor er mit den anderen Gefangenen den Gefängnishof betreten hatte, habe er vor dem Spiegel gestanden und sich auf die Schikanen vorbereitet, die, wie er wusste, aufgrund seiner kleinen Statur auf dem Hof auf ihn warteten. Auch wenn er eigentlich nur Angst hatte, steigerte er sich in dem Versuch, seine Angst auszuschalten und sich den Anschein einer starken Persönlichkeit zu geben, in eine künstliche Wut hinein.

Nachdem er zweiundzwanzig Jahre auf diese Weise gelebt hatte, hielten seine große Angst und sein Schrecken auch nach seiner Freilassung an. Er gab zu, jedermann als potenzielle Bedrohung zu betrachten, und obwohl ein Teil von ihm wusste, dass dies absurd war, hielt die Prägung durch jene Jahre hinter Gittern diese weisere Wahrnehmung in Schach. Er fühlte sich als Sklave seiner Angst und versuchte diese Vorstellungen mit Hilfe von Meditation zu überwinden.

Obwohl sich Sandys äußere Situation beträchtlich verändert hatte, war seine innere Realität dem nicht gefolgt. Verstandesmäßig wusste er, dass er nicht mehr im Gefängnis war, aber seine Gefühle täuschten über diese Tatsache hinweg. Sandys konditioniertes Reaktionsmuster übertrumpfte seine Logik und er verhielt sich in Übereinstimmung mit seinen früheren Gewohnheiten und handelte weiterhin so, als sei das Gefängnisleben noch seine Realität. Auch wenn Sandys Geschichte dramatisch klingt, unterscheidet sie sich nicht sonderlich von dem, was viele von uns tun, wenn sie versuchen, ihr Verhalten den Erwartungen anderer Leute anzupassen, und wenn sie sich durch die Meinung anderer versklaven lassen.

Unser Geist perpetuiert seine Muster durch unsere Konditionierung, und auch wenn unsere Haltung eigentlich unhaltbar ist, sind wir häufig nicht gewillt, uns zu verändern oder den Kurs zu ändern. Das Erstaunliche daran ist, welche Gültigkeit wir unserer Realität zuschreiben. Wenn wir etwas fühlen oder denken, dann muss es wahr sein. Wenn die Gedanken und Emotionen, auf denen unsere Vorstellungen beruhen, jedoch von Umständen aus der Vergangenheit konditioniert wurden, wie gültig können sie dann sein? Diese angenommene Realität könnte genauso wenig gültig sein, wie die Zeitung vom letzten Jahr für die aktuelle Situation gültig ist.

Der Buddha lehrte, dass das unbeobachtete Denken sich mit der Zeit im Charakter niederschlägt. Charakter ist mehr als unser Temperament und unsere Persönlichkeit; es ist die grundlegende Art und Weise, das Leben zu sehen, einschließlich unserer Annahmen, Vorstellungen und Ansichten davon, wer wir sind und was das Leben ist. Wenn wir durch unsere Augen sehen, sehen wir das, was zu sehen wir konditioniert sind, und ein Teil dieser Konditionierung ist der Glaube an die Wirklichkeit der Person, die diese Erfahrung macht.

Der Charakter wird durch die fortlaufende Erzählung der Geschichte vom „Ich" verstärkt. Wir bestätigen unsere gegenwärtige Realität durch die Erinnerung an das, was wir immer gewesen sind. Wenn wir zum Beispiel in unserer Vergangenheit eine Opfermentalität angenommen haben, mögen wir dazu neigen, übermäßig zu kompensieren und heftig zu reagieren, wenn man uns unter Druck setzt. Unsere persönliche Erzählung offenbart unsere Stärken und unsere Grenzen und bringt eine Ich-Einstellung hervor. Während sich unsere Geschichte fortsetzt, macht jedes Kapitel das „Ich" dazu geneigt, sich auf eine bestimmte Weise zu verhalten, und obwohl diese wuchernde Neigung in unserer anfänglichen Geschichte niemals spezifiziert wurde, steht die fortlaufende Geschichte doch unter ihrem Bann.

So setzen wir uns beispielsweise hin, um mit der schlichten Anweisung, unserem Atem zu folgen, zu meditieren, und eine ganze Reihe von Ideen sprudelt hervor, unter anderem psychologische Ansichten über unsere Kompetenz oder Inkompetenz bei der Ausführung der Aufgabe und darüber, wie andere unsere Meditation beurteilen könnten. Wir sitzen mit dem, wozu der Geist geworden ist, also mit seinem Charakter, und dieser Charakter bestimmt oft, wie wir unsere Meditationspraxis bewerten und ob wir der Meinung sind, dass es sich lohnt, weiter zu meditieren.

Die Story unseres „Ich" basiert auf nie hinterfragten Spekulationen und besitzt viele Ebenen einer angenommenen Realität. Sie bilden die Grundlage für das, was wir selbst von unserer Geschichte halten, wie und weshalb wir die Geschichte erzählen, welche Bedeutung wir ihr geben und wer dieser Mensch ist, der diese Story erzählt. Die Geschichte wird niemals auf ihre Gültigkeit hin überprüft; ihre Realität wird vorausgesetzt und deshalb stellen wir nur selten Fragen, die dieses Konstrukt unterminieren könnten.

Unsere persönliche Geschichte mit ihren Konflikten, Schmerzen, Dramen und ihrer Triebkraft basiert auf einem einzigen nie überprüften und nicht infrage gestellten Glauben, nämlich dem an die Existenz unseres „Ich". Doch jeder Student der Logik würde uns bestätigen: Wenn die Prämisse dieser Geschichte falsch ist, dann ist auch alles falsch, was auf dieser Prämisse aufbaut. Wenn die Ichempfindung eine falsche Wahrnehmung ist, dann ist auch die Geschichte, die sie sich selbst erzählt, falsch und alle Gesetzmäßigkeiten, die diese Geschichte beherrschen, sind fraglich. Das betrifft auch den Glauben, dass die Welt und wir getrennte und unterschiedliche Objekte seien.

Ichlosigkeit

Im Kern der buddhistischen Lehren steht das Konzept von Anattâ. Der Buddha verwendet diesen Begriff, um darauf hinzuweisen, dass die Ichempfindung eine fabrizierte und konditionierte Realität ist und über unsere Glaubensvorstellung hinaus keine dauerhafte Existenz besitzt. Die „Ich"-Empfindung ist ein Bild, das wir verteidigen, schützen und aufrechterhalten, obwohl die Tatsachen dagegen sprechen.

Anattâ ist kein leicht zu verstehendes Konzept. Wie könnte „ich" nicht da sein? Ich sitze hier und lese, meine Sinne sind intakt, mein Gehirn funktioniert; es scheint unsinnig zu sein, mein Sein infrage zu stellen. Doch interessanterweise stellt der Buddha nicht die Natur des „Seins" infrage – er nennt sie „Soheit" –, sondern das, was sich um diese „Soheit" herum gebildet hat. Er stellt die Art und Weise infrage, wie wir unsere Wahrnehmung in „du" hier und „ich" dort einteilen, denn dies ist ebendie Getrenntheit, auf der unsere Weltanschauung aufgebaut ist. Der Buddhismus stellt den Versuch dar, die tiefgründige Frage zu ergründen, ob das Gefühl der Getrenntheit eine Fehlwahrnehmung einer zugrunde liegenden, nicht konditionierten Realität ist.

Die Konsequenzen dieser Fragestellung sind weitreichend und können möglicherweise die Vorstellungen, die wir von unserem Ich und vom Leben haben, zerschlagen, sodass all unsere Strategien, Ziele,

Werte und Sinnvorstellungen einen neuen Bezugsrahmen erhalten. Da eine solche Hinterfragung möglicherweise einen völligen und radikalen Paradigmenwandel in Hinsicht auf das, was das Leben ist und wer wir darin sind, erfordert, ist dies keine Aufgabe für Feiglinge.

Anattâ stellt einen dermaßen radikalen Wandel unserer Weltanschauung dar, dass manche Buddhisten versuchen, seine Bedeutung herunterzuspielen oder sie zu umgehen. Wir können einem Anhänger des Buddhismus jedoch nicht die Herausforderung ersparen, seine Sicht über seine vorgefassten Vorstellungen von der Konfiguration der Wirklichkeit hinaus auszudehnen. Wie auch bei einer Beethovensinfonie oder einem Theaterstück von Shakespeare müssen wir dem Anspruch des Buddhismus gerecht werden. Wir können ihn nicht nur zur Hälfte annehmen und philosophisch mit seinen Begriffen spielen, während wir in den sicheren Grenzen unserer Individuation verharren. Ajahn Buddhadassa, mein thailändischer Lehrer, sagte oft, eine spirituelle Lehre ohne Anattâ gehe völlig am Wesentlichen vorbei.

Auch wenn das Konzept des Anattâ erschreckend sein mag, hat seine Verwirklichung doch etwas Befreiendes. Sind wir einmal von den einschränkenden Fesseln eines Selbstbildes befreit, so ist das Herz frei, sich zu öffnen und tief berühren zu lassen. All die Eigenschaften, die wir in unserem spirituellen Leben zu kultivieren suchen – Liebe, Mitgefühl, Geduld, Integrität und wirkliche Freude –, wohnen jener Präsenz inne, die übrig bleibt, wenn das Selbstbild verschwindet.

Das Konzept des Anattâ erfreut sich im Westen keiner großen Beliebtheit. Wir sind stolz darauf, über der Masse zu stehen, unser Leben individuell zu bestimmen und es durch unsere Ambitionen und unseren Willen zu gestalten. Wenn wir jedoch auf unsere Geschichte als Spezies blicken, sind es gerade jene Züge, die so viel Leiden über die menschliche Existenz gebracht haben. Auch wenn diese Eigenschaften auf dem Marktplatz oder im Klassenzimmer vielleicht gefördert werden, sind sie für das Überleben unserer Spezies doch nicht gerade förderlich.

Wie ein Magnet zieht uns das Leben zu einer tieferen Einheit und natürlichen Harmonie hin, aber unsere Ichempfindung sträubt sich, diesem Sog zu folgen. Ein buddhistisches Sutta sagt, wir könnten den Knoten des Ich so lange nicht lösen, wie wir ihn gar nicht erst erkennen. Die spirituelle Praxis fordert uns auf, zu untersuchen und zu verstehen, was wir sind. Sobald wir das einmal begriffen haben, ist die Ichempfindung zwar eine funktionale Notwendigkeit, aber keine bleibende Realität mehr.

Die Entstehung der Ichempfindung

Die Ichempfindung ist ein Versuch, die Realität absolut störsicher zu machen. Das Nachsinnen über das, was gerade geschieht, erzeugt eine zeitliche Lücke zwischen der Reflexion über den Augenblick und dem eigentlichen Ereignis, das der Augenblick ist. In dieser momentanen Pause hat das „Ich" die Gelegenheit, mit „meiner" Kontrolle und „meinem" Einfluss einzugreifen. Das ist mit dem Versuch vergleichbar, Auto zu fahren, während man in den Rückspiegel blickt. Die Überlegung verursacht eine kleine Verzögerung, während wir die Sicherheit des Augenblicks abschätzen. Wir sehen eher das, was war, als das, was ist, und der Geist füllt diese Lücke mit Erinnerungen und Projektionen. Wir sehen das, was wir befürchten oder was wir wünschen, dass es geschehen möge, anstelle dessen, was geschieht. Die Gegenwart wird durch unsere befürchtete oder erwünschte Realität durcheinandergebracht, und bald wird die einzigartige und ursprüngliche Präsentation dieses Augenblicks durch unsere mentale Umgestaltung verzerrt.

Das Ichbewusstsein steht im Zentrum unseres Kampfes mit dem Leben, und alle Ausdrucksformen von Leiden, Einschnürung, Konflikt und Widerstand treten auf, weil wir dem Leben zu seinen eigenen Bedingungen misstrauen. Wir wollen dem Augenblick mental ein kleines Etwas hinzufügen, um unsere individuellen Bedürfnisse zur Geltung zu bringen. Diese kleine Einmischung des Denkens in den Augenblick trennt die erwünschte Realität von der wahren Realität, und ein großer Teil unseres Handelns dient dem Zweck, diesen Unterschied zu überbrücken. Der rückwärts gewandte Blick setzt uns in Opposition zu anderen lebendigen Kreaturen, weil ihre Bedürfnisse anders sind als unsere, und so ist es unvermeidlich, dass sich das Leben an sich selbst reibt.

Die Neurowissenschaft erzählt uns, dass die neuronale Bahn für die Wahrnehmung dieselbe ist wie die für das Wiedererkennen. Unsere Sinne nehmen, anders ausgedrückt, gleichzeitig ein Objekt wahr und erkennen es wieder. Dies macht es schwierig zu unterscheiden, ob wir sehen, was die Augen sehen oder was der Geist von ähnlichen früheren Wahrnehmungen erinnert. Wenn wir uns umsehen, wird das sofort offensichtlich. Womit auch immer der Geist in Kontakt kommt, das erkennen wir wieder. Der springende Punkt ist, dass der Geist den Unterschied zwischen der Wahrnehmung der Vergangenheit und der Wahrnehmung der Gegenwart nicht kennt.

Auch wenn der Geist diesen Unterschied nicht erkennen kann, vermag dies doch das Bewusstsein. Man kann den Geist über das Gehirn elektrisch so stimulieren, dass er Erinnerungen, Glaubensvorstellungen, Gefühle und Wahrnehmungen erfährt, aber Bewusstsein lässt sich so nicht hervorrufen. Die wissenschaftliche Forschung vermag den Sitz des Bewusstseins nicht zu lokalisieren; im Osten wird er Herz-Geist genannt. Als der Buddha gefragt wurde, wo das Bewusstsein denn lokalisiert sei, sagte er, es gäbe dafür kein Zentrum, denn Bewusstsein sei nicht im Geist enthalten.

Es gibt eine Geschichte von einem Mann, der zu Buddha kommt und ihn fragt: „Wenn jede einzelne Sinnespforte (Riechen, Sehen, Schmecken, usw.) sich nicht mit den anderen verbindet, was hält dann all diese Sinne in einem Körper zusammen?" Der Buddha antwortet: „Der Geist trägt alle Sinne." Alle Sinne münden in den Geist und können vom Geist beobachtet werden. „Ah", sagte der Mann. „Was trägt aber dann den Geist?" Der Buddha sagte: „Der Geist wird vom Bewusstsein getragen." Bewusstsein kann alles im Geist sehen. Schließlich fragte der Mann den Buddha: „Und was trägt das Bewusstsein?" Der Buddha antwortet: „Bewusstsein wird vom Nichtkonditionierten getragen."[2] Das Bewusstsein sieht nicht von einer konditionierten Basis aus und sieht daher auch nicht aus der Perspektive der Erinnerung.

Achten Sie einmal darauf, dass es zu zwei Erfahrungen kommt, wenn ein Ihnen bekanntes Geräusch wie etwa das Hupen eines Autos oder der Gesang eines Vogels ertönt. Da ist zuerst einmal das Geräusch, das Ihr Ohr hört, und dann das Bild oder das Wort, das Ihr Geist dem Geräusch beigibt. Das Bewusstsein kann sich auf einen der beiden Aspekte fokussieren, aber es umfängt beide. Das Geräusch kann in den Vordergrund treten und das Bild in den Hintergrund, oder umgekehrt. Meistens hören wir durch den Namen: „Aha", sagen wir, „das ist ein Rotkehlchen." Das Geräusch wird nicht als solches gehört, sondern als der Gesang eines Rotkehlchens.

Wenn reine Wahrnehmung in eine genaue Definition gezwungen wird, indem sie auf ein Wort eingegrenzt wird (in diesem Fall „Rotkehlchen"), steigt im selben Augenblick die Ichempfindung auf. Die Ichempfindung und das Wort sind wechselseitig voneinander abhängig, aber es fühlt sich so an, als würde „ich ein Rotkehlchen erfahren". Genauer gesagt entsteht das Ich zusammen mit dem Wissen, dass das Geräusch von einem Rotkehlchen stammt. Wissen erfordert einen Wissenden, und das Ich ist die mentale Überlagerung der Wahrnehmung. Das Ich ist weder in dem Geräusch noch in der Wahrnehmung enthalten, doch durch das Wissen versucht der Geist, die Wahrnehmung, die ihrem Wesen nach leer ist, zu etwas zu machen, in diesem Fall zu einem Vogel.

Das, was sieht, und das, was über das Gesehene nachdenkt, sind zwei verschiedene Dimensionen. Wenn wir zu schnell zum Wort und seiner Bedeutung übergehen, verpassen wir das, was das Wort und die Wahrnehmung trägt. Unsere Konditionierung drängt sich in Form einer Geschichte über das, was wir von Rotkehlchen und Vögeln im Allgemeinen wissen, nach vorn. Unsere Welt verengt sich auf das, was wir über ein Rotkehlchen denken. Ein einziges Wort löst eine ganze Sichtweise aus. Alle Dinge werden durch die Benennung eines Dinges erkannt, und wie bei der Reihenschaltung einer Weihnachtsbaum-Lichterkette, hängt es von jedem einzelnen Lämpchen ab, ob die ganze Lichterkette aufleuchtet oder nicht. Ist uns aber erst einmal ein Licht des Wissens aufgegangen, dann haben wir uns voll in unserer Geschichte verkörpert und haben eine persönliche Beziehung zur Welt. All dies geschieht im Augenblick des Benennens – wird der Name fallen gelassen, dann leuchtet die Lichterkette nicht auf.

Zum Benennen kommt es, weil wir dem Wissen verhaftet sind, uns vor dem Nichtwissen fürchten oder nach Wissen verlangen. Wir haben vor den Implikationen des Nichtwissens Angst und fragen uns, was uns schützen würde, wie wir überleben könnten und was die Leute von uns denken würden, wenn wir keine Antworten hätten. Wir fassen jede Wahrnehmung in Worte, um diesen Schrecken von uns fernzuhalten, und über die Jahrzehnte sind die Worte automatisch zu den Wahrnehmungen geworden. Was aber trägt all das Wissen und Nichtwissen, die Geräusche, die Wörter, Wahrnehmungen und Geschichten? Was hört das Rotkehlchen singen? Was sieht das Rotkehlchen fliegen? Die spirituelle Reise dient der Befreiung des Bewusstseins von der Fesselung an die Wörter und die Story.

„Ja", sagen wir, „aber gibt es nicht wirklich dort draußen einen Vogel?" Wie kann denn ein Vogel überhaupt anders erkannt werden als durch unsere Sinne? Durch Klang, Sicht, Geruch, Geschmack, Berührung und Denken ist die Welt ins Dasein getreten. Der Geist und kein anderer macht diese Sinne zu etwas. Der Buddha sagt, die Welt sei innerhalb dieses klaftergroßen Körpers geschaffen worden.[3] Die Welt ist nur Projektion, und selbst das Gefühl von etwas „da draußen" braucht ein „hier drinnen" als Gegensatz. Wenn wir die angenommene Grenze zwischen Außen und Innen fahren lassen, werden die beiden eins, denn nichts besitzt ohne das Zutun des Geistes eine eigenständige Existenz.

Im *Bahiya Sutta* sagt der Buddha etwas Ähnliches. Bahiya, der selber ein aufrichtiger heiliger Mann ist, begreift, dass er nicht vollkommen verwirklicht ist, und geht zum Buddha, um ihn nach der Essenz seiner Lehren zu fragen. Bahiya begegnet dem Buddha zu einem ungünstigen Zeitpunkt, als dieser gerade auf einem Bettelgang ist. Der Buddha versucht das Gespräch zu verschieben, doch Bahiya besteht darauf und so gibt der Buddha die prägnante Zusammenfassung seiner Lehren: „Lass im Sichtbaren nur das Sichtbare sein. Lass im Hörbaren nur das Hörbare sein. Lass im Spürbaren nur das Spürbare sein. Lass im Erkennbaren nur das Erkennbare sein. Auf diese Weise solltest du dich üben. Wenn es für dich nur noch das Sichtbare im Sichtbaren, das Hörbare im Hörbaren, das Spürbare im Spürbaren und das Erkennbare im Erkennbaren gibt, dann, Bahiya, wirst du nicht davon betroffen. Wenn du nicht davon betroffen bist, wirst du nicht darin sein. Wenn du nicht darin bist, wirst du weder ‚hier' noch ‚dort' sein noch zwischen den beiden. Dies und genau dies ist das Ende des Leidens."[4] Das Heilige dämmert uns auf, wenn wir realisieren, dass dieser wortlose Klang, Anblick, Geruch, Geschmack oder diese wortlose Berührung ein Zugang zu dem grenzenlosen, weiten und mysteriösen Unbedingten ist. Das Wort führt dazu, dass ein Ding als etwas erkannt und von einem anderen Ding unterschieden wird, aber wenn die Worte enden, nehmen alle Dinge ihre natürliche Ordnung an und öffnen sich über sich selbst hinaus zu einer unbegreiflichen Einheit. Die Unterscheidung zwischen den Dingen ist ausgemerzt und alles offenbart seine schöpferische Quelle.

Ein einzigartiges Gleichgewicht wird aufrechterhalten, wenn wir sowohl das Wort als auch das Wortlose vollkommen zulassen. Wird einem von beiden übermäßiges Gewicht gegeben, so wird die Welt verzerrt und dualistisch. Einmal voneinander getrennt, operiert ein jedes nach unterschiedlichen Prinzipien. Jetzt muss die durch das Wort entstandene Ichempfindung hart arbeiten, um das Wortlose zu entdecken. Die gegensätzlichen Sichtweisen lassen sich einfach nicht versöhnen und die Ichempfindung versucht vergeblich, das Wortlose mithilfe seiner Wörter zu erfassen. Die spirituelle Reise besteht darin, immer deutlicher zu begreifen, wie man das natürliche Gleichgewicht zwischen den beiden Aspekten wiedererlangt, und man muss davon Abstand nehmen, die Dinge einseitig nur aus einem der beiden Blickwinkel anzusehen.

Die Überschneidung von Universen

Die Gesetze des Unbedingten (das wir das Senkrechte nennen werden) stehen von Natur aus im Widerspruch zu den Gesetzen des Bedingten (das wir das Waagerechte nennen werden). Das Waagerechte und das Senkrechte stehen rechtwinklig zueinander, treffen aber in einem Punkt aufeinander, nämlich in der Gegenwart. Das Senkrechte „ist" – und das ist alles, was man von ihm sagen kann. Das Senkrechte bedarf keiner Hinzufügung, weil nichts fehlt. Es ist allen Dingen eigen, stellt jedoch keine Forderungen an sie. Es kann nicht wahrgenommen werden, denn es liegt innerhalb der Wahrnehmung. Es gibt keinen Weg zu ihm, und es gibt keinen Weg aus ihm heraus.

Die waagerechte Welt des Bedingten ist ein zeitlich getriebenes, arbeitsintensives, multidimensionales Universum, das sich weit über seine Schnittstelle mit dem Senkrechten hinaus ausdehnt. Zur Linken, so weit wie der Geist sehen kann, liegt die Vergangenheit und zur Rechten dehnt sich die unermessliche Weite der Zukunft aus. Da Vergangenheit und Zukunft außerhalb des Denkens keinerlei Realität besitzen, wird das waagerechte Universum sowohl aus Konzepten gebildet als auch von ihnen gesteuert. Das bedeutet, dass es über die Wertigkeit, die wir einer Vorstellung oder einem Bild geben, hinaus keine wahre Authentizität besitzt. Der einzige unbestreitbare Punkt ist das Hier und Jetzt, genau die Stelle, an der es sich mit dem senkrechten Universum

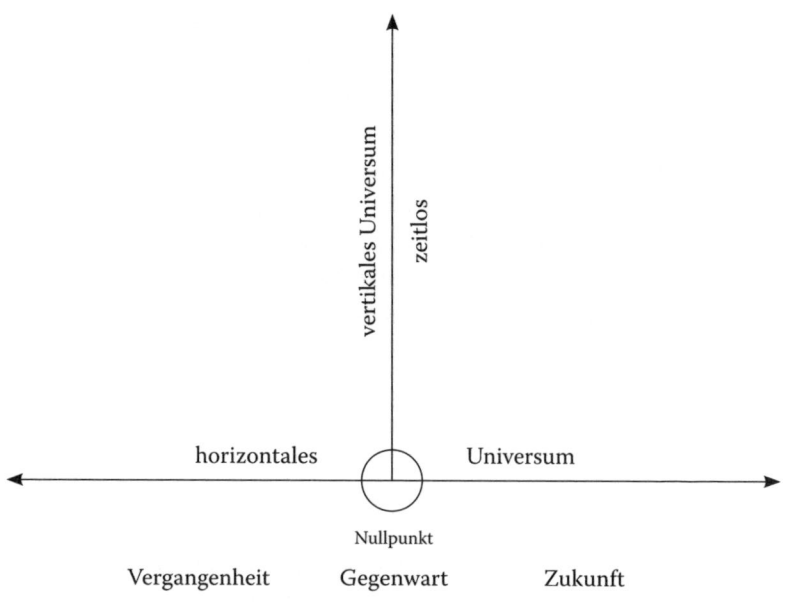

überschneidet. Ein Mensch, der auf der Waagerechten lebt, erkennt selten den Berührungspunkt des Senkrechten; er hat nur wenig Interesse an einem zeitlosen Universum.

Aus der waagerechten Perspektive ist die Gegenwart ein Augenblick zwischen Vergangenheit und Zukunft, ein unbefriedigender Moment auf dem Weg in eine andere Zeit. Die Zukunft enthält die Hoffnung und das Potenzial, die Gegenwart enthält den Schmerz dessen, der ich jetzt bin. Daher besteht der Impuls, der Gegenwart dessen, was ich bin, so schnell wie möglich zu entfliehen, in die Richtung auf das, was ich werden will.

Die senkrechte Perspektive des Hier und Jetzt ist etwas völlig anderes. Da der Augenblick nicht zwischen den Felsen von Vergangenheit und Zukunft eingezwängt ist, ist er offen und weit. Tatsächlich ist er unendlich und vollständig und umfängt alles, einschließlich der Gedanken an die Vergangenheit und Zukunft, da alle Gedanken hier und jetzt auftreten. Insofern umfasst das senkrechte Universum in der Tat das waagerechte. Nichts kann diesem Augenblick je entfliehen oder sich außerhalb von ihm befinden, daher bleibt das senkrechte Universum immer bestehen und bewegt sich niemals. Die Dinge bewegen sich in ihm, doch es selbst bewegt sich nicht. Augenblick um Augenblick werden wir im senkrechten Universum geboren; das Problem dabei ist, dass wir glauben, in dem waagerechten zu sein. Nur gelegentlich halten wir inne, um den Schnittpunkt dieser beiden Dimensionen zu erkennen und nicht an ihnen vorbeizudenken. Das kann ein Augenblick des Wunderbaren, des Geheimnisses oder der Schönheit sein oder ein Moment, der zu kostbar ist, als dass man ihn negieren könnte.

Die folgende Geschichte illustriert solch einen kostbaren Augenblick. Sabine, die Schwester eines meiner Freunde, versucht ihr gesamtes Eheleben lang, ein Kind zu bekommen, war jedoch nicht fähig zur Empfängnis. Zu ihrem großen Entzücken wurde sie im Alter von 42 Jahren schwanger. Einige Monate später im Laufe der Schwangerschaft begann sie über Schmerzen im Bauch zu klagen, ging zum Arzt und erhielt die Diagnose, sie hätte Leberkrebs im Endstadium. Der Arzt empfahl eine Operation, Chemotherapie und Bestrahlung, welche Sabine alle ablehnte, da sie fürchtete, dem Fötus zu schaden. Ohne Behandlung prognostizierte man ihr eine Lebensdauer von wenigen Monaten. Rechtzeitig für die sterbende Mutter kam ein gesunder Junge zur Welt. Mein Freund sagte, Sabine habe nicht einen Atemzug des Kindes verpasst, und sie starb drei Monate nach der Geburt des Kindes.

Sabine war nicht gewillt, die Schnittstelle der beiden Dimensionen zurückzuweisen, in der ihr Leben dem ihres Kindes wahrhaftig begegnen konnte. Sie konnte nicht auf die Zukunft setzen, denn die war alles andere als sicher. Stattdessen beschloss sie in der einzigen Realität zu bleiben, die sie und ihr Kind tragen konnte, in der unmittelbaren Gegenwart. Sobald Sabine sich dem Leben im Nullpunkt der Achse überantwortet hatte, konnten sie und ihr Kind auf ewig in dem unendlichen Jetzt der Zeit bleiben.

Jedes Universum besitzt seine eigenen Gesetze. Das waagerechte Universum funktioniert nach den Prinzipien von Lust und Schmerz; wenn wir uns im Bann dieser Sphäre befinden, suchen wir das Vergnügen und vermeiden das Gegenteil. Das senkrechte Universum kann weder etwas suchen noch vermeiden, denn dort gibt es nur das, was ist. Innerhalb des waagerechten Universums stellen wir uns gern vor, wir seien irgendwo anders, als wir sind. Wir begeben uns auf Ausflüge in der Zeit, und mittels unserer Vorstellungskraft schaffen wir einen besseren Platz als das Hier und Jetzt. Verlangen und Angst bringen uns zu der Überzeugung, die Zukunft sei eine konkrete Tatsache und die Gegenwart sei verformbar und könne durch unsere Erwartungen gestaltet werden. Wir agieren dann in der Annahme, das Leben würde in der Zukunft erfüllt werden, und die Gegenwart sei entweder eine Hilfe oder ein Hindernis für das Erreichen dieses Ziels. Die Gegenwart wird nur als Weg zur Erlangung dessen, was wir uns wünschen, als nützlich angesehen und hat an sich keinerlei Bedeutung. Das senkrechte Universum steht indessen weiterhin still.

Die Empfindung, jemand zu sein, wird von der Waagerechten unterstützt. Wir fühlen uns dreidimensional, weil das Gedächtnis die vergangenen Augenblicke zu einer Geschichte zusammenfügt. Wir sind an dem und dem Ort geboren, sind auf diese und jene Schule gegangen und so weiter – und weiter vor uns liegt unser Schicksal. Mit der Geschichte gehen Sinn, Wert und Zweck einher. Wir leben für den Wert, den wir dem Leben geben, aber wir stürzen in Verzweiflung, wenn die Ideale, die wir selbst geschaffen haben, unerreichbar sind. Das senkrechte Universum ist leer von allen getrennten Inhalten und von Bedeutung, doch dieses Fehlen eines Zwecks bedeutet weder Sinnlosigkeit noch Verzweiflung. Weil es nirgendwo hinstrebt, ist jeder Augenblick vollkommen. Es ist einfach, ohne jegliche Empfindung seiner selbst.

Wir lieben es, abgelenkt zu werden, denn wenn wir still in uns selbst ruhten, dann müssten wir das senkrechte Universum anerkennen. Auf dem Feld der Zeit herumzutoben bringt uns das rechte Maß an mentaler Aktivität und verankert uns fest in der waagerechten Realität. Infolgedessen verbringen wir einen Großteil unseres Lebens in einem Zustand der Rastlosigkeit und Unzufriedenheit, weil wir ständig Ablenkung von der Stille suchen. Indem wir vor der Stille davonlaufen, werden wir zu einem getrennten Jemand mit Zielrichtung und Unterscheidung. Doch wenn wir innehalten, wird das senkrechte Universum die allen Dingen innewohnende Leere offenbaren.

Die waagerechte Dimension hat allerdings einen Makel; Unzufriedenheit und Missmut sind unvermeidlich. Wenn wir das senkrechte Universum ignorieren und uns ausschließlich auf die waagerechte Dimension konzentrieren, verursacht das Leiden. Wenn wir etwas begehren und ihm auf der waagerechten Ebene nachlaufen, fürchten wir auch dessen Gegenteil und laufen davor davon. Diese Spannung zwischen Verlangen und Furcht bestimmt unser Leben und erzeugt den Widerstand, der jeden von uns als Individuum darstellt. Sobald „wir" geschaffen sind, müssen wir in einem Spannungszustand bleiben, um fortbestehen zu können. Daher ist es unvermeidlich, dass wir leiden, denn der Zustand des Widerstands ist der Geburtsort unserer Individuation.

Der Lohn des Lebens in der waagerechten Dimension ist beträchtlich. Zuerst einmal erhalten wir eine Identität, auf der wir aufbauen können, und darüber hinaus kann diese Identität materielle Objekte, Status, Macht, Kontrolle und Prestige gewinnen. Dieser Gewinn ist nur so lange befriedigend, wie wir uns vorstellen, wir könnten weiter Gewinne machen, ohne Verluste zu erleiden. Um dieser Dimension einen Wert zu geben, müssen wir so tun, als würden wir nicht sterben, nicht verlieren, nicht vergessen oder nicht altern. Das waagerechte Universum erhält sich aufrecht, indem es die Hälfte seiner Realität leugnet. Das senkrechte Universum hingegen leugnet nichts und sieht nicht aus der Perspektive der Individuation, Eitelkeit oder des Ego. Es sieht die Gesamtheit ohne Bevorzugung. Alles ist gleichermaßen wichtig und zugleich unwichtig.

Durch das Festhalten wird das Universum in zwei verschiedene Dimensionen gespalten. Das Ausagieren unserer Bedürfnisse und Wünsche hält uns davon ab, den Blick einmal auf die ständig präsente senkrechte Ebene zu lenken, in der es keine Pläne gibt. Erst wenn wir der Gier und der Verluste, die wir in der Waagerechten erleiden, überdrüssig werden, fangen wir an, nach einem anderen Universum Ausschau zu halten. Die Reise beginnt, wenn wir uns den Schmerz offen eingestehen, den wir uns selbst durch das Spiel mit der Zeit zufügen. Wir erkennen die vergangene Zeit und die zukünftige Zeit als etwas künstlich Erzeugtes, das nur innerhalb der horizontalen Dimension relative Gültigkeit besitzt. Schließlich begreifen wir, dass wir dann, wenn wir Zeit erschaffen, auch Wandel und damit unvermeidlich Leiden erschaffen. Plötzlich verspüren wir das Bedürfnis, aufzublicken.

Die Auflösung

Es gibt einen alten Witz über ein Kind, das seine Mutter auffordert, sich vorzustellen, sie sei von Tigern umzingelt. Es gäbe keine Waffe in Reichweite und nichts, wo sie sich verstecken könne. Was würde sie tun? Die Mutter zögert, sinnt über die Frage nach und antwortet, sie habe keine Ahnung, was sie tun würde. Daraufhin fragt sie das Kind, was es denn tun würde, und es antwortet: „Ich würde aufhören, mir das vorzustellen."

Letzten Endes ist das Problem unseres Leidens ein vorgestelltes. Dieses intellektuelle Verständnis mag unsere Probleme nicht lösen, aber es kann uns auf den richtigen Weg zur Lösung führen. Wir beginnen mit Anattâ, auch wenn wir es noch nicht realisiert haben. Wenn wir nicht mit Anattâ beginnen, wird der Verstand Fragen stellen und Techniken ausklügeln, die vermeintlich auf die Lösung des Leidens hinarbeiten, die das Problem aber tatsächlich nur noch verschlimmern. Die Ichempfindung möchte ihre eigene Auflösung dirigieren. Wenn „ich" erkenne, dass „ich" ein Problem mit „mir" habe, werden meine Gedanken schwerer, das Drama tiefer und die Annahme eines „Ich" stärker. Ich liebe nichts mehr, als mich mit mir selbst anzulegen, und während dieser Kampf weitergeht, rückt jedes Hindernis, jede Reaktion, jede Strategie das Problem des „Ich" in noch weitere Ferne. Manchmal habe ich das Gefühl, ich würde mit mir irgendwohin gelangen, bei anderer Gelegenheit bin ich frustriert, weil ich keine Fortschritte mache. „Mach nur weiter", sagt die Ichempfindung, „du hast noch viel zu tun."

Wenn wir versuchen, über eine Erfahrung hinwegzukommen, wenn wir über unser Heil nachsinnen oder die Ichempfindung für mehr halten als nur für einen hartnäckigen Gedanken, dann akzeptieren wir die Getrenntheit als etwas Wirkliches. Aber dass wir die Getrenntheit für Wirklichkeit halten, ist gerade die Ursache der Getrenntheit. Wenn wir diese Wirklichkeit eher infrage stellen als auf ihr zu beharren, dann werden wir das verlorene Gleichgewicht zwischen dem Endlichen und dem Unendlichen wieder entdecken und die Senkrechte und Waagerechte kommen ins rechte Lot.

Dies lässt uns in einem Dilemma. Wir fühlen uns getrennt und sind es in Wirklichkeit aber nicht. Wir können nicht so tun, als fühlten wir uns nicht getrennt; nichts zu unternehmen ist deshalb keine Antwort. Doch wir wissen auch, dass etwas „tun" das Problem real macht und uns strategisch gesehen von der Lösung trennt. Die Frage der Getrenntheit bedarf bei ihrer Behandlung äußerster Sorgfalt; wir müssen aus vollem

Herzen entschlossen sein, ein Problem zu beenden, das gar nicht existiert.

Wir müssen uns des Problems annehmen, als sei es real, und dann lernen, uns einen Weg zu einer wahren und angemessenen Beziehung zu allen Dingen zu bahnen. Die Mittel, die wir benutzen, die Strategien, die wir anwenden, die Weise, wie wir das Problem auffassen und die Sichtweise, die wir innehaben, lassen sich so gestalten, dass sie das Lernen und Verstehen erleichtern. Die Art und Weise, wie wir unser Problem von Anfang an definieren, wird unsere Sichtweise des gesamten Achtfachen Pfades bestimmen. Die Definition etabliert eine Sichtweise und ein Ziel für unsere Praxis, und wenn die Definition falsch ist, wird der Pfad verzerrt und die Praxis, die wir benutzen, geht ins Leere.

Anfangs wenden wir die bekannten und uns vertrauten Methoden des Berufslebens an und benutzen das, was in der Vergangenheit funktioniert hat. Doch die am Arbeitsplatz nützlichen Eigenschaften wie Ehrgeiz, Selbstbewusstsein, harte Arbeit, Status und Macht sind nicht die das Herz wärmenden Eigenschaften, die wir in unserem spirituellen Leben suchen. Ich habe über siebzehn Jahre in Hospizen gearbeitet und niemals einen sterbenden Patienten sagen hören, er hätte lieber mehr Zeit an seiner Arbeitsstätte verbracht. Im Laufe der Jahre habe ich außerdem viele sterbende Patienten gesehen, die sich in ein geduldigeres, fröhlicheres, bewussteres und freundlicheres Verhalten hinein entspannten. Sie wussten irgendwie, dass diese Eigenschaften ihnen das Sterben leichter machen würden. Sterben ist die Dekonstruktion des Ich, und das, was uns beim Sterben dient, kann uns auch in der spirituellen Praxis nützen.

Die Mittel unserer Praxis dürfen sich nicht von den Zielen unterscheiden, nach denen wir streben. Was immer wir am Anfang oder in der Mitte tun, wird zu unserem Ziel werden. Wenn wir uns nach Beendigung des Leidens sehnen, können wir keine selbstzerstörerischen Methoden anwenden, um dem Konflikt und dem Kampf ein Ende zu bereiten. Gleichermaßen gilt: Wenn wir begreifen, dass unsere Unzufriedenheit aus einer falschen Sicht des Ich resultiert, können wir diese falsche Sicht nicht dazu benutzen, um die Unzufriedenheit zu beenden.

Wir brauchen stattdessen eine andere Perspektive, um nicht vom Weg abzukommen. Im Buddhismus wird diese Perspektive Weise Sicht genannt, und wir können diese weisere Sichtweise nutzen, um eine Kurskorrektur vorzunehmen und unserem Leben ein Ziel und einen Zweck jenseits unserer Ichbezogenheit zu geben. Weise Sicht bietet eine Alternative zu Egoismus und Arroganz und stellt einen Rahmen für die Arbeit mit der Ichempfindung zur Verfügung, wenn diese in Handlungen von Körper, Rede und Geist auftritt. Diese neue Sicht begreift die Verknüpftheit im Leben und arbeitet ununterbrochen daran, alle Erfahrungen anzunehmen, indem sie das mentale Streitgespräch, das sich das Ich auferlegt, um die Getrenntheit aufrechtzuerhalten, eliminiert.

Der Achtfache Pfad ist der Weg des geringsten Widerstandes. Es geht nicht darum, Dinge zusammenzuschweißen oder mit Gewalt zusammenzuführen, sondern darum, zu *entspannen,* zu *beobachten* und dem, was bereits vorhanden ist, zu *erlauben,* zusammen zu sein. All unsere Strategien und Werkzeuge sollten von einer einfachen Tatsache bestimmt sein: Je mehr Widerstand wir dem Problem entgegenbringen, desto mehr lassen wir zu, dass das Problem eine Realität ohne jede Grundlage annimmt, und desto weiter entfernen wir uns von der Wahrheit.

3

Die Sicht der Verknüpftheit

Die wahre Entdeckungsreise besteht nicht in der Suche nach
neuen Ländern, sondern im Sehen mit neuen Augen.

– MARCEL PROUST

WIR FANGEN NUN AN, einen spirituellen Weg auf der Grundlage von
Buddhas Kernwahrheit des Anattâ oder des Nichtvorhandenseins eines
dauerhaften Ich aufzubauen. Dieser Pfad steht allen Übenden gleichermaßen zur Verfügung. Er verlangt, dass wir begreifen, wie das Ich zu-
stande kommt, und entschlossen sind, unser Leben der Kontrolle des
Ich zu entziehen. Wir haben gesehen, dass wir uns nicht in der Senkrechten bewegen können, indem wir die Wahrheiten der Waagerechten
anwenden. Deshalb sind die Prinzipien, die wir benutzen werden, um
den Pfad aufzubauen, die Gesetzmäßigkeiten des senkrechten Universums. Dieser Kurs wird uns auf natürliche Weise in den Bereich des
Herzens führen, weil das senkrechte Universum die Domäne des Herzens ist.

Das Herz in diesem Sinne ist nicht das physische Organ, sondern
bleibendes Bewusstsein, und obwohl Bewusstsein an sich alle Dinge
einschließlich des Ich trägt, ist dies nicht offensichtlich, wenn wir aus
der Ichempfindung heraus agieren. Das Ich wird auf der waagerechten

Achse konstruiert, und es versucht, auf dieser Ebene Erfüllung zu finden. Mit der Zeit und nachdem es genug gelitten hat, gibt das „Ich" es auf, im waagerechten Universum nach dauerhaftem Glück zu streben, und versucht, sich organisch in Einklang mit der senkrechten Achse zu bringen. Diese Bewegung von der Waagerechten (Glaube an das Ich) zur Senkrechten (bleibendes Bewusstsein des Herzens) konstituiert den spirituellen Weg.

Bevor wir unsere Reise fortsetzen, möchte ich einige Punkte nochmals wiederholen. Der Weg der Ichlosigkeit widerspricht oft den Vorstellungen des Geistes. Wir mögen glauben, Werkzeuge zum Abbau des Ich anzuwenden, nur um festzustellen, dass die Ichempfindung durch diese Methode noch verstärkt wird. Wir müssen sehr darauf achten, wie wir unser spirituelles Leben führen, oder es kann geschehen, dass wir unbeabsichtigt in die Gegenrichtung gehen, in die unweise Richtung der Ich-Verstärkung. Wenn wir unseren Glauben an ein Ich nicht ständig hinterfragen, werden wir uns unbewusst um das Ich herum verdichten.

Die Ichempfindung ist nur vermeintlich eine Realität. Lediglich die Vorstellung vom „Ich" trennt uns von der bedingungslosen Wahrheit unseres Seins. Allerdings ist der „Ich"-Gedanke so tief in der Konditionierung unserer Spezies verwurzelt, dass es viel Geduld bedarf, ihn auszurotten. Wir müssen uns bemühen zu erkennen, wann die Ichempfindung auftaucht, und sie dann loszulassen. Spirituelle Praktiken sind oft viel zu komplex und übertrieben. Diese Komplexität entstammt dem Versuch des Geistes, sich aus seinen Problemen herauszudenken, und dieses Denken fördert eine falsche Vorstellung von der Natur des spirituellen Dilemmas. Wenn wir das Problem missverstehen, versucht das Ich, sich selbst auszuschalten – was niemals gelingen kann. Je einfacher wir werden, desto deutlicher erkennen wir die vorgestellte Natur des Ich und sehen es als das, was es ist.

Die Wirklichkeit ist nicht zwiespältig, doch als Hilfsmittel zur Klärung spreche ich von zwei Universen, dem horizontalen (waagerechten) und dem vertikalen (senkrechten). Jedes von ihnen gestaltet das Leben auf andere Weise. Das waagerechte Universum ist das uns am meisten vertraute, und wir erkunden es in den Irrungen und Wirrungen des Lebens der Menschen. Gedanken aus dieser Dimension verstärken ihre eigenen Schlussfolgerungen, indem sie ihre eigene Logik anwenden und es damit unmöglich machen, uns einen Weg aus diesem Universum herauszudenken. Freiheit ist die Alternative, aber sie erfordert eine direkte Einsicht in all die falschen Vorstellungen, auf denen unser Leben aufgebaut ist, und ein abgestimmtes Bemühen, uns aus der Trance der Gedanken aufzurütteln, die uns ausschließlich an die waagerechte Achse binden.

Vom ersten Tag an müssen wir eine Sichtweise annehmen, die die richtige Orientierung gegenüber dem Problem der Selbsttäuschung verkörpert. Weise Sicht ermöglicht es uns, die Lehren Buddhas als integrale Ganzheit auf uns wirken zu lassen. Vorsicht ist geboten, wenn wir uns nur die Rosinen aus Buddhas Lehren herauspicken, denn wir können so ein Glied ohne Zusammenhang zum Ganzen praktizieren. Die Lehren Buddhas bauen aufeinander auf, und Weise Sicht geht allen anderen Komponenten voraus und gestaltet sie. Ohne Weise Sicht beansprucht die unweise Sicht des Ich einen privilegierten Platz und die Lehre kann schnell zu einer Übung in Moral und Selbstverbesserung werden. Der Buddha sagt: „Ohne Weise Sicht kann man nach spirituellem Wachstum streben, doch es ist, als würde man versuchen, aus Wasser Butter zu gewinnen." Die Gestaltung der Lehre wird bestimmen, wie wir wahrnehmen, und wie wir wahrnehmen, wird bestimmen, wie wir vorgehen, denn die Sicht stellt die Orientierung und Ausrichtung für den gesamten Pfad dar.

So wie der Begriff hier verwendet wird, ist eine „Sicht" das, wofür wir das Leben halten. All unsere Vorstellungen von der Welt sind in dieser Sicht enthalten. Wir können nicht erwarten, dass eine Reihe falscher Vermutungen uns in die weise Richtung führen werden. Der Buddha verbrachte sechs Jahre als asketischer Mönch, was sich als wenig förderliche Ausrichtung erwies. Er korrigierte diese Ausrichtung in einem einzigen Augenblick Weiser Sicht. Die Botschaft Buddhas lautet nicht, dass wir viele Leben lang daran arbeiten müssen, unsere falsche Wahrnehmung zu korrigieren, sondern, dass die Weise Sicht unmittelbar zur Verfügung steht.

Die folgende Legende untermalt, wie schnell eine solche Veränderung möglich ist. Im Alten Testament gibt es eine Geschichte von König Salomo und zwei Huren, die beide im selben Haus niederkommen.

Eines der Kinder stirbt bei der Geburt und beide Frauen beanspruchen das noch lebende Kind als ihr eigenes. Der König hat keine Ahnung, wer die rechtmäßige Mutter des Kindes ist, sagt aber, er wolle das Problem lösen, indem er das Kind in zwei Hälften schneide und jeder der sich darum streitenden Frauen eine Hälfte gebe. Als er das Schwert zieht, um das Kind zu teilen, ruft die rechtmäßige Mutter dem König zu: „Gib dieser das Kind lebendig und tötet's nicht!" König Salomo gibt das unversehrte Kind dann der Frau, die die Hinrichtung verhindert hat.[5]

Die Geschichte handelt von der Besitzgier, die aus einer unweisen Sicht von Trennung und Besitztum entspringt und wie sie auf dramatische Weise in Liebe, Fürsorge und die Totalität der Weisen Sicht umgewandelt wird. Weise Sicht ist eine innere Neujustierung, wobei die ausgeklügelte Horizontale (Egoismus) in die spontane Selbstaufgabe der Vertikalen (Ichlosigkeit) übergeht. Vom Standpunkt der Ichlosigkeit aus ist das Bewusstsein frei vom Streben nach persönlichem Gewinn, und nichts ist getrennt oder wird als „meins" besessen. Dies ist der Bereich, in dem das Herz aufblüht.

Das, was wir sehen, wenn wir durch unsere Augen blicken, ist unsere Ausrichtung auf die Welt. Die meisten von uns sehen vielfältige Objekte, die getrennt und ohne Verbindung zu uns zu sein scheinen. Wir wachen auf und gehen zu Bett und verstärken den ganzen Tag lang diese Sichtweise. Wir leben mit „ich", „mir" und „mein", „diesem" und „jenem". Doch Fakt ist, dass wir nicht getrennt sind und daher keine einzelnen Objekte miteinander versöhnen müssen. Wir entspannen uns einfach und lassen unsere falsche Wahrnehmung los.

Wir brauchen keine neue Realität; wir brauchen eine neue Sicht der Realität, in der wir uns befinden. Wie wir die Realität wahrnehmen, ist das Problem, nicht aber die Realität. Wir werden in Übereinstimmung mit unserer Wahrnehmungsweise mit einem Problem umgehen, und es ist nur unsere Konditionierung, die die Welt des Ich und der anderen als getrennt und problematisch fehlinterpretiert.

Die folgende Übung wird diesen Punkt vielleicht verdeutlichen. Stellen Sie sich in diesem Augenblick als eine Person vor, die die Erfahrung macht, bewusst zu sein. Schauen Sie sich Ihre Umgebung mit Bewusstheit an. Bewusstsein wird scheinbar durch Sie aktiviert und kontrolliert. Sie können durch jeden Ihrer Sinne bewusst sein und die Qualität und die Beziehung innerhalb jeden Kontakts spüren. Auf diese Weise wird Meditation normalerweise gelehrt: „Sie" sind sich dessen bewusst, was aufsteigt; das bedeutet, dass „Sie" die Kontrolle über die Erfahrung dieses Bewusstseins haben. Doch diese Sicht ist im Grunde verzerrt, denn aus dieser Sicht beherrschen Sie unangefochten die Situation und es gibt kein „Sie".

Wenn wir diese Gestalt/Hintergrund-Beziehung umkehren, kommt es zu einem Umbruch. Erlauben Sie nun dem Bewusstsein die Erfahrung zu machen, „Sie" zu sein. „Sie" werden vom Bewusstsein getragen. Bewusstsein liegt nicht im Inneren und blickt nach draußen, sondern ist eher gleichermaßen innen wie außen. Die Ichempfindung ist eine Erfahrung von vielen innerhalb des Bewusstseins. Bewusstsein unterliegt nicht Ihrer Kontrolle; es existiert bereits vor Ihrer Einflussnahme. Nichts hat sich verändert, und doch hat sich alles verändert. Sie mussten nicht irgendwohin gehen oder etwas tun, um diese Wendung herbeizuführen. Es ist ein schlichtes Loslassen des Waagerechten in das Senkrechte.

Wir machen Übungen, um einen fortwährenden Wandel herbeizuführen, und dieser Wandel ist die Einsicht in der Einsichtsmeditation. Doch wenn wir eine Praxis mit der festen Vorstellung von einem „Ich" oder von dem, was „ich" wahrnehmen werde, beginnen, dann werden wir keine Umkehrung zulassen. Wir mögen vielleicht eine Erfahrung von Ichlosigkeit, Leere, Unbeständigkeit oder was auch immer machen, doch wir werden sie aus der waagerechten Perspektive machen – „Ich" mache eine Erfahrung –, und das wird uns nicht grundlegend ändern. Transformation ergibt sich aus einem Vollzug der Gestalt/Hintergrund-Umkehrung, und nicht bloß daraus, dass wir sie vom Standpunkt der Ichempfindung her erfahren. Um verwandelt zu werden, müssen wir *die Vorstellung von dem, der die Erfahrung macht,* aufgeben.

Weise Sicht ist die Neuausrichtung der Wahrnehmung. Sie ermöglicht, das Leben in seiner natürlichen Ordnung zu erkennen. Sie ist keine „Weltanschauung" als solche, denn alle Anschauungen entstammen der Ichempfindung. Sie ist vielmehr das Loslassen jeglicher Perspektive, jeglicher Fixierung. Sie bringt das Leben zu seiner ursprünglichen Dynamik zurück, in der das Leben in ständiger Bewegung, flexibel und formbar, niemals stagnierend und ständig im Übergang ist.

Getrennte unbewegliche Objekte werden von der Ichempfindung geschaffen, weil wir uns die Sicherheit wünschen, immer zu wissen, was etwas ist. Sie sind begriffliche Projektionen auf die Bewegung, ein Versuch, das Unaufhaltbare anzuhalten, indem man ihm einen Namen gibt. Die Ichempfindung ist eine angehaltene Wahrnehmung. Wenn ich aufhöre, hören alle Dinge auf, doch wenn ich ständig meine Identität behaupten kann, dann werden alle Dinge in ihrer Definition enthalten sein. Weise Sicht führt uns insofern zu weisen Beziehungen, als wir darin alle Dinge zur Bewegung zurückkehren lassen, in der nichts fest oder in der Zeit eingefroren ist.

Geschickte Mittel

An einem Punkt meines Geplänkels mit Nisargadatta Maharaj, dem indischen Weisen, den ich 1980 besuchte, sagte er mir, ich könnte mich ihm im Unbedingten anschließen, wenn ich den Mut dazu aufbrächte. Ich fragte ihn, wie ich das tun könnte, und er beeilte sich zu sagen: „Oh, ich sehe schon, du hast keinen Mut." Nisargadatta wies darauf hin, dass es tatsächlich mehr Mut braucht, den Bereich zu betreten, in dem es keine Probleme und somit auch keinen Problemlöser gibt, als es braucht, um ein Problem zu lösen und unsere Ichposition aufrechtzuerhalten. Ein Problem zu haben definiert in der Tat das Ich und hält es im Rahmen des edlen Ziels der Problemlösung beschäftigt. Die Frage „Wie?" ist eine Bemühung, die um das Problem kreist; sie bedeutet aber, nicht zu sehen, was ein Problem tatsächlich ist. Sie hält das Problem für real und außerhalb meines „Ich" liegend, doch alle Probleme entstehen aus dem „Ich". Problemlösungen halten uns innerhalb eines eingefrorenen und isolierten Universums von Objekten und Subjekten, die sich niemals begegnen, gefangen.

Die meisten von uns widmen sich einem spirituellen Leben aus der Sicht, dass sie ein Problem zu lösen haben, und wir beginnen unsere spirituelle Praxis in der Fixierung auf das Paradox der Suche nach einer Lösung. Wenn wir die Anschauung erzeugen, dass wir in der Falle sitzen, sowie eine neue Sicht, um dieser Falle zu entkommen, müssen wir sehr deutlich sehen, was wir da tun, oder wir erzeugen die Bedingungen für einen unauflösbaren Zwist. Später in diesem Buch werden wir sehen, wie der Übende sich diesem Paradox annähern und es hinter sich lassen kann, doch im Augenblick lassen Sie uns einfach nur dessen bewusst sein, dass wir unsere Ichempfindung verstärken, wenn wir ein Problem erzeugen.

Solange der Buddha am Leben war, stellte seine Gegenwart sicher, dass die Techniken, die er lehrte, gegenüber der Verwirklichung, die er manifestierte, sekundär blieben. Sein Leben war seine Lehre, aber er musste Hilfsmittel anbieten, die andere auf ihr Erwachen hin orientierten, und so lehrte er fünfundvierzig Jahre lang zahlreiche Meditationsübungen und andere geschickte Mittel. Als er starb, begriffen einige Leute die Praktiken und Lehren als Selbstzweck, und der Buddhismus war geboren. Viele Jahrhunderte später haben wir heute möglicherweise zu viel Buddhismus und zu wenig Buddha.

Jede Technik und jede Praxis hat ihren Wert und ihre Grenze, aber nur ihren Wert zu sehen bedeutet, ihre Grenzen zu überschatten. Der Wert besteht darin, dass sie ein geschicktes Mittel sind, ein Fingerzeig auf die Wahrheit, aber eben nur ein Fingerzeig und nicht die Wahrheit selbst. Der Schatten entsteht, wenn wir wollen, dass der Fingerzeig die ganze Wahrheit darstellt, und uns weigern, auch seine Mängel zu sehen. Eine der Schwächen ist die Glaubwürdigkeit, die wir der Technik selbst beimessen. Wir beginnen eine Praxis in der Annahme, dass mit uns etwas nicht in Ordnung ist und dass diese Technik dies in Ordnung bringen kann. Die Ichempfindung schnappt sich die Technik als Lebensretter, zwingt sich ganz und gar auf die waagerechte Achse und lenkt sich damit schließlich von der senkrechten Dimension ab.

Geschickte Mittel sind Werkzeuge, die uns auf die Vertikale hin ausrichten, und sind Mittel zu diesem Zweck. Wir können die Analogie eines Donuts mit seinem Loch in der Mitte für das waagerechte Spiel der geschickten Mittel und die senkrechte Leere des Lochs verwenden. Wir können eine lange Zeit damit verbringen, um den sicheren Rand des Donuts herumzugehen, und dabei vergessen, dass sich der Ring durch das Loch in der Mitte definiert. Der Zweck der spirituellen Reise besteht darin, in das Loch zu fallen. Je schneller das geschieht, desto weniger leiden wir.

Unsere wahre Natur ist wortlose Bewusstheit, aber um sie für den Verstand begreifbarer zu machen, werden wir die Weise Sicht (als geschickter Fingerzeig auf das Wortlose) mit einem Bild verbinden. Dieses Bild entspricht nicht Ihrer wahren Natur, doch es ist sehr hilfreich, den Geist auf etwas auszurichten, das nicht auszusprechen ist. Wir nennen das Senkrechte „verknüpft", aber das ist es im Grunde nicht; das Senkrechte ist nicht wie Perlen auf einer Kette zusammengeknüpft. Ein Bild auf das Wortlose zu legen ist sehr riskant, denn ist einmal eine begriffliche Idee geboren, wird eine ganz und gar materialistische Sicht erzeugt.

Buddha geht darauf in einem im Folgenden zitierten Sutta ein. Ein Brahmane kommt zum Buddha und fragt: „Verehrter Gautama, existieren alle Dinge?"

Buddha antwortet: „Die Ansicht, alle Dinge würden existieren, ist eine extrem materialistische Sicht."

„Dann existieren alle Dinge nicht?"

„Die Ansicht, dass alle Dinge nicht existieren, ist die zweite materialistische Sicht."

„Sind dann alle Dinge eins?"

„Die Ansicht, alle Dinge seien eins, ist die dritte materialistische Sicht."

„Sind alle Dinge dann eine Vielheit?"

„Die Ansicht, alle Dinge seien eine Vielheit, ist die vierte materialistische Sicht. Der Tathâgata verkündet eine Lehre, die ausgewogen ist und diese Extreme vermeidet. Folglich: Mit Unwissenheit als Voraussetzung gibt es willentliche Impulse; mit willentlichen Impulsen als Voraussetzung gibt es Bewusstsein ... mit der völligen Aufgabe der Unwissenheit hören die willentlichen Impulse auf; mit dem Aufhören der willentlichen Impulse hört das Bewusstsein auf."[6]

In dieser Darlegung hindert der Buddha den Fragenden an jeder weiteren Verbegrifflichung. Indem er sich weigert, zu philosophieren oder zu erklären, kommt sein Hinweis dem Wortlosen so nahe wie möglich. Im Gebrauch geschickter Mittel verwenden wir einen Zwischenschritt, indem wir manchmal ein Wort benutzen, das auf das Wortlose hinweist. Ein geschicktes Mittel ist ein zeitweilig errichtetes Gerüst, das es unserem Verständnis und unserem Mut leichter macht, sich der nächsten Herausforderung gewachsen zu zeigen, die in diesem Falle aus der vollkommenen Hingabe besteht.

Der Vorteil des Begriffs der „Verknüpftheit" als ein Mittel, auf Weise Sicht hinzuweisen, besteht darin, dass er unser Bedürfnis, etwas zu kultivieren oder zu erwerben, überwindet. Im Westen halten wir es für eine Quelle der Stärke, Dinge zu sammeln und anzuhäufen. Mit dem Wort „Verknüpftheit" wird ein Loslassen des Festhaltens gefördert; es erlaubt uns, innezuhalten und diese Tendenz aufzugeben. Das Wort stellt infrage, ob die Strategie des Addierens, Subtrahierens oder Auftrennens mit dem senkrechten Universum im Einklang ist. Das Wort verweist außerdem auf ein Nicht-Widerstehen und das Fallenlassen aller Grenzen,[7] denn eine Grenze zwischen uns und etwas anderem aufrechtzuerhalten heißt, davon getrennt zu sein. „Verknüpftheit" verweist auf das Fallenlassen allen Widerstands, damit eine Verbindung aufgebaut werden kann.

Wie die folgende Geschichte illustriert, verbinden wir uns durch unser Herz (die Senkrechte) und nicht durch unseren Verstand (die Waagerechte). Ich wurde einmal von der Gefängnisgeistlichen des Oregon State Penitentiary eingeladen, dort ein Seminar zu Tod und Sterben zu halten, da ihr aufgefallen war, dass die Mitglieder einer Gruppe von Insassen, die freiwillig sterbende Gefangene pflegten, eine bemerkenswerte Wandlung durchmachten. Da ich einige Jahre in Hospizen gearbeitet hatte und um die Kraft von Tod und Sterben wusste, ließ ich mir die Chance nicht entgehen. Ich kam dummerweise in Bluejeans im Gefängnis an, die für Besucher verboten waren, da alle Insassen Bluejeans tragen und die Wachen in der Lage sein müssen, die Besucher schnell von den Gefangenen zu unterscheiden. Die einzigen verfügbaren Hosen, die ich mir ausleihen konnte, waren ein Paar sehr kurze Trainingshosen, die mir bei meiner Größe nur bis zur Wadenmitte gingen. Als ich das Gefängnis in den Trainingshosen betrat, waren die Wachen gerade dabei, die Gefangenen nach einem Hofgang wieder in ihre Zellen zu lassen. Während dieser Zeit waren alle Türen versperrt und ich war gezwungen, mit all den zurückkehrenden Insassen im Wartebereich zu bleiben. Dort riefen meine nackten Beine Pfiffe und Anzüglichkeiten der Gefangenen hervor und der Status meiner Rolle war im Nu flöten gegangen.

Als die Gruppe der im Hospiz aktiven Gefangenen sich für meinen Vortrag zu versammeln begann, fragte ich die Geistliche nach den Verbrechen, die diese Gefangenen begangen hatten. Sie sagte, ungefähr zwölf der zwanzig Gefangenen seien Mörder; die anderen hätten verschiedene schwere Gewalttaten begangen. Auf diese Antwort war ich nicht vorbereitet und Angst machte sich in mir breit, da ich mir einen Haufen von Gangstern vorstellte, die ihrer Wut höhnisch Luft machten. Ich war niemals einem einzigen Mörder begegnet, ganz zu schweigen einem Dutzend von ihnen, und die Kluft zwischen uns schien mir unüberbrückbar zu sein.

Sobald die Diskussion aber erst einmal in Gang gekommen war, begann mein Herz für diese Menschen zu schmelzen, und sie erwärmten sich trotz meiner Kleidung auch für mich. Sie waren genauso authentisch und einzigartig wie alle anderen Menschen, die ich kannte. Sie weinten, während sie davon erzählten, wie sie im Hospiz am Bett eines sterbenden Freundes saßen. Sie hatten sich durch die Intimität des Todes auf eine Weise miteinander verbunden, die in Gefängnis-Beziehungen sonst nahezu unmöglich war.

Ein Mann ist mir besonders im Gedächtnis geblieben. Er war ein groß gewachsener Mann von über 150 kg, mit einem Pferdeschwanz und Tattoos auf beiden Armen. Die anderen Gefangenen nannten ihn Winzling. Winzling begann, indem er erzählte, er sei im Gefängnis, weil er einen Schwulen umgebracht hätte. Er berichtete von seiner Intoleranz und Streitsüchtigkeit im Umgang mit seinen Mitgefangenen, als er zuerst ins Gefängnis kam. Er hatte sich der Hospizgruppe nur angeschlossen, um in seiner freien Zeit etwas zu tun zu haben. Der erste Gefangene, den er im Hospiz zu betreuen hatte, war ein sterbender schwuler Mann, und als dieser Mann auf dem Sterbebett lag, bat er Winzling, seine Hand zu halten. Winzling berichtete schluchzend, er sei in dem Moment, als Hand auf Hand traf, vollkommen zusammengebrochen. Auf dieser Ebene der Intimität vermochte er seinen Hass nicht mehr aufrechtzuerhalten, und Jahre der Konditionierung schmolzen hinweg.

Sowohl die Insassen als auch ich räumten an diesem Tag die vorgefassten Meinungen voneinander aus dem Weg, was uns ermöglichte, die Getrenntheit, die unsere Vorstellungen geschaffen hatten, zu überbrücken. Die Gefangenen gaben ihre Vorstellungen von jemandem auf, der weibische kurze Trainingshosen trug, und ich ließ meine Meinung über Mörder fahren. Wir begegneten uns im Herzen, wo es keine entzweienden Substantive wie „Mörder", „Schwuler" oder „Hetero" gab. Dies ist der Raum, wo das Leben sich selbst als unablässige Entfaltung begegnen kann.

Wir können nicht unsere gegenseitige Verknüpftheit vertiefen und gleichzeitig unsere Distanz und Getrenntheit aufrechterhalten. Alle Vorstellungen bewirken eine Einschränkung der Freiheit und müssen um einer authentischen Verbindung willen fallen gelassen werden. Verbundenheit lenkt unsere Aufmerksamkeit dorthin, wo wir falsche Grenzen errichtet haben. Wenn wir sie überschreiten, geschieht dies ohne den Schutz unserer Urteile und ohne Wörter wie „Mörder", die uns voneinander trennen.

Meditation und Weise Sicht

Vor Kurzem sah ich eine ganzseitige Zeitungsannonce für eine Investmentfirma. Die Anzeige zeigte einen Mann in Schlips und Anzug mit seinem Aktenkoffer an der Seite, der im vollen Lotossitz saß, die Hände auf den Knien, die Handflächen mit sich berührendem Daumen und Zeigefinger nach oben gekehrt. Ein engelhaftes Lächeln lag auf seinem Gesicht und unter ihm prangte die Bildunterschrift in fetten Buchstaben: Fonds der Investition ins Nirvana.

Jeder, der sich einer spirituelle Praxis widmet, erkennt diese Anzeige als einen offensichtlichen Konflikt zwischen der materialistischen und der spirituellen Weltanschauung, aber wie viele von uns verstehen die Tiefe des spirituellen Ringens zwischen diesen Ansichten und wie viele sind sich des Ausmaßes dieses Konflikts in unserem eigenen Kopf bewusst? Tatsächlich kann die Aufhebung der Spannung zwischen diesen gegensätzlichen Perspektiven uns helfen, die Frage zu beantworten, wie man als Laienbuddhist ein integriertes Leben führen sollte.

Auch wenn wir hören, wie ein spiritueller Lehrer uns eher darauf hin orientiert, uns „für das zu öffnen, was ist" als „das, was ist, verändern zu wollen", konvertieren wir diese Aussage einfach in neue Bemühungen und Ziele. Unser neues Ziel lässt die Ichempfindung intakt, da das „Ich" die Bemühungen, offen zu bleiben, dirigiert. Die Praxis dreht sich weiterhin um „mich" und was „ich" tue, damit „meine" Praxis funktioniert. Dies ist die materialistische Sichtweise des „Fonds der Investition ins

Nirvâna", indem das „Ich" die Kontrollinstanz seines eigenen Schicksals bleibt, indem es das beeinflusst, was getan werden muss. Diese das Ich verstärkende Praxis kann lange fortgesetzt werden, bevor wir merken, dass unser spirituelles Leben den Kurs des weltlichen Lebens widerspiegelt.

Das Ziel der Meditation ist, uns über die wahre Natur von Beziehungen zu informieren, und sie wird uns direkt zu den Reaktionsmustern führen, die uns von allem Leben getrennt halten. Meditation soll uns nicht etwas bieten, das wir uns aneignen oder das wir besitzen können. Wenn wir der Meditation erlauben, richtig zu wirken, absorbiert sie uns in die Verknüpftheit. Wir verlieren unsere egozentrische Perspektive, lassen unsere Verteidigungsmechanismen fallen und entspannen uns in die vorhandene Intimität und Ungezwungenheit.

Die folgende Geschichte illustriert, wie Weise Sicht unsere Meditation ausrichten kann. Eine junge Frau fragte an, ob ich in ein örtliches Krankenhaus kommen und sie Meditation lehren könnte. Sie stand vor einer zweiten Knochenmarkstransplantation; die erste Transplantation hatte nicht funktioniert und es sah so aus, als würde die zweite auch erfolglos bleiben. Wenn diese zweite Transplantation nicht klappte, gäbe es keine anderen Behandlungsmethoden mehr. Ich bot ihr eine geführte Meditation auf den Körper an, und als wir mit Aufmerksamkeit durch den Körper gingen, wurde sie merklich lockerer und zugleich lebendiger und vitaler. „Ich verstehe jetzt, dass ich nicht die bin, für die ich mich immer gehalten habe", sagte sie.

Wenn wir uns mit unserer Sterblichkeit konfrontiert sehen, richtet sich Meditation häufig in die intendierte Richtung aus. Der Tod lässt keine Mehrdeutigkeit zu. Dieser Frau standen keine weiteren Optionen mehr offen, und sie war still geworden. Aus dieser Stille heraus konnte sie sehen, wie sie sich selbst falsch interpretiert hatte, indem sie an ihre Getrenntheit geglaubt hatte. Wir waren beide glücklich, als ihre zweite Transplantation gut ging, aber ich hatte das Gefühl, es wäre ihr auch gut gegangen, wenn dem nicht so gewesen wäre.

Es gibt eine Zen-Weisheit, die besagt: „Spirituelle Praxis entspringt der Erleuchtung; sie bewegt sich nicht darauf zu." Die Praxis bricht zusammen, wenn wir etwas daraus gewinnen oder sie zur Vermeidung benutzen wollen, weil wir die Meditation dann in einer innerlich widersprüchlichen Haltung betreiben. Damit wir der wahren und natürlichen Weise, wie die Dinge sind, entsprechen können, müssen die Meditation und die Sicht in Übereinstimmung gebracht werden, oder die Selbsterforschung wird sekundär gegenüber dem, was dem Ich Behaglichkeit verspricht.

Wenn sie in gutem Einklang mit der Verknüpftheit ist, fördert die Meditation nicht das Bedürfnis, jemand zu sein. Es gibt keine Ziele oder Ausrichtungen, es gibt nichts, was das Ich aufpäppelt, und alles wird gleichermaßen repräsentiert. Die Erfahrung an sich ist ausreichend; sie weist nicht über den Moment hinaus, in dem sie auftritt, und besitzt über sich hinaus keinerlei Bedeutung. Während eine unweise Sicht nach Ergebnissen verlangt, um die Meditation aufrechterhalten zu können, hält der Prozess an sich die Weise Sicht aufrecht. Die Ichempfindung wird von Ergebnissen genährt, aber Ergebnisse stärken nicht unser Herz. Wenn wir uns von den Ergebnissen wegbewegen, werden wir weniger von uns selbst erfüllt, aber mehr spirituell erfüllt. Für die Ichempfindung mag Meditation frustrierend sein, weil es keine Rechtfertigung für unsere Anstrengungen gibt und geben wird. Frustration zeigt an, dass wir in einer unweisen Sicht feststecken, und jegliche Erfahrung, die die Meditation in eine bestimmte Richtung zwingt, kann nur daraus resultieren, dass das „Ich" die Meditation lenkt.

Verknüpft zu sein bedeutet, sich durch Bewusstheit mit allen Dingen zu verbinden und das auszumerzen, was uns von der Erfahrung trennt. Das Prinzip der Meditation ist zu erkennen, was wir in die Erfahrung einbringen, und dann zu sehen, dass alles, was wir mit hineinbringen, überflüssig ist und abgelegt werden muss. Die Beziehung, die wir in eine Erfahrung einbringen, gründet sich auf das, was wir von ihr wollen. Das Wollen stammt von einem „Ich", das bedürftig ist und sich beklagt. Indem wir uns zuerst mit dem Klagen verbinden und dann die Klage innerhalb des Bewusstseins einklammern, koexistiert alles in Vollkommenheit. Nichts muss hinzugefügt oder eliminiert werden. Es wartet kein besserer Moment auf uns, nachdem wir mit der Klage umgegangen sind. Wenn die Klage in vollem Bewusstsein verwelkt, wird das Senkrechte in das Waagerechte integriert und alles ist still.

Die junge Frau, die auf ihre zweite Knochenmarkstransplantation wartete, erkannte, dass das, was sie in ihren Körper einbrachte, die

Angst vor dem Tod war. Sobald der Schleier der Angst gelüftet war, bewegte sich der Körper über alle personalisierten Vorstellungen hinaus und sie erkannte, wie sie das, was der Körper eigentlich ist, missverstanden hatte. Nach dieser Einsicht war sie in der Lage, mit ihrem Körper auf eine Weise eins zu sein, die die Angst ihr niemals gestattet hatte.

Wenn wir mit einer Sicht meditieren und nach einer anderen leben, entsteht unausweichlich ein innerer Konflikt zwischen unseren spirituellen und weltlichen Strategien. Es ist keine Synthese oder Integration möglich, weil die beiden Sichtweisen diametral entgegengesetzt sind. Wenden wir Achtsamkeit auf der Grundlage einer dualistischen Weltanschauung an, so fühlt sie sich mechanisch und künstlich an. Die Übung fühlt sich an wie etwas, das wir zu der Situation hinzufügen, und nicht wie etwas, das natürlich *aus* der Aktion herausfließt. Achtsamkeit auf diese Weise zu verwenden schafft ein Gefühl von Distanz und gezwungener Anstrengung, die von der Aktivität wegführt. Diese distanzierte Objektivität verstärkt genau das Gefühl der Getrenntheit, die wir durch die Achtsamkeit zu überwinden hofften. Da wir dieses Problem aber nicht verstehen, arbeiten wir noch härter daran, es zu überwinden, indem wir noch mehr von derselben Medizin anwenden – und das Ziel weicht noch weiter zurück. Die Katze jagt ihrem eigenen Schwanz nach.

Innerhalb der Weisen Sicht geschieht Meditation automatisch. Wenn wir unsere alte Sicht auf die Realität aussetzen (oder sie aus ihrer isolierten Position befreien), erfahren wir die Verknüpftheit. Bewusstheit ist vorhanden und Meditation und Weise Sicht sind ein und dasselbe. Da Meditation aus Weiser Sicht aufsteigt, ist eine Praxis auf Grundlage unserer alten Sichtweise ein Widerspruch in sich und wird niemals ändern, was wir zu sein glauben. Wir müssen die Meditation mit der Sicht in Übereinstimmung bringen, aus der sie stammt, sonst bekräftigen wir nur ein weiteres Mal unsere Konditionierung.

Um uns mit dieser neuen Orientierung in Übereinstimmung zu bringen, brauchen wir nur das anzunehmen, was das Leben uns schenkt. Es ist möglich, einfach aufzuhören, an die Gültigkeit der Sicht von Getrenntheit zu glauben, und sie aus ihrer isolierten Position zu befreien, indem wir die Sicht der Getrenntheit selbst ins Bewusstsein heben. Das bedeutet, wir werden durch den von der Getrenntheit verursachten subtilen Schmerz dazu veranlasst, einfach den Gedanken der Getrenntheit loszulassen, ohne ihn wieder aufzunehmen, und die damit einhergehende Sicht mit diesem Gedanken schlichtweg sterben zu lassen. Beim Tod der Getrenntheit wird die Verknüpftheit geboren, und spirituelles Erwachen entsteht innerhalb dieser Sicht von Verknüpftheit.

Einengung, Enttäuschung, Unzufriedenheit, Leugnung und alle Variationen von Leiden sind der Grund, weshalb die meisten von uns nach einem Heilmittel suchen. Die Motivation für eine Suche nach einer spirituellen Heilmethode ist anfänglich der Wunsch, unsere eingeschränkte und isolierte Position zu verlassen. Wir fühlen uns in unserem Schmerz begrenzt und festgelegt, doch etwas in uns weiß, dass wir mehr sind als das, wofür wir uns gehalten haben. Wir mögen hoffen, all den Schmerz hinter uns lassen und schnurstracks zum Ergebnis der Verknüpftheit fortschreiten zu können, doch für die meisten von uns ist dies nicht der Fall.

Eine der härtesten Lektionen auf jedem spirituellen Weg besteht darin zu begreifen, dass die Verknüpftheit der Weisheit entspringt, die wir dadurch entdecken, dass wir uns unserem Schmerz aussetzen und uns nicht von ihm abwenden. Indem wir die Wurzeln unseres Leidens aufdecken, entdecken wir, wie das Ich erzeugt wird. Wir erkennen, dass wir uns das Leiden durch unseren Widerwillen, es anzusehen, selbst auferlegen und es aufrechterhalten. Die Empfindung von „Du" und „Ich" entstammt unserem Widerstand gegen das Sehen.

Wie im folgenden Kapitel dargelegt werden wird, leiden wir umso weniger und sind wir umso verbundener, je klarer wir den unmittelbaren Kontext unseres Widerstands verstehen. Unser Weg führt durch die Bewusstmachung des Knotens unserer Selbstkontraktion. Wenn wir deutlicher sehen, beginnen unsere Zweifel zu verschwinden und wir finden uns auf dem Weg, dem inneren Sog hin zu einem verknüpften Leben zu folgen. Verbundenheit zieht uns weg von der Getrenntheit, und indem wir die falsche Sicht aufgeben, begreifen wir, dass es kein Heil durch Investmentfonds gibt.

69

4

Die Verknüpftheit durch den Schmerz der Kontraktion finden

Man kann ein Problem nicht mit den gleichen Denkstrukturen lösen, die zu seiner Entstehung beigetragen haben.

– ALBERT EINSTEIN

DIE ERSTE EDLE WAHRHEIT Buddhas[8] ist nicht nur die Anerkennung von Konflikt und Kampf in unserem Leben, sondern auch eine Einladung, sich ihnen zuzuwenden. Der Buddha sagt tatsächlich, der Weg zur Freiheit liege darin zu verstehen, wie und weshalb wir leiden. Er sagt ganz deutlich: „Ich lehre nur Leiden und dessen Ende."[9] Es ist erstaunlich, wie häufig wir dies missverstehen und nach Möglichkeiten suchen, den Schmerz eher zu verbergen als sich ihm als Hauptproblem in unserer spirituellen Praxis zuzuwenden. Es ist so, als zeigte Buddha in eine Richtung und viele von uns zögen es vor, in die andere Richtung zu reisen. Der Ruf des Dharma geht hin zum Schwierigen, nicht zur Bequemlichkeit und dem Schwelgen darin. Jeder von uns besitzt die Fähigkeit, unmittelbar wahrzunehmen, weshalb wir leiden, aber viele von uns weigern sich, dieser grundlegenden befreienden Rückmeldung zu lauschen.

In einem sehr aufschlussreichen Sutta vergleicht der Buddha einen spirituell Praktizierenden, der die Zeichen seines eigenen Geistes nicht erkennt, mit einem inkompetenten Koch. Er sagt, ein solcher Koch mache sich nicht die Mühe, seinem Arbeitgeber zuzuhören. Er bereite jedes Mahl nach seinem eigenen Geschmack und achte nicht auf den Geschmack oder die Gesundheit des Arbeitgebers. Der Buddha sagt, dies gleiche einem Menschen, der Meditation praktiziert und dessen nicht gewahr ist, was sein Geist tut. Wenn sein Geist in Schmerz kontrahiert ist, geht er in die Richtung, die ihm am meisten zusagt, anstatt den selbst auferlegten Schwierigkeiten Beachtung zu schenken.[10]

Die Information, die wir benötigen, ist stets in unserem Geist gegenwärtig. Im Allgemeinen weigern wir uns zuzuhören, nicht aus Trotz, sondern weil unsere Konditionierung darauf angelegt ist, das Unangenehme eher zu vermeiden als sich ihm zu stellen. Die spirituelle Reise erfordert, dass wir dieses Muster erkennen und umwandeln. Dies ist keine leichte Aufgabe, denn es ist weitaus reizvoller, unsere Schwierigkeiten durch die Verlockungen weltlicher Vergnügen zu vergessen oder zu vermeiden; wenn wir aber möchten, dass unser Leben im Einklang mit der senkrechten Dimension steht, ist es wesentlich, das Muster zu verändern.

Es ist unser Widerstand gegen die Realität, nicht die Realität selbst, was Leiden schafft. Wir werden den Schwierigkeiten unseres Widerstands auf jeder Ebene des Lebens begegnen. Im psychologischen, emotionalen, physischen und spirituellen Bereich stehen wir in Opposition zu dem, was tatsächlich geschieht. Jeder dieser Bereiche bedarf der vollen Aufmerksamkeit und Erforschung. Sie bilden keine Hierarchie, das Spirituelle ist nicht wichtiger als das Psychologische. Was bedeutsam ist, ist das selbst zugefügte Leiden und nicht, wo es auftritt. Wir können sehr geschickt darin sein, Schmerz auf der spirituellen Ebene zu bearbeiten, und dabei auf der emotionalen und der psychologischen Ebene sehr inkompetent sein. Freiheit ist Freiheit auf allen Ebenen, und der kompetente Koch wendet sich den unvollendeten Aufgaben zu, wo immer er sie finden mag. Schränkt man die Praxis auf eine Ebene ein, so heißt das, fixiert und ängstlich zu werden. Wir gehen durch jede Ebene hindurch, bis wir einen andauernden Zustand des freien Falls erreichen.

Um keine schmerzlichen Erinnerungen aus unserer Familienge-
schichte aufkommen zu lassen, würden viele von uns lieber die haari-
gen Fragen der Psychologie umgehen und sich direkt auf das Spirituelle
stürzen. Spiritualität kann dazu benutzt werden, unseren Problemen
und Neurosen auszuweichen, indem wir direkt auf einen weniger
schmerzlichen Ort der Leere zusteuern, wo es kein Ich mehr gibt. Die
Weise Sicht erinnert uns daran, dass Verknüpftheit erfordert, alle Erfahrungen innerhalb des Bewusstseins zu verbinden. Alle Dinge werden
als das angesehen, was sie sind, und nichts kann umgangen oder weg-
gelassen werden. Die psychologische Geschichte verwandelt sich durch
die Bereitschaft, die Geschichte als unwahr anzusehen, in Leere und
nicht durch unseren Wunsch, den Schmerz hinter uns zu lassen.

Viele von uns verkörpern das Energiefeld ihrer Eltern. Nachdem
wir jahrelang mit ihnen gelebt und auf sie reagiert haben, haben wir
ihre Energie in unsere eigene aufgenommen. Der Prozess vollzieht sich,
wenn wir so sein wollen wie sie oder sie verleugnen; in beiden Fällen
nehmen unsere Zellen ihre Energie auf. Wenn wir sie abstoßend finden,
werden wir mit diesem Muster kämpfen, und das zwingt sie tiefer in
unser emotionales und physisches System hinein. Wurde genug Spannung aufgebaut, dann beginnen wir so zu agieren wie sie; wir sind zu
unseren Eltern in Aktion geworden. Verleugnung und Protest helfen da
nichts. Was jedoch hilft, ist, diese Muster ohne die Rigidität anzusehen,
die mit ihrer Geschichte verbunden ist.

Das Denken innerhalb des waagerechten Universums verstärkt die
Aufrechterhaltung dieser Dimension. Wenn die Realität durch unsere
persönliche Sicht gestaltet wird, versuchen wir unseren Weg aus dem
Schmerz herauszudenken, was gleichzeitig unsere Geschichte und
unseren Schmerz aufrechterhält. Die Ichempfindung weiß nur unter
Verwendung ihrer Geschichte mit Problemen umzugehen und vorzu-
gehen, einer Geschichte, die sich aus Gedanken und Emotionen zusammensetzt, welche sich in der Vergangenheit um Versagen und Erfolg
herum gebildet haben. Auch wenn bestimmte Probleme sich vielleicht
teilweise durch unsere altbewährten Methoden aus der Vergangenheit
lösen lassen, werden konditionierte Reaktionen dem Leiden niemals ein
Ende setzen. Probleme enden, wenn wir sowohl die Geschichte als auch
den Geschichtenerzähler als falsche Annahmen erkennen.

Wir ziehen es vor, ein Problem nach dem anderen anzupacken, indem wir erst eines lösen, bevor wir zum nächsten übergehen. Dies ist die Strategie des Geschichtenerzählers, der versucht, seine Ziele und Zwecke fortbestehen zu lassen, indem er die Schwierigkeiten in seiner Geschichte auflöst. Jedes gelöste Problem oder jedes Versagen bestätigt ein fester werdendes Selbstbild und fügt unserer Geschichte ein neues Leidenskapitel oder Ruhmesblatt hinzu.

Unsere Liste an Problemen Stück für Stück abzuarbeiten trägt in keiner Weise dazu bei, unser Verständnis dafür zu vergrößern, was der Entstehung von Problemen zugrunde liegt oder die Ursache unserer Unzufriedenheit ist und was sie beenden kann. Im Buddhismus sieht man über unsere Geschichte hinaus, um zu erkennen, was ihre Realität stützt. Die Probleme finden ein Ende, wenn wir die Grundpfeiler, auf denen die Geschichte aufgebaut ist, beseitigt haben. *In der spirituellen Arbeit versuchen wir nicht, alles unter den Teppich zu kehren; wir ziehen den Teppich vielmehr unter allem weg, was daraufsteht.*

Manchmal versuchen wir, ein Problem anzugehen, bevor wir überhaupt innerhalb des Problems bewusst geworden sind. Ich höre oft die Frage: „Wenn ich bewusst werde, werde ich dann passiv und verliere all meine Leidenschaft? Werde ich meine Rechnungen bezahlen und mich überhaupt um meinen Lebensunterhalt kümmern können?" Wir versuchen alle unsere vorgestellten Schwierigkeiten zu lösen, indem wir uns Sorgen über die Lösung machen, bevor wir überhaupt bewusst geworden sind, statt zuerst bewusst zu werden und dann zu sehen, was eigentlich Sache ist. Der Verstand versucht uns von der Bewusstheit abzubringen, indem er uns vorführt, was er für mögliche Probleme hält; doch alle Probleme werden innerhalb der Bewusstheit gelöst, und dem Versuch, die Probleme zu lösen, bevor wir bewusst geworden sind, ist nur begrenzter Erfolg beschert.

Wir werden alles versuchen, bevor wir unserer Story und dem damit einhergehenden Selbstbild ein Ende machen. Wir mögen versuchen, einen spirituellen Standpunkt einzubringen, um die psychologische Schwierigkeit zu übertrumpfen, indem wir denken: „Auch dies ist leer; auch dies wird vergehen", aber das ist ein spiritueller Trick und eine Ablenkung von unserem Schmerz. Schmerz benötigt unser Verständnis und nicht unsere Schlauheit. Wir können Schwierigkeiten nicht überwinden, indem wir unseren spirituellen Intellekt gebrauchen, sondern nur durch bloße Aufmerksamkeit. Bewusstheit informiert uns über die harmlose Natur des Schmerzes, die leere Natur des Menschen im Schmerz und entlarvt die Geschichte als ebenso unwahr wie den Geschichtenerzähler.

Um uns mit dem Thema des Schmerzes und der Kontraktion des Ich auseinandersetzen zu können, brauchen wir ein klares Verständnis der Natur des Ich im Schmerz. Dieses Verständnis, das auf Weiser Sicht basiert, stellt sicher, dass wir den Konflikt nicht verschlimmern. Die Strategie, die das Ich zur Vermeidung von Problemen benutzt, ist kontraindiziert, wenn wir erkennen, dass die wahre Natur des Ich leer von einer festen und dauerhaften Wesenheit ist. Die Ichempfindung verursacht ihr Leiden, indem sie dieses Verständnis zu vermeiden sucht. Die Wahrheit ist, dass „wir" nicht substanziell sind, aber um zu diesem Verständnis zu gelangen, bedarf es der gründlichen Kenntnis unseres Geistes. Um den Schmerz als leer zu erkennen, gehen wir mitten in das Zentrum dieses Schmerzes hinein. Der Weg, den Kampf zu beenden, führt durch die Schreie und Ängste, die seine Realität zu bestätigen scheinen. Leiden sagt: „Dieser Schmerz ist nicht leer, er geschieht mir!" Wir müssen tatsächlich die Wahrheit dieser Wahrnehmung negieren.

Während einer stillen Klausur in einem Zentrum, in dem der Geräuschpegel sehr gedämpft war, begann kürzlich eine Frau mit Lungenkrebs zu husten. Sie konnte nicht aufhören zu husten, und ich sah, wie die Menschen um sie herum begannen, unruhig zu werden. Sie realisierte, dass sie eine Störung verursachte, und verließ den Raum. Ich folgte ihr nach draußen, legte ihr die Hände auf die Schultern und sah ihr in die Augen. Ich sagte ihr, sie sei ungeachtet ihres Hustens in der Halle willkommen, solange sie dort sitzen wolle. Es war an jedem Einzelnen in der Halle, mit dem Unbehagen umzugehen. Ich versicherte ihr, dass ich ihre Rücksichtnahme gegenüber der Gruppe sehr schätzte, aber es sei nicht ihr Problem, wenn wir genervt wären. Eine Störung werde nicht durch äußere Geräusche, sondern durch die innere Reaktion auf ein vermeintliches Ärgernis verursacht. Ich erinnerte sie daran, dass wir meditierten, um zu lernen und mit dieser Tatsache zu arbeiten, und nicht, um ein bequemes Umfeld der Ungestörtheit zu schaffen.

Leiden ist das Verlangen nach mehr Auswahl, als die Realität bietet, doch die Realität besitzt keine Optionen. Unser Verstand schafft mentale Alternativen, wo es in Wirklichkeit keine gibt, und wir tun dies, indem wir durch unsere Wünsche und Ängste mit der Realität schachern. So mögen wir sagen: „Ich fühle mich unwohl; dieser Raum ist einfach zu kalt, ich hätte es gern wärmer. Sobald diese Meditation zu Ende ist, werde ich die Heizung höherstellen lassen." Aber der Raum ist in diesem Augenblick so, wie er ist, und kann nicht anders sein. Die Ichempfindung kommt ins Spiel, wenn wir glauben, die Realität ließe sich verändern. Wenn wir über Alternativen nachdenken, fallen wir aus dem Zustand des Verweilens im Augenblick hinaus und versuchen den Augenblick zu beeinflussen. Wenn der Augenblick unangenehm wird, werden wir ichbezogen und sind entschlossen, Abhilfe zu schaffen. Dies erzeugt das Gefühl, sich auf einer Seite zu befinden, während die Realität dort auf der anderen Seite ist – so als würde uns das Leben zustoßen.

Der Geist gebiert die Ichempfindung, wenn wir die Bedingungen der Realität anfechten. Es gibt offensichtlichere Konflikte, bei denen etwa Selbstgerechtigkeit und Wut im Spiel sind, aber auch die weniger offensichtlichen Irritationen auf der Ebene der alltäglichen Routine, jene scheinbar subtilen Augenblicke der Verärgerung, Ruhelosigkeit, Sorgen, Dumpfheit, Ängstlichkeit und Ungeduld, die unsere Tage füllen. Dieses nicht so hohe Fieber der Icherregung ist der Ursprung vieler unserer Unzufriedenheiten. Beinahe unbewusst gliedern wir diese Unzufriedenheit in den Handlungsstrang unserer Geschichte ein, und wenn man ihr keine Aufmerksamkeit schenkt, nimmt sie an Intensität zu, bis das emotionale Drama innerhalb des Bewusstseins ausbricht.

Emotionen können die leichtesten Zugänge zur Erforschung des Kontraktionsschmerzes sein. Je deutlicher uns wird, dass es davon abhängt, wie wir mit dem „Schmerz des Ichseins" umgehen, ob wir ein erwachtes Leben führen können, desto sensibler werden wir für sein Auftreten. Der Schmerz der Kontraktion entsteht, wo wir der Geschichte und der Sichtweise, auf der sie beruht, gegenüber unbewusst sind. Wir werden allmählich für die subtile Kontraktion der auftauchenden Ichempfindung wach, indem wir zuerst erkennen, wann sie auftritt, gefolgt von der Bereitschaft, auf sie zuzugehen und schließlich ihre Zusammensetzung und ihre Ursprünge zu beobachten.

Symptom und Krankheit

Lassen Sie uns ein Szenario einer Kontraktion betrachten, wobei wir vom Persönlichen zum Unpersönlichen fortschreiten, indem wir den Standpunkt der Weisen Sicht beziehen. Beachten Sie beim Durcharbeiten dieser Fragen, dass von uns nur Präsenz verlangt wird sowie unsere ehrliche Beobachtung und unser Mut. Weise Sicht führt uns unmittelbar in den Schmerz der Kontraktion, weil der Schmerz dort auftritt, wo wir unbewusst Grenzen des Selbstschutzes aufbauen, und genau durch dieses Unbewusstsein erhält unsere Geschichte ihre Gültigkeit.

Allzu häufig projiziert ein unbeobachteter Gedanke eine Meinung, ein Urteil oder eine Schlussfolgerung auf eine neutrale Situation. Emotionen speisen das Denken und werden mit der persönlichen Geschichte verwickelt. Weiteres Denken untermauert die Emotionen und die Geschichte läuft auf eine Ichkontraktion und ein trauriges Endergebnis zu: Die Welt ist von mir getrennt und „ich" bin einsam und verzweifelt in ihr.

Ich stelle zum Beispiel fest, dass ich Urteile fälle, und habe als Meditierender gelernt, mit dem Urteilen vorsichtig zu sein. Ich erkenne, wie ich ständig urteile, und spüre das, was der Dritte Patriarch des Zen den „belastenden Akt des Urteilens" nennt. Auf dieser Ebene verhindert die Bewusstheit das Urteilen nicht, sondern beobachtet lediglich die Aktion und ihre Auswirkungen. Weise Sicht richtet uns eher darauf aus, eine Verbindung mit dem Schmerz herzustellen, als ihn auszuagieren. Da ich daran interessiert bin, wohin das führen mag, bin ich motiviert, mich einer tieferen Befragung zu unterziehen. In entspannter Aufmerksamkeit erkenne ich nun, dass das Urteilen von einem schmerzlichen Geisteszustand genährt wird, einem Gefühl der Minderwertigkeit, das gleichzeitig mit dem Urteilen gespeist wird.

Bei dem Akt des Urteilens zu bleiben und nicht auf den kontrahierten Schmerz zu blicken, der das Urteilen antreibt, ist so, als würden Sie Ihre Aufmerksamkeit während einer Lungenentzündung auf das Husten richten. Das Urteilen ist ein Symptom einer tieferen Ebene der Störung. Man hat die Wahl, entweder bei dem Symptom zu verweilen oder zu seiner Ursache vorzudringen. Da ich nun aber einen großen Teil meines Lebens damit verbracht habe, das Urteilen auf schmerzliche

Weise auszuagieren, wird mir klar, dass es darum geht, den Schmerz zu heilen, der es antreibt, und daher wende ich mich der stärker verknüpften Lösung zu.

Urteilen ist oft der Versuch, über Unzulänglichkeit hinwegzutäuschen, über einen eingefleischten Glauben, den die meisten von uns für wahr halten. Es ist wichtig zu erkennen, dass Urteilen und das Gefühl der Unzulänglichkeit gleichzeitige Erfahrungen sind und Urteilen eine Reaktion auf das Gefühl ist, unzulänglich zu sein. Wie bei einer Wippe kann ich mein Image anheben und verbessern, wenn ich Ihr Image durch mein Urteilen herabsetze. Das Urteilen schenkt mir eine kurze Atempause vom Schmerz des Glaubens an meine Unzulänglichkeit, aber mit der Zeit wird die Wippe sich wieder zur Seite der schwerwiegenden Konditionierung des Glaubens an meine Unzulänglichkeit neigen, wenn diese unbeobachtet bleibt.

Ich beginne zu verstehen, dass die Bewusstmachung des Urteilens nicht genug ist. Das Urteilen ist eine Reaktion auf einen zwanghaften Glauben, der meiner Aufmerksamkeit bedarf. Ich bin jetzt bereit, mir das Gefühl der Unzulänglichkeit und die Annahmen über das Ich, die diese vermeintliche Wahrheit nähren, näher anzusehen. „Ich" will mich eigentlich nicht damit befassen, denn ich halte diese Annahmen für die Wahrheit dessen, wer ich bin, und ich habe mein ganzes Leben lang versucht, dieser Wahrheit aus dem Weg zu gehen. Die meisten vermeintlichen Wahrheiten über uns selbst führen zu überkompensierendem Verhalten, das versucht, diese Wahrheit zu kaschieren, indem sie andere Glaubensvorstellungen dagegen setzt. Die Wahrheit meiner Unzulänglichkeit hat dazu geführt, dass mein Wohlbefinden vom Urteil anderer abhängig ist, und ich bin zu einem Workaholic und einem Overachiever geworden, um diesen inneren Schmerz zu kompensieren. Ich habe ein unstillbares Bedürfnis nach Anerkennung und Akzeptanz, das niemals zu befriedigen ist – ganz gleich, wie sehr man mich auch rühmen mag, weil ich schlichtweg nicht an das Lob glaube, sondern an die Unzulänglichkeit. Ein Großteil meines Verhaltens in meinem Leben ist tatsächlich der Versuch gewesen, meinem Mangel an Selbstwertgefühl entgegenzuwirken.

Diese Beobachtung ist die Rettung. Ich kann nicht mehr vorgeben, der Schmerz sei durch jemand anderen oder durch etwas anderes verursacht worden als durch mich. Es gibt nun zwei Richtungen, in die ich diese Untersuchung lenken kann: Entweder kann ich meine Geschichte im Hinblick auf die Wurzeln meiner Konditionierung analysieren und diese Analyse zur Selbstverbesserung nutzen. Oder ich kann die Wahrheit der Annahmen infrage stellen, die das Gefühl der Unzulänglichkeit zementieren. Die Wahrheit unserer vermeintlichen Realität infrage zu stellen ist schwerer, als unsere Geschichte zu analysieren, denn eine Analyse ist lediglich der Versuch, die Auswirkungen des Schmerzes abzumildern, indem man zeigt, dass er äußere Gründe hat. Stellen wir unsere Annahme jedoch selbst infrage, so rottet dies den Glauben, der den Schmerz zementiert, an der Wurzel aus.

Bei der Methode der Selbstverbesserung behält die Ichempfindung die Kontrolle, und dies verstärkt auf subtile Weise die Grundannahme eines „Ich". Solange das „Ich" bestehen bleibt, wird es im Rahmen seiner Definitionen leiden. Wenn ich die Annahmen, auf denen das Ich gründet, infrage stelle, rüttele ich an seinem Grundgerüst, und das macht Angst. Jetzt betreten wir die Welt von Anattâ, der Ichlosigkeit hinter allen Bildern, Darstellungen oder angenommenen Vorstellungen über das Ich.

An diesem Punkt unserer Erforschung beobachten wir, wie das Urteilen durch unsere Lebenseinstellung bestimmt wird, und unsere Erkundung wird um ein Vielfaches reicher als das Verstehen einer schlichten Emotion. Wir erkennen, dass diese Lebenseinstellung sowohl eine verbale als auch eine energetische Komponente besitzt. Das unser Ich bestätigende Gerede und die Gedanken an unsere Unzulänglichkeit sind die verbale Komponente. Diese Ichbestätigung bildet sich um etwas Präverbales herum, und das ist das Energiefeld, das die Sicht, den Zweck und die Bedeutung des „Ich" enthält, die alle auf dem ungeprüften Glauben an meine Unzulänglichkeit gründen. Diese psychische Haltung kann angenehm oder unangenehm sein, je nach dem angenommenen Glauben. Der Ichempfindung ist das egal. Was sie kümmert, ist, dass sie „jemanden" darstellt; ob dieser Jemand glücklich oder unglücklich ist, ist irrelevant.

Wenn ich erkenne, dass die Annahme der Unzulänglichkeit irrig ist, wer bin ich dann? Die Ichempfindung weiß, worauf das hinausläuft, und schreckt zurück. Es mag zwar schmerzlich sein, ein auf diese Annahme gegründetes Leben zu leben, aber will ich sie wirklich aufgeben? Ist es nicht besser, ein leidender Jemand zu sein als ein verlorener Niemand? Diese Angst kann stark genug sein, um uns von weiterer Erkundung abzuhalten und uns zur Ichanalyse zurückzubringen. Die Wahl ist nicht Richtig oder Falsch. Wir bahnen uns nicht unseren Weg durch die Angst hindurch. Die Weisheit zu wissen, dass es keine anderen Möglichkeiten gibt, ermutigt uns, in die Angst hineinzugehen, doch das braucht seine Zeit.

Es gibt noch eine weitere Grenze, die es zu überschreiten gilt: Sich wie ein Niemand zu fühlen ist etwas anderes, als zu erkennen, dass man niemand ist. Eine Facette dieses Gefühls ist, wie oben erwähnt, das grundlegende Verlangen nach einer Definition. Eine andere Facette ist der innere Kritiker mit der zu ihm gehörenden Angst, der unsere Leistungen ständig neu einschätzt und der uns warnt: „Du wirst niemals etwas wert sein." Beide Facetten dieses Gefühls werden immer noch vom Standpunkt der Ich-Geschichte gesehen. In beiden Fällen betrachten wir unsere Unzulänglichkeit von außen und untersuchen sie auf ihre Bedeutung hin. Verwirklichung geschieht jenseits der Worte und Bilder, die „uns" innerhalb unserer Geschichte geformt haben. Sie springt in den Abgrund und wird zunichte – und lebt das Nichts, das zu werden wir zuvor befürchtet haben. Glaube, nicht aber Wille, lässt uns diesen Schritt tun. Es ist nicht der blinde Glaube, dass Gott uns auffangen wird, wenn wir fallen, sondern die Anerkennung der Tatsache, dass es nichts mehr gibt, wozu wir werden können.

Nur in der Unmittelbarkeit des Jetzt, im Schnittpunkt der waagerechten und der senkrechten Dimension, ist es möglich, die Wahrheit der Story des Ich zu untersuchen. Dies kann nur im Vertrauen auf die Verknüpftheit geschehen. Hier und nur hier wird die Geschichte enden. „Meine" Geschichte kann vom Standpunkt der waagerechten Dimension aus modifiziert, nicht jedoch ungültig gemacht werden. Um die Story aufzuheben, müssen wir uns das Fabrizieren des Geschichtenerzählers ansehen. Die Geschichte endet erst durch die Auslöschung ihrer Hauptfigur, und dazu kann es nur durch das Licht der senkrechten Dimension kommen, in der Unmittelbarkeit des Jetzt.

Die Unmittelbarkeit des Jetzt enthält unsere Story wie das Negativ einer Fotografie. Die Formen der Fotografie sind sichtbar, doch sie sind gleichzeitig transparent. Das durchsichtige Bild zeigt sowohl die letztendliche Wahrheit seiner Leere (die Tatsache, dass es ohne Substanz ist) als auch die relative Wahrheit der Bedeutung der Geschichte (das Bild, das bleibt). Die Achsen des horizontalen und des vertikalen Universums treffen sich im Nullpunkt. Vor der Erkundung hielten wir die Geschichte für die letzte Wahrheit, jetzt aber erkennen wir, dass sie es nicht ist.

Vom nun an können wir weder die Geschichte noch das Urteilen aufrechterhalten. Erinnerungen mögen kommen, Gefühle aufsteigen, aber sie besitzen keine Festigkeit mehr, weil das Jetzt einen Menschen nicht als ein Ding enthält; die Transparenz der Erfahrung wird offensichtlich. Das Bewusstsein scheint durch das Negativ hindurch und macht die Ichempfindung zweidimensional. Es gibt eine Schwelle der Unwissenheit, von der an es zur Bildung eines dreidimensionalen Ich kommt, aber in der unverstellten Unmittelbarkeit des Jetzt wird diese Schwelle niemals erreicht. Erst wenn wir vor dem Jetzt zurückweichen, springt die Geschichte ins Leben zurück, denn dieses Zurückweichen ist eine Gedankenbewegung fort vom Jetzt und eine Rückkehr zur horizontalen Wahrheit des „Ich".

Manchmal sitzen die Geisteshaltungen so tief und sind dermaßen in ihrer Konditionierung verhärtet, dass sich das Ich weiterhin um sie herum bildet, obwohl seine leere Natur erkannt worden ist. Dies gilt besonders für frühe Kindheitstraumata. Hier braucht man Geduld und Beharrlichkeit. Eine entspannte und stetige Aufmerksamkeit auf diese Bilder zu richten lässt oft die Spuren ihres Ursprungs zum Vorschein kommen. Ein geschicktes Zurückweichen, wenn der Schmerz des Traumas zu groß wird, und geduldiges Vorangehen, bei dem Erinnerungen erfahren und losgelassen werden, ermöglicht es oft, die abgekapselten Bilder aus ihren Verankerungen zu lösen und zu befreien.

Was auch immer die Ichempfindung in die Beobachtung einbringt, ist zu viel. Meinungen und Wissen lagern sich auf der Geschichte ab; sie fügen Bruchstücke an Information hinzu oder entfernen sie. So wird das Negative verschattet und zunehmend undurchsichtig. Da wir uns wünschen, als Ich verkörpert zu bleiben, fügen wir dem Bewusstsein Inhalte hinzu, aber wenn der Raum des Lebens leer ist, entsteht Stille. Lassen Sie das Bedürfnis zu denken los, und alle Bewegung wird aufhören; dann nimmt alles seinen richtigen Platz im Universum ein. Der Buddha formulierte dies folgendermaßen:

Für den, der festhält, existiert Bewegung;
aber für den, der nicht festhält, gibt es keine Bewegung.
Wo es keine Bewegung gibt, ist Stille.
Wo Stille ist, gibt es kein Verlangen.
Wo kein Verlangen ist,
gibt es weder Kommen noch Gehen.
Wo es weder Kommen noch Gehen gibt,
gibt es weder Entstehen noch Vergehen.
Wo es weder Entstehen noch Vergehen gibt,
gibt es weder diese Welt noch eine jenseitige Welt,
noch einen Zustand zwischen diesen.
Dies ist wahrlich das Ende des Leidens.[11]

Radikale Verantwortlichkeit

Als Kind machte ich gern Kandiszucker, indem ich Zuckerwasser über-sättigte und es abkühlen ließ. Ich hängte eine Schur in die Lösung und die Zuckerkristalle bildeten sich um die Schnur herum. Die Schnur ist analog zu unserem Leiden. Die Ichempfindung benötigt die Schnur unserer Kontraktion, um sich darum herum bilden zu können. Ohne dieses formende Element des Konflikts bleiben wir in gelöstem Zustand. Ichlosigkeit erfordert eine fortlaufende Konflikterforschung, bei der wir herausfinden, wo wir uns Augenblick für Augenblick um einen Konflikt herum kristallisieren, so wie es die Zuckerkristalle um die Schnur her-um tun. Wir lernen nachzuforschen, wenn wir die leiseste Anspannung oder Widerstand in Körper, Rede oder Geist spüren.

Gefühle geben uns das Signal für dieses Nachforschen. Unser Den-ken ist oft eine Reaktion auf ein Gefühl und ein Versuch, die Erfahrung eines Gefühls zu rechtfertigen. Indem Gedanken zu erklären versuchen, warum wie so fühlen, wie wir fühlen, befruchten sie die Gefühle noch weiter, indem sie diese jemandem oder etwas zuordnen, das für die Wei-tergabe an uns verantwortlich ist. Das Gefühl wird dann von der Erklä-rung genährt, was zu weiteren Gefühlen und letztlich zu weiterem Den-ken führt. Diese Erklärungen und die sie begleitenden Gefühle setzen sich zu einer neuen Story darüber zusammen, was wir tun müssen, um der Emotionalität zu entfliehen. Diese einzelnen emotionalen Vorfälle zehren normalerweise von einer allgemeinen Haltung, die innerhalb unserer Lebensgeschichte enthalten ist, und speisen diese gleichzeitig. Diese Haltung wird zu einer Orientierung unserer Wahrnehmung des Lebens und verstärkt eine konditionierte Wahrnehmungsweise von anderen und uns selbst.

Denken, das im Kreis läuft, ist ein typisches Beispiel hierfür. Die meisten von uns kennen die Erfahrung, dass unsere Gedanken immer wieder um etwas kreisen, ohne dass wir zu einem Schluss kommen; dennoch ist es oft so, dass wir nicht wahrnehmen, dass das Denken von einem unbemerkten Gefühl angetrieben wird. Das Denken versucht, das Gefühl aufzulösen, aber die Emotion ist unbewusst, und daher kreiselt das Denken weiterhin unkontrolliert. Ein Gefühl wird nicht durch ein äußeres Ereignis verursacht; es ist vielmehr der Geist, der einem äußeren Ereignis ein Gefühl zuordnet. Die Verwirrung wird aufgelöst, wenn wir uns auf das Gefühl fokussieren und es sein lassen, was es ist, während wir gleichzeitig das Bedürfnis, uns aus der Emotion herauszudenken, fallen lassen.

Es gibt nicht nur eine einzige Ursache für ein Ereignis. Das Auftreten von Ereignissen ist von vielen Faktoren abhängig, wobei alles im Universum zusammenspielt, damit es zu einem einzigen Ereignis kommt. Der Buddha spricht auf diese Weise darüber: „Es ist wie bei einem starken Regen, ihr Mönche, der über einem Bergrücken fällt. Das Wasser läuft den Hang hinab und füllt die Ritzen, Schluchten und Bäche; wenn diese gefüllt sind, füllt es die Teiche; wenn diese gefüllt sind, füllt es die Seen, wenn diese gefüllt sind, füllt es die Ströme; wenn die Ströme gefüllt sind, füllt es den großen Ozean."[12] Auf diese Weise konstatiert der Buddha, dass jedes Ereignis die Grundvoraussetzung für das nächste bildet.

Die offensichtliche Bedingung für Schnee ist beispielsweise ein bestimmtes Wettermuster, das die richtige Zusammenstellung von Temperatur, Luftfeuchtigkeit und Luftdruck beinhaltet. Die Gegebenheiten, die zu solchen Faktoren führen, sind unendlich vielfältig; dazu gehören auch die feinen Luftströmungen, die wir hervorrufen, wenn wir uns durch den Raum bewegen. Welchen der unendlichen Faktoren könnte man unter diesen Voraussetzungen als Kausalfaktor bezeichnen? Alles beeinflusst alles andere, denn alles ist miteinander verknüpft. Oder wie es neulich auf einem Autoaufkleber hieß: „Gib dem Schmetterling in Argentinien die Schuld."

Der Geist versucht verzweifelt, den Auswirkungen einer unangenehmen Erfahrung zu entgehen. Wir sagen: „Du machst mich wütend." Wenn wir das sagen, sind wir selbst nicht schuld an der Wut. Es ist in der Tat so, wenn ich dich loswerde, ist auch mein Problem mit der Wut gelöst. Auch wenn die meisten von uns kultiviert genug sind, intellektuell zu wissen, dass „du" „mich" nicht wütend machst, geht unsere emotionale Intelligenz doch von dieser Prämisse aus.

Wenn wir glauben: „Du machst mich wütend (oder irgendetwas anderes)", ist die Welt zweigeteilt. Das Durchsickern von Schuldzuweisung bei jedem verunsichernden Gefühl erzeugt Chaos im restlichen Teil unseres Lebens. Die emotionale Reaktion ist eine unbeobachtete Kontraktion von Schmerz, die zu weiterer Uneinigkeit stiftenden Interaktionen führt. Wenn sie nicht untersucht werden, werden diese externalisierten Reaktionen zu Vorläufern von allen Projektionen, allem Hass, allen Vorurteilen, allem Neid, aller Eifersucht und Aggression.

Während meiner Zeit als Direktor eines Hospizprogramms hatten wir eine Patientin namens Louise, die eine Überlebende des Holocaust war und an der man damals während ihrer Gefangenschaft medizinische Experimente durchgeführt hatte. Louise kam im Endstadium ihres Leberkrebses mit beträchtlicher Bauchwassersucht zu uns. Das ist ein Zustand, bei dem sich große Mengen an Flüssigkeit im Bauchraum bilden, was häufig mit großer Beeinträchtigung des Wohlbefindens des Patienten einhergeht. Ein Arzt musste die Flüssigkeit mit einer großen Kanüle aus Louises Bauch herausziehen, und als er sich ihr mit der Nadel näherte, hatte Louise eine posttraumatische Stressreaktion, die auf die Jahre ihrer Gefangenschaft zurückging. Doch als ihr das Team des Hospizes beistand und sie immer wieder in die Gegenwart zurückrief: „Louise, du bist hier, komm zurück, bleib hier, fühle meine Hand", war sie in der Lage, die Prozedur über sich ergehen zu lassen.

Louises Geist schuf seine momentane Realität auf der Grundlage vom Schmerz aus der Vergangenheit. Die latente Erinnerung an ihre große Angst als junge Frau wurde durch diesen Prozess ausgelöst. Die Atmosphäre und der Zusammenhang dieser ambulanten Intervention waren zwar vollkommen anders bei den Geschehnissen, an die sie sich erinnerte, aber die emotionale Verknüpfung zwischen den beiden war im Inneren ihres Geistes festgelegt. Die Projektion des Geistes war so stark, dass Louise das Grauen ihrer Jugend wiedererlebte. Mit Beharrlichkeit gelang es der Belegschaft des Hospizes, sie zurück in die Gegenwart zu rufen. Als sie sich auf die Realität des Jetzt ausrichtete, verlor das emotionale Drama an Überzeugungskraft.

Jeder kennt die Macht der Projektion, wenn wir Angst haben. Sich zu fürchten heißt, Angst vor dem zu haben, was geschehen könnte, nicht vor dem, was geschieht. Emotionen besitzen ihre eigene Logik, die weit entfernt von der Wahrheit des Augenblicks ist. Das Hier und Jetzt geht nicht gegen die emotionalen Beweggründe an; es beruhigt die Emotionen, indem es den Handlungsstrang der Geschichte entfernt, der für die emotionale Eskalation wesentlich ist.

Auf weniger offensichtliche Weise kontrahiert sich der Geist auch um angenehme Gefühle. Die durch angenehme Situationen bedingte Kontraktion ist sogar noch weniger zu bemerken, weil wir nicht versuchen, das Angenehme zu vermeiden, sondern vielmehr darin schwelgen wollen. Bei der Vermeidung versuchen wir die Zeit zu beschleunigen und über das Problem hinwegzukommen; wenn wir uns aber gehen lassen, versuchen wir die Zeit zu verlangsamen und möglichst lange in der angenehmen Erfahrung zu schwelgen. In beiden Fällen lassen wir den Augenblick nicht so fließen, wie er es natürlich tut, und das ist die Definition für Leiden.

Im Angenehmen projizieren wir die Emotion häufig ebenso nach außen wie im Schmerz, indem wir sagen: „Du machst mich glücklich." Wir glauben dann, das Objekt sei für die Aufrechterhaltung „meines" Glücks verantwortlich. Mit der Zeit verändert sich das Gefühl jedoch in Intensität und Tonus und wird zu etwas anderem, als es einmal war. An einem bestimmten Punkt sind wir dann von dem Objekt oder dem Menschen enttäuscht und fühlen uns im Stich gelassen.

Eine Liebesbeziehung ist für diese Dynamik ein gutes Beispiel. Wenn wir in einen Menschen verliebt sind, sind wir ihm oft verhaftet, weil wir die Ursache der in uns aufsteigenden Liebe auf die geliebte Person projizieren. Wir glauben, unsere Liebe hinge von dieser Person ab, und wenn wir sie verlören, wären wir von der Liebe getrennt. Da der Zustand der Liebe so reizvoll ist, versuchen wir den Verantwortlichen, der uns das

Gefühl von Liebe „gibt", zu besitzen, anstatt die unserem Wesen innewohnende Liebe frei von jeglicher Verhaftung aufblühen zu lassen.

Radikale Verantwortlichkeit erfordert, dass wir alle und jede Projektion ausschließen, indem wir alle Fluchtwege verschließen und für
unser inneres Leben die volle Verantwortung übernehmen. Dies ist ein
grundlegendes Verständnis für einen freien Geist. Wir verweigern dem
Geist jeglichen Spielraum oder jegliche Möglichkeit, seine Probleme zu
externalisieren. In radikaler Verantwortlichkeit sagen wir: „Ich füge mir
selbst Schmerzen zu, ich frustriere mich selbst und ich deprimiere mich
selbst", denn jegliches Entweichen aus der völligen Verantwortlichkeit
setzt die Lehren Buddhas über das Leiden und seine Ursache außer
Kraft. Verknüpftheit ist unmöglich, wenn wir gegen äußere Einflüsse
ankämpfen, weil wir glauben, sie würden die Gefühle verursachen. Je
weniger Projektion, desto weniger leiden wir und desto verbundener
werden wir.

Ist das äußere Schuldzuweisen einmal ausgeschlossen, so bleibt
noch die Versuchung, sich selbst die Schuld an den auftretenden Ereignissen zu geben. „Ich" bin die Verantwortliche; es ist alles „meine"
Schuld. Diese Gedanken werden nur allzu gern von dem verstärkt, was
vom Glauben an die Unzulänglichkeit unseres Ich übrig geblieben ist.
Das Ich würde liebend gern den geschwächten Glauben mit diesem Argument stärken, aber da unser Bewusstsein inzwischen damit vertraut
geworden ist, wie der Geist die Ichempfindung aus emotionaler Reaktivität schafft, weigert es sich, dieses einst so machtvolle Image wieder
aufzubauen.

In radikaler Verantwortlichkeit werden alle Gefühle lediglich als
Erfahrungen angesehen, die nirgendwohin weisen, niemanden verantwortlich machen und nichts bedeuten. Auch wenn niemand daran
schuld ist, dass wir ein bestimmtes Gefühl haben, ist es doch wesentlich, das Gefühl ohne zu wanken vollkommen im Bewusstsein zu halten. Gefühle bedürfen der Beobachtung und des Zulassens und nicht
der Analyse oder Fixierung. Die Geschichte, die mit dem Gefühl einhergeht, stirbt in der vollen Verantwortlichkeit. Die Geschichte war von
Anfang an nicht wahr, aber wir haben sie gebraucht, um Linderung von
dem Schmerz, „ich" zu sein, zu erlangen. Auch wenn uns das damals
nicht klar geworden ist, die Aufrechterhaltung der unwahren Geschich-

te durch Unachtsamkeit verursachte noch größeres Leiden, als wenn wir es dem Schmerz erlaubt hätten, sich im Bewusstsein auszudrücken. Radikale Verantwortlichkeit beginnt unseren Fokus von der waagerechten Ebene des Klagens und Streitens zur senkrechten Ebene offener Verwunderung zu verschieben.

Die Umkehr des Anstoßes

Radikale Verantwortlichkeit gestattet der Erfahrung, sie selbst zu sein. Wie im ersten Kapitel aufgezeigt wurde, kennt das Bewusstsein den Unterschied zwischen der Erfahrung selbst und der Überlagerung der Erfahrung durch den Geist in Form von Meinungen und Vorstellungen. Welche mentale Interpretation die Erfahrung auch enthalten mag, sie ist eine Projektion des Geistes. Die erste Anforderung der Verantwortlichkeit ist, dass wir eine richtige Orientierung gegenüber der Erfahrung entwickeln, indem wir die mentale Erklärung loslassen. Da sie von Weiser Sicht geleitet wird, ist die Grundorientierung eher auf Erfahrung, Öffnung und Verbindung angelegt, als vor dem zu flüchten, was auftaucht.

Es gibt Zeiten, zu denen geschicktes Vermeiden die Strategie der ersten Wahl ist. Wie bereits erwähnt, benötigen Menschen mit Missbrauchshintergrund oder anderen belastenden Geschichten oder diejenigen, die unter heftigen Angstattacken leiden, unendliche Geduld, um Heilung von diesen zutiefst traumatischen Wunden zu finden. Manchmal können Therapie, psychologische Methoden und die Verschreibung von Medikamenten behilflich sein, wenn man das Bewusstsein langsam und sanft auf diese Erinnerung richten möchte. Das Timing sollte die jeweilige Person bestimmen und sie sollte sich niemals unter Druck gesetzt oder genötigt fühlen. Es geht vielmehr darum, alles uns Mögliche zu unternehmen, um die Angst besser zu verstehen und ihren Einfluss zu mindern. Wir gehen den ganzen Weg mit Sanftheit und Güte.

Wenn wir mit dem Gefühl des Präsentseins in der Verbundenheit und dem Schmerz der Getrenntheit vertraut werden, beginnt eine natürliche Umkehr einzusetzen. Je mehr Zeit wir damit verbringen, wach zu sein, desto mehr Wachheit setzt sich in unseren Absichten durch. Wie Narayan, einer meiner Lehrerkollegen, sagt: „Wir bekommen allmählich Geschmack an der Präsenz." Es ist uns eine Freude, wach zu sein, und der Geist lernt allmählich, seinem eigenen Frieden zu trauen, und geht jetzt beharrlicher und mit Leichtigkeit in schwierige emotionale Erfahrungen hinein. Dies stärkt unsere Intention in Richtung Weiser Sicht und führt zu mehr Präsenz. Der Fortschritt ist stetig und baut auf sich selbst auf.

Wir mögen vielleicht weiterhin in die Trance unserer Story zurückrutschen, aber langsam wird der Schmerz der Getrenntheit unerträglich. Die Umkehr des Anstoßes kann uns helfen, den Übergang zu Weiser Sicht zu beschleunigen. Dabei benutzen wir eine Erfahrung, gewöhnlich eine Emotion, die uns normalerweise dazu veranlasst, aus einer Situation zu fliehen, statt uns ihr zuzuwenden. Ein Beispiel wäre Zorn. Zorn kann nur in unweiser Sicht aufrechterhalten werden. Wenn Zorn unbewusst bleibt und nach außen projiziert wird, verstärken wir damit unsere Konditionierung. Jetzt betrachten wir das Auftreten von Zorn als einen Hinweis darauf, dass wir uns innerhalb unweiser Sicht bewegen. So wird der Zorn zu einem Anstoß, das Objekt unseres Zorns fallen zu lassen und uns mit der Emotion zu verbinden. Die Umkehrung des Anstoßes des Zorns oder jeder anderen Emotion setzt voraus, dass wir empfindsamer gegenüber dem Schmerz dieser Emotion werden und die totale Verantwortung für dessen Präsenz übernehmen.

Die Selbstgerechtigkeit des Zorns macht es sehr schwer, ihn gehen zu lassen. Wir lieben das machtvolle Gefühl, recht zu haben – vielleicht sogar noch mehr, als wir den brennenden Schmerz des Zorns verabscheuen. Der Buddha nennt diese Selbstgerechtigkeit „den giftigen Pfeil des Zorns mit seiner honigsüßen Spitze". Das nächste Mal, wenn Sie auf jemanden wütend sind, können Sie versuchen, die Version der Geschichte des anderen Menschen anzuhören. Das ist eine schwierige, aber keineswegs unlösbare Aufgabe. Unsere Fähigkeit zuzuhören ist direkt proportional zu unserer Fähigkeit, die Perspektive zu wechseln. Einem anderen Menschen zuzuhören verlangt, dass wir unsere rechthaberische Sicht fallen lassen, und da Zorn von der Rechthaberei gespeist wird, fällt er weg. Die Umkehr des Anstoßes funktioniert nur, wenn die Intention, sich zu verbinden, stärker ist als die Motivation, getrennt und innerhalb unserer Story zu bleiben.

Die meisten trennenden Emotionen können im Rahmen der Verknüpftheit der Weisen Sicht nicht aufrechterhalten werden. Vergleichen,

Urteilen, Neid, Eifersucht, Ungeduld und Arroganz werden alle durch die Geschichte unserer Getrenntheit geschürt. Wenn diese trennenden Emotionen auftreten, sagen Sie zu sich selbst: „Nicht zwei." „Nicht zwei" bedeutet, dass ich die Einheit nicht richtig wahrnehme; die Eskalation des Dramas wird unterbrochen, indem wir uns daran erinnern, uns mit den Gefühlen zu verbinden, statt aus ihnen heraus zu agieren. Stellen Sie Annahmen, die noch in der Geschichte übrig geblieben sind, auf den Prüfstand, indem Sie fragen: „Welcher Teil der Story ist Projektion? Übernehme ich radikal die Verantwortung?" Wir werden sehen, dass alle Geschichten Spekulationen des Geistes sind.

Schauen Sie sich schließlich den Schmerz im Inneren Ihres Geistes an, der erst zu der Trennung geführt hat. Welche emotionale Mutmaßung hat diesen Schmerz aufrechterhalten und welche Spuren davon sind noch vorhanden – Gefühle der Wertlosigkeit, Unzulänglichkeit, Unzufriedenheit, des Ungenügens, der Verzweiflung oder Einsamkeit? Erforschen Sie diese Gefühle und verfolgen Sie sie zurück, eine Schicht nach der anderen, bis sie sich schließlich in Leere auflösen. Sobald der Schmerz von der Ich-Geschichte abgelöst worden ist, sind seine Grundpfeiler unterminiert. Wir lassen die Emotionen zunichtewerden, indem wir ihnen im weiteren Verlauf einfach nichts mehr hinzufügen.

Von einer Geschichte, die die Macht der Umkehrung ergreifend illustriert, hörte ich während einer Klausur in einem Interview. Rebekka erzählte von ihrem sieben Jahre alten Sohn, der auf dem Spielplatz seiner Schule während der Pause auf einem Barren hin- und herschwang. Ein Rabauke aus seiner Klasse hielt seine baumelnden Beine fest, sodass ihr Sohn kopfüber auf den Boden stürzte. Der verletzte Junge stand auf, rannte nach Hause, fiel in Rebekkas Arme, verlor das Bewusstsein und starb auf dem Weg ins Krankenhaus.

Zwei Wochen nach dem Tod ihres Sohnes hörte Rebekka, dass die Klasse das Kind, das für den Vorfall verantwortlich war, drangsalierte. Sie ging in das Klassenzimmer und forderte die ganze Klasse auf, mit dem Jungen Frieden zu schließen: „Ich möchte nicht, dass der Tod meines Sohnes noch eine weitere Tragödie für ein anderes Kind nach sich zieht."

Ich bewundere Rebekkas Mut und Integrität sehr. Nur wenige von uns würden ein solches Maß an radikaler Verantwortlichkeit aufbringen, doch es war genau das, was ihr Herz ihr befahl. Solche Geschichten inspirieren uns, auf eine endgültige Auflösung der Teilung und Trennung in unserem eigenen Herzen hinzuarbeiten. Wir können mit den kleinen, anscheinend geringfügigen alltäglichen Irritationen beginnen, indem wir sie als Umkehranstöße nutzen und uns der Erfahrung ganz und gar stellen. An einem bestimmten Punkt unseres Reifeprozesses ist eine Abwendung von unseren Gefühlen hin zu fortgesetzter Spaltung einfach nicht mehr akzeptabel.

Was ist nun aber mit den positiven, verbindenden Gefühlen wie Großzügigkeit, Freundlichkeit, Vertrauen, Geduld und so weiter? Wenn wir diese Emotionen gründlich untersuchen, werden wir oft Spuren des Ich in ihrer Manifestation finden. Das „Ich" ist vielleicht zwischen den konkurrierenden Motiven des Altruismus einerseits und dem Wunsch nach Anerkennung andererseits gefangen. Wie forschen nach den Spuren des Ich innerhalb unserer Handlungen, indem wir uns fragen: „Was will ich damit gewinnen?", und dann den Schmerz hinter diesem Wollen ansehen. Schmerz auf noch so subtilen Ebenen wird für das Herz unerträglich. Die Erkundung geht so lange weiter, bis es keinen Täter hinter der Tat mehr gibt und niemanden, der Anerkennung für das Getane beansprucht.

Während dieses ganzen Kapitels haben wir das Werkzeug der Erkundung benutzt, um die Natur des Ich im Schmerz zu verstehen. Die Erkundung ist eine der Schlüsselkomponenten für das Erwachen. Wir sehen, wie wesentlich es ist, den Schmerz zu erforschen, wohin auch immer uns die Untersuchung führen mag. Erkundung ist wie ein Spürhund, der den Geruch des Schmerzes aufnimmt und nicht eher Ruhe gibt, bis dieser vollkommen bloßgelegt ist. Das Hinterfragen wird zu dem Mechanismus, mit dem wir bewusste Aufmerksamkeit in die verdunkelten Bereiche des Unterbewussten bringen, und dies bringt das Herz in den Prozess ein. Dies ist ein Hilfsmittel, das überall, zu jeder Zeit und bei jeglicher Erfahrung benutzt werden kann, um uns über unsere Vorstellungen und Meinungen hinaus zu öffnen. Lassen Sie uns sehen, wie das geht.

5

Das Bekannte hinterfragen

Es ist wichtig, dass die Studenten etwas von der Respektlosig-
keit eines Straßenjungen in ihr Studium mitbringen. Sie sind
nicht hier, um das bereits Bekannte anzubeten, sondern um es
zu hinterfragen.

– Jacob Bronowski

Einer der schönen Aspekte eines spirituellen Weges, der auf
Weiser Sicht gründet, ist, dass man ihn überall und zu jeder Zeit einsetzen kann. Damit man die Wahrnehmung von der waagerechten
zur senkrechten Dimension verlagern kann, braucht es keine speziellen Umstände. Ichlosigkeit ist die Realität; die Ichempfindung ist eine
Abstraktion. Die Bereitschaft, aus der Selbsttäuschung auszusteigen,
ist Weise Sicht, und die kommt zum Zuge, wann immer wir uns den
Schmerz der Ichkontraktion bewusst machen. Wir benötigen eine zuverlässige Methode, wenn wir uns auf die Turbulenzen des Laiendaseins
einlassen wollen, und eine forschende Haltung ist, wie wir bei der Erforschung des Urteilens gesehen haben, ein wesentliches Hilfsmittel. In
einer Welt, die vielfältige Anforderungen an uns stellt, ermöglicht uns
die Erkundung, uns inmitten unseres geschäftigen Lebens auf die Bereiche der Kontraktion zu fokussieren.

Ein Bereich der Kontraktion, der häufig übersehen wird, ist unsere Intoleranz gegenüber den Ansichten anderer. Hospizprogramme rühmen sich für ihr Engagement, allen Menschen ohne Vorurteil oder Intoleranz zu dienen, und als Hospizdirektor hatte ich darauf zu achten, dass unser Programm diesem Anspruch gerecht wurde. Während meiner Amtszeit wollte eine Gruppierung äußerst fundamentalistischer Christen ihre Freiwilligen zusammen mit unseren professionellen Pflegern an der Betreuung der sterbenden Mitglieder ihrer Gemeinschaft teilhaben lassen. Als ich unserer Hospizbelegschaft diesen Vorschlag unterbreitete, lehnte diese zu meiner Verwunderung zunächst ab. Unsere Belegschaft klagte über den Eifer der Gruppe, alle „Außenseiter" zu missionieren und zu bekehren, und die Hospizbelegschaft wollte sich bei ihrer Arbeit nicht noch diesem zusätzlichen Druck aussetzen. Als Hospiz beweisen wir jedoch unsere Intoleranz, wenn wir den Zugang zu Patienten einschränken, und hier war eine Situation, in der das Schließen unserer Türen auch ein Verschließen unseres Herzens bedeutet hätte. Nach heftigen Diskussionen ließen wir uns schließlich darauf ein, das Angebot der christlichen Gruppe anzunehmen.

Viele von uns halten sich für geistig offen, aber bei manchen ist die Empfänglichkeit auf jene beschränkt, die unsere Vorstellungen von Toleranz teilen, und erstreckt sich nicht auf jene, die engstirnig sind. Wahre Offenheit ist jedoch bedingungslos, für alles gleichermaßen empfänglich. Eines Abends hörte meine Frau Ellen einem kontroversen Talkshow-Moderator zu, als ich müde und etwas gereizt nach Hause kam. Genervt über das, was mir zu Ohren kam, fragte ich sie, warum sie sich diesen Unsinn anhöre. Sie antwortete, sie wolle die Grundlage für die Ansichten des Moderators verstehen. Ich kam mir klein vor.

Wir halten die Welt durch unsere Engstirnigkeit an ihrem Platz. Wenn wir uns hinter fest gefügten Meinungen verbarrikadieren, geschieht es leicht, dass wir uns allen Gegenargumenten verschließen. Der Raum, der einst zur Verfügung stand, als wir die verschiedenen Alternativen in Betracht zogen und bevor wir zu einem Schluss gekommen waren, wird nun durch unsere Annahmen eingeengt. Sobald wir uns für eine bestimmte Lösung entschieden haben, sind wir nicht mehr offen für den Lernprozess und unsere Erklärungen verhindern, dass der Geist etwas Neues wahrnimmt.

Da unser Dasein und unser Leben keine zwei verschiedenen Dinge sind, kann das Leben so niemals wirklich als das erkannt werden, was es in Wahrheit ist, sondern nur als das, was der Geist daraus macht, wenn er das Leben aufspaltet und zu einer objektiven Erfahrung macht. Um dieser Tendenz des Geistes, das Leben durch die Schlüsse, die er zieht, zu objektivieren, entgegenzuwirken, eliminiert ein authentischer spiritueller Weg alle Konstrukte des Geistes, indem er diese hinterfragt. Diese Befragung lässt jene Konstrukte des Geistes, die er zwischen sich und der Welt aufzubauen sucht, zusammenbrechen.

Eine Frage fordert zu Unschuld und Erneuerung heraus; sie eröffnet eine neue Sichtweise, die frei von der Einmischung der Vergangenheit ist. Wenn wir fragen, kennen wir die Antwort nicht und sind aufrichtig offen für alles, was zutage kommt. Die Ichempfindung zieht Schlussfolgerungen, weil sie sich davor fürchtet, in der Ungewissheit einer Frage zu leben. Fragen sind Augenblicke der Verwunderung, schenken jedoch nicht die Sicherheit der Bestätigung, die das Ich sucht. Je mehr wir auf unserem spirituellen Weg voranschreiten, desto größer wird unsere Bereitschaft, von der mentalen Sicherheit zum offenen Staunen des Nichtwissens überzugehen.

Am Anfang eines spirituellen Weges benutzen wir Tradition, Lehrer und Techniken, um uns in einer gewissen Sicherheit zu wiegen, dass unsere harte Arbeit gerechtfertigt ist. Wenn andere Erfolg gehabt haben und dies die Weise war, wie sie den Erfolg erreicht haben, dann kann diese Weise auch für mich die richtige sein. In diesem Stadium benötigen wir Gewissheit, um unsere Zweifel auszuräumen, und sind wahrscheinlich noch nicht bereit, alles fallen zu lassen und uns in eine Frage zu stürzen. Spirituelle Praxis stabilisiert im Allgemeinen unsere Welt, damit wir sie erforschen können.

Obwohl das Fragen einer stabilen Plattform bedarf, bedroht es gleichzeitig deren Stabilität. Das Paradox liegt darin, dass wir nur vorangehen, wenn unsere Sicherheit bedroht ist, denn wir sind niemals weiter von der Wahrheit entfernt, als wenn wir Gewissheit haben.

Innerhalb jeder Schlussfolgerung, zu der wir gelangen, lässt sich Unwissenheit aufspüren. Wenn wir zu einer abschließenden Antwort gelangen, ist das Leben nicht mehr in Bewegung und ist innerhalb des Geistes erstarrt. Gewissheit ist oft ein Zeichen von Vorsichtigkeit und

Angst und stellt eine Grenze dar, die zu überschreiten wir uns weigern.

Einen Bereich, den wir am wenigsten geneigt sind zu hinterfragen, ist unsere definierte Realität: Wenn ich etwas kenne, dann kenne ich die Konsensrealität dieses Augenblicks – du dort, der Raum zwischen uns, und ich hier. Unsere Realität gibt uns eine feste und stabile Grundlage und bildet ein Sicherheitsnetz, das nicht zu hinterfragen ist. Fragen werden von dieser Grundlage der Gewissheit her gestellt, was bedeutet, dass sie aus unserer Haltung der Angst kommen. Unsere Fragen *hinterfragen selten unsere Realität*, weil dies zu viel Angst macht. Wenn wir überhaupt Fragen über unsere Realität stellen, dann im Rahmen wissenschaftlicher Experimente, in dem der Wissenschaftler nichts mit den Implikationen seiner Ergebnisse zu tun hat, weil er ja nur der unbeteiligte Beobachter ist.

Fragen stellen erfordert eine Haltung der Nonkonformität. Konformität gibt die Haltung freizügiger Erforschung zugunsten von Sicherheit auf. Wenn wir uns anpassen, ist unsere Motivation, rechtschaffen zu sein und nicht frei; und bis zum Dogma ist es dann nicht mehr weit. In seinem berühmten *Kalama Sutta* warnt der Buddha vor Konformität und befürwortet eine fragende Haltung.[13]

Die Kalamas waren ein in Indien lebender Clan, durch deren Stadt eine Reihe von spirituellen Lehrern gezogen waren, die alle ihre oft einander widersprechenden Ratschläge angeboten hatten. Die Kalamas waren sich nicht sicher, wie sie geschickte Lehren von ungeschickten unterscheiden sollten, und fragten den Buddha um Rat. Der Buddha antwortete: „Gebt euch nicht zufrieden mit Gehörtem oder mit Tradition oder mit überlieferten Legenden oder mit dem in alten Schriften Gesagten oder mit Mutmaßungen oder mit Schlussfolgerungen oder mit dem Abwägen des Augenscheinlichen oder mit dem Hinneigen zu einer Anschauung nach reiflicher Überlegung oder mit eines anderen Fähigkeiten oder mit dem Gedanken ‚Dieser Mönch ist unser Lehrer'. Wenn ihr für euch selbst wisst: ‚Diese Dinge sind zum Heil, ohne Makel, von den Weisen gutgeheißen, und wenn man sie annimmt und anwendet, führen sie zu Wohlergehen und Glück', dann solltet ihr sie üben und bei ihnen bleiben.“[14]

Der Buddha empfiehlt, alle Lehren – einschließlich der seinen – zu hinterfragen, bis wir ihre Wahrheit selber erkannt haben. Er weist darauf hin, dass die Verwirklichung unser einziger Maßstab ist. Die fragende Haltung ermächtigt uns, alles einer kritischen Betrachtung zu unterziehen, was man uns gesagt hat, und dabei ist nichts sakrosankt. Wir hinterfragen auch alles, was zu fragen wir uns nicht trauen, denn der einzige Zugang zur Wahrheit ist der durch Vertrauen und Zutrauen, die aus Weisheit entstanden sind. Der Buddha sagt im Wesentlichen, dass unsere Loyalität einzig der verwirklichten Wahrheit gelten sollte.

In vielen von uns gibt es abgeschottete Bereiche, die zu öffnen wir uns weigern: dunkle Familiengeheimnisse, Schattenbereiche unserer Psyche, geheime Aktivitäten und Impulse, die wir mit Schrecken zurückhalten. Es könnte ganz nützlich sein, diesen versteckten Bereichen eine sanfte fragende Aufmerksamkeit zuzuwenden. Was zu hinterfragen wir fürchten, sind die Bereiche, von denen wir nicht wollen, dass sie erkannt und bekannt werden. Unsere durch das Fragen gesammelte Aufmerksamkeit ermöglicht dem Unbewussten, ins Bewusstsein zu treten, und dies hält uns lebendig und lässt uns alle Möglichkeiten offen.

Im Spannungsfeld zwischen der Sicherheit, die unser Selbstbild als Teil der Definition unseres Ichs umfasst, und der durch die Hinterfragung dieses Selbstbildes entstehenden Unsicherheit beginnt sich eine natürliche Krise zu entwickeln. Wir wünschen uns, dass unsere Befragung das bestätigt, was wir bereits wissen, und daher auch nichts bedroht. Wie spüren, dass die Erkundung unseres Selbstbildes ein gefährliches Unterfangen sein könnte, und wir versuchen, das zu regulieren, was zu sehen wir uns fürchten, indem wir eine Rechtfertigung für sein Vorhandensein entwickeln. Unsere Verteidigungsmechanismen können mit großem Eifer gegen den Einfluss ehrlicher Selbstbefragung angehen. Wenn wir uns unserer Abwehrhaltung überlassen, dann sehen und verstehen wir schließlich nur das, was wir bereits wissen: Wenn wir der Welt lauschen, hören wir nur unsere eigenen Meinungen; wenn wir die Welt ansehen, sehen wir unsere eigenen Konditionierungen. Nichts verändert sich, weil unser Widerstand nicht zulässt, dass wir hinter den Schleier unserer Konditionierung blicken.

Wir können uns zu jeder Zeit und auf jeder Ebene aus jeder Frage herausziehen, und unsere persönliche Geschichte ist immer zur Stelle, um unseren Fall aufzufangen. Unsere Story enthält all unsere Erklärungen, aber keinerlei Staunen. Das aufrichtige spirituelle Fragen hört nicht eher auf, bis es zum Staunen gelangt. Die Frage fällt wie ein Stein in einen Teich und fällt weiter in immer größere Stille und ein bodenloses Staunen. Während des gesamten Falls werden die Begrenzungen durch unsere Angst freigelegt, bis wir der Frage schutzlos gegenüberstehen.

Einige Jahre lang genoss ich das Privileg, im Wat Suan Mok (dem „Garten der Befreiung") in Thailand unter der Führung des Abtes Ajahn Buddhadassa zu leben. Er war in vielerlei Hinsicht ein bemerkenswerter Mann, jedoch was mich an ihm am meisten beeindruckt hat, war seine unbeugsame Dharma-Integrität. Er kompromittierte niemals die Wahrheit, wie er sie sah. Einmal kam ein reicher Mann aus Bangkok zu ihm und bot an, einen großen Tempel voller Buddhastatuen zu bauen. Ajahn Buddhadassa gestattete keine Buddhastatuen in seinem Kloster und bedeutete dem Mann, der wahre Buddha fände sich in der natürlichen Umgebung. Er sagte dem Mann, wenn er sich vor etwas verneigen wolle, solle er sich vor einem Felsen verneigen. Der Mann beharrte darauf, dass sein Geld dem Kloster helfen könnte, bis Ajahn Buddhadassa ihm nahelegte, sein Geld zu nehmen und es von einer Klippe zu werfen.

Die Rigorosität von Ajahn Buddhadassas Aufrichtigkeit und Hingabe an die Integrität sowie das Löwengebrüll des *Kalama Sutta* geben uns in unserem Bemühen um eine kompromisslose Qualität in unserer Befragung klare Richtlinien. Fragen müssen schonungslos sein, damit sie durch unsere Konformität hindurchdringen können, und dürfen nicht auf der Verteidigung eines Selbstbildes oder einem anderen erwarteten Ergebnis gründen. Wenn wir eine Dharma-Frage stellen, haben wir keine Vorstellung davon, wohin uns die Frage führen wird oder was wir auf dem Weg dorthin sehen werden.

Fragen zu stellen lässt die Bewusstheit zu einer wachsenden Erfahrung werden, indem das Bewusstsein in einen Zustand der Entdeckung versetzt wird. Die Tibeter führen Dharma-Gefechte, indem sie einander mit spielerischer Freude Fragen zurufen. Die Zen-Schülerin versenkt sich in ein mit dem Verstand nicht zu erfassendes Kôan, um ihren Intellekt zu brüskieren und sich dem Mysterium auszusetzen. Der Schüler der Einsichtsmeditation stellt sich fasziniert dem kreativen Staunen mit der Frage: „Was ist dies?" Jeder Schüler findet innerhalb seiner eigenen Tradition durch die besondere Weise der jeweiligen Tradition, Fragen zu stellen, Zugang zum Heiligen.

Weise Fragen stellen

Zu Beginn meiner Schulung als buddhistischer Mönch in Burma kämpfte ich mit einem Übermaß an Bemühungen. Ich strengte mich aufs Äußerste an, ständig achtsam zu sein, und schlief oft nur vier Stunden in der Nacht, aber so sehr ich mich auch bemühte, mein burmesischer Lehrer beendete jedes Gespräch mit den Worten: „Bitte strenge dich mehr an." Die Anspannung wurde schließlich so groß, dass ich sie nicht mehr ertragen konnte, und ich ging von Burma nach Thailand, wo ich mich in einem Waldkloster niederließ, um die Frage nach dem Bemühen zu erforschen.

Ich ging die Frage des Bemühens durch den Schmerz meiner Anspannung an. Ich rannte nicht zu einem Lehrer, um eine schnelle Lösung für mein Problem präsentiert zu bekommen, sondern erforschte geduldig den Schmerz, ohne zu wissen, wohin mich das führen würde. Bemühung war für mich immer der Weg zum Erfolg gewesen. Ich besaß vielleicht nicht so viel Intelligenz oder so viele Fähigkeiten wie andere, aber ich konnte diesen Mangel gewöhnlich durch meine hartnäckige Entschlossenheit wettmachen. Als ich das Bemühen erforschte, entdeckte ich, dass ein großer Teil meiner Anspannung dem Bedürfnis nach Erfolg entsprang. Solange ich mit diesem Drang nicht fertig wurde, so wurde mir klar, würde der Impuls zur Selbstverbesserung immer hinter meinen spirituellen Bemühungen stehen. Als ich mein Verlangen nach Errungenschaften erforschte, kam der psychische Schmerz vermeintlicher Unwürdigkeit, der die treibende Kraft hinter meinen Bemühungen war, zutage. Andere Fragen tauchten auf, wie „Wohin bringt mich all dies Bemühen?" und „Wie werde ich wissen, dass ich dort angekommen bin?" Ich begriff anhand dieser Fragen, dass ich keine Ahnung hatte, worauf sich mein Bemühen richtete, und dass ich keine Landkarte meines Bestimmungsortes oder Informationen darüber besaß. Alles, was ich hatte, war das, was andere Menschen mir gesagt hatten, und das führte zu noch mehr Verwirrung und Streben. Das verstörendste Ergebnis, zu dem diese Befragung mich schließlich führte, war vielleicht die Einsicht, dass ich auf mich selbst gestellt war, und ich begriff, dass ich hoffnungslos verloren war.

Der Schmerz, mich verloren zu fühlen, trieb mich tiefer: „Wie könnte ich verloren sein, wenn ich doch hier bin?" – „Was habe ich versucht zu finden, wenn nicht ‚Hier bin ich'?" – „Wie kann ich gleichzeitig verloren und gefunden sein?" Dann gingen die Fragen langsam in eine andere Richtung: „Wer ist das Ich, das hier ist?" Jemand hatte die zwölf Glieder der Kette abhängigen Entstehens (*paticcasamuppâda*, skrt. pratîtya-samutpâda)[15] aufgeschrieben, die die essenziellen Lehren des Buddha über die Entstehung des Ich-Phänomens sind, und ich benutzte diese Kette, Glied für Glied, um den Ursprung meiner Ichempfindung zu erfahren. An einem bestimmten Punkt fiel sogar diese Unterweisung weg und das Entstehen und Vergehen des Ich, war alles, was blieb. Die Fragen waren im Nichts der Antwort ertrunken.

Diese Befragung war nicht philosophischer Art, weil ich von einer tiefen Sehnsucht getrieben war, die Wahrheit zu verwirklichen. Ich wollte nicht, dass mir jemand etwas sagte, mich etwas lehrte, mich zu etwas anleitete oder zu irgendetwas ermutigte. Ich hatte die Nase voll davon, andere Leute meine Praxis bestimmen zu lassen. Vor allem hatte ich genug von meinem Verstand und seinem vergeblichen Versuch, die aus meinem Herzen kommenden Fragen, das Einzige, was wirklich mir gehörte, wegzunehmen und sie durch bekannte Antworten zu ersetzen. Bevor ich nach Thailand gekommen war, hatte ich nicht meine eigenen Fragen gelebt, sondern stattdessen das praktiziert, was andere erkannt hatten.

Ich begann mich in das Mysterium des Nichtwissens zu verlieben. Zuvor war Nichtwissen ein Zustand gewesen, den es so schnell wie möglich zu überwinden galt, weil er verwirrend und desorientierend war und ich mich allzu entblößt fühlte, wenn ich die Antwort nicht kannte. Durch diese Fragen entdeckte ich, dass ich den Augenblick erkennen, ihn aber nicht leben wollte. Außerdem implizierte das Bedürfnis zu wissen einen inneren Kampf, denn es gab immer noch mehr zu wissen. Wenn ein Leben ohne Konflikt meine höchste Priorität war, dann musste ich, das wurde mir klar, sogar das Bedürfnis, den Augenblick zu erkennen, aufgeben. Indem ich immer weitere Fragen stellte, bemerkte ich mit der Zeit, dass ich es genoss, lieber die Fragen zu leben, als eine Antwort zu erhalten. Ich fühlte mich zutiefst lebendig in dem Staunen der Neugier, das vorhanden war, bevor die Antwort bekannt wurde.

Wir sammeln Information und schärfen unseren Verstand, um Dinge zu beweisen und zu unterscheiden, und daher ist es nicht leicht, das

Bedürfnis zu wissen aufzugeben, denn damit werden die Grenzen, die das Wissen vom Wissenden trennen, aufgehoben. Zu wissen bestätigt unseren Platz in der Welt und raubt dem Leben Interesse und Neugier. Während das Unbekannte eine lebendige Realität ist, wohnt das Bekannte in der abstrakten Welt der Gedanken.

Fragen zu stellen kommt vom Herzen und wird von dem Bedürfnis angetrieben, ohne Einschränkungen zu leben. Der Verstand versucht Sicherheit aufzubauen, indem er definiert, was jedes Ding ist; das Herz sieht alle Definition als Begrenzung an und macht sich durch das Fragenstellen von dieser Einengung frei. Wo immer das Herz Begrenzungen wahrnimmt, schlägt es zu und fragt: „Was geschieht hier?"

Fragen sind frei, über die Bereiche selbst verursachten Schmerzes hinauszugehen, und sie können durch schlichtes Interesse, eine Prise Neugier oder den Drang zu verstehen motiviert werden. Allen spirituellen Fragen gemeinsam ist der machtvolle Drang zur Entdeckung, die Bereitschaft, alles andere zugunsten des Staunens beiseitezulassen, und der Widerwille, sich mit einer Antwort aus zweiter Hand von unserem Verstand zufriedenzugeben. Das Fragenstellen ist unnachgiebig, aber nicht militant oder gewalttätig. Es wird in aller Unschuld, frei und staunend, überall hingehen und still in sich selbst ruhen.

Bevor der junge Prinz Siddhârtha zum Buddha wurde, verließ er sein schützendes Heim und sah einen alten Mann, eine Leiche, einen sterbenden Mann und einen Asketen. Was er sah, ließ im Herzen des jungen Mannes Fragen entstehen, die so dringlich waren, dass er die Sicherheit seines Palastes verließ und sich kopfüber in die Mysterien des Lebens stürzte. Die Fragen: „Was ist Krankheit, was ist Tod und wer stirbt?" führten ihn zum Erwachen.

Der Buddha verstand Erkundung als einen für das Erwachen wesentlichen Faktor, etwas, das für den Schritt von der waagerechten zur senkrechten Dimension grundlegend ist. Er schätzte die Erkundung so sehr, dass er sie die Vierte Grundlage der Achtsamkeit nannte,[16] die manchmal auch Kontemplation des Dharma genannt wird. Die Kontemplation des Dharma nimmt eine fragende Haltung gegenüber allen Dingen ein und beruht darauf, dass nichts gewiss ist.

Das Mittel der Erkundung soll dazu dienen, die Begrenzungen der Sichtweise, in der wir uns befinden, zu erforschen. Wenn jedoch die

Sprache, die wir bei der Erkundung benutzen, aus unserer herkömmlichen Sicht stammt, wird sie unsere Entdeckungen verfälschen. Wir können nicht zu neuen Höhen aufsteigen, wenn wir die gleiche Sprache benutzen wie im Basislager, denn damit würden wir die alte Sichtweise wieder bestätigen, selbst wenn wir nach dem Neuen streben.

Um uns die Subtilität einer weisen Fragestellung vor Augen zu führen, lassen Sie uns einen Augenblick zu der Analogie vom senkrechten Universum zurückkehren. In der horizontalen Dimension wird eine Frage völlig anders artikuliert als in der vertikalen Dimension. Die Horizontale fragt: „Wie überwinde ich meine Wut?" – „Wann werde ich erleuchtet sein?" – „Wie halte ich dies aufrecht?" – „Weshalb bin ich so ruhelos?" Fragen, die Vergleiche, Bewertungen, Entfernung und Zeit implizieren, lassen sich nur stellen, wenn man die Wahrheit von Getrenntheit zugrunde legt, und nicht aus der Sicht der Verknüpftheit. Damit wird deutlich, dass die von uns für die Erforschung und das Fragenstellen verwendete Sprache problematisch sein kann, wenn sie uns auf eine bestimmte Beziehung zu dem Problem und der Lösung festlegt.

Fragen, bei denen es um das Wie, Wann, und Warum geht, sind sehr knifflig. Sie suggerieren Aufrichtigkeit, basieren aber tatsächlich auf der waagerechten Annahme eines Menschen, der ein reales Problem besitzt, das einer Lösung bedarf. Diese sind Fragen aus unweiser Sicht. Fragen jedoch, die mit „Wer" oder „Was" beginnen, lassen sich so formulieren, dass sie uns nicht von der schlichten Beobachtung dessen, was eigentlich geschieht, fortlocken.

Wir können auch damit beginnen, dass wir die Grundannahmen unserer spirituellen Praxis untersuchen. Sind wir bereit, die Voraussetzungen, auf denen unsere Praxis beruht, infrage zu stellen? Wenn Sie es sind, dann stellen Sie diese Fragen freundlich: Anstatt anzunehmen, das „Ich" sei real, fragen Sie: „Wer bin ich?" Anstatt von einer Gewissheit auszugehen, fragen Sie: „Was ist das?" Anstatt die Geschichte vom Ich zu glauben, fragen Sie: „Ist das wahr?" Achten Sie auf den Ton oder die Haltung der Frage. Gibt es irgendeinen Druck, Frustration oder Zweifel? Wenn das, was hinter der Frage steht, sich auf eine Annahme über das Ich gründet, wird die Frage keine authentische Einsicht schenken. Fragen Sie einfach und schauen Sie – und fügen Sie der Frage oder dem, was beobachtet wird, nichts hinzu oder nehmen etwas fort.

Andere Formen der Fragestellung können die Neugier auf sich selbst zurückwenden, indem man fragt: „Wer stellt diese Frage?" Das merzt jegliche Form der Identifizierung mit dem Fragenden aus und deckt jede noch verbleibende Identifizierung der Ichempfindung mit dem durch die Frage hervorgebrachten Staunen auf. Sie können auch, wie ein Lehrer empfiehlt, fragen: „Was sieht durch meine Augen?" Sie fragen nicht nach dem, was gesehen wird, sondern nach dem, was sieht. Diese Frage lenkt das Bewusstsein weg von jeglicher Form, die das Bewusstsein annimmt.

Noch ein weiterer Schritt wird mit der Frage „Wer bin ich?" getan. Wenn das Bewusstsein diese Frage erkundet, kann es zu keiner Antwort kommen und bleibt entweder ohne Antwort oder hat das Gefühl des Nichtwissens. Das „Nichts", das das Bewusstsein bei dieser Form der Frage entdeckt, ist für den Geist zumeist nicht überwältigend, höchstens verwirrend, aber nicht unbedingt Angst einflößend. Dieses „Nichts" lässt sich tief im Körper als reines Gewahrsein spüren. Es ist sehr hilfreich, dieses Nichts zu verkörpern und zu spüren, wie unterschiedlich sich „jemand sein" und „niemand sein" anfühlt. Eine weitere Frage kann auftauchen: „Was ist grundlegender wahr, der Jemand, der eine begrenzte Lebensspanne hat, oder der Niemand, der nicht sterben kann?"

In den Hindu-Upanischaden heißt es: „Wisse, nicht das, was das Auge sieht, sondern das, wodurch es sieht, ist Brahman, das Ewige, und nicht das, was die Menschen hier anbeten. Nicht das, was das Ohr hört, sondern das, wodurch es hört ... Nicht das, was bekannt ist, sondern das, wodurch etwas erkannt wird, nicht das, was der Geist denkt, sondern das, wodurch der Geist denkt."

Die vertikale Frage

Das vertikale Universum liegt ungeformt in der Stille. Eine Frage stellt ein Tor in die vertikale Dimension dar, denn die Natur einer Frage ist nicht festgelegt und weit offen und daher ungeformt. Sie zerschmettert unser Weltbild und ist die Essenz von Buddhas Hinweis: „Halte an nichts fest." Der Fragezustand ist eine Rückkehr zur Unschuld, weil alles, was bekannt ist, vollkommen außer Kraft gesetzt ist.

Es gibt für die Ichempfindung keine Möglichkeit, diese Stille zu erlangen. Stille ist das, was bleibt, wenn wir aufgehört haben, sie zu suchen, und daher gibt es keine Strategie, die wir anwenden können, um dieses Anhalten zu erreichen; es gibt lediglich das Anhalten. Das Anhalten von allem ist seine eigene Erfüllung. Ruhelosigkeit, Wollen, Fürchten, sie alle finden im Anhalten Erfüllung. In der senkrechten Dimension werden diese Geisteszustände im Jetzt vollendet, weil sie ihre unbewusste Bezugnahme auf die persönliche Geschichte verloren haben und nicht mehr an Ablehnung oder Wollen gekoppelt sind.

Im horizontalen Universum werden diese Geisteszustände erst erfüllt, wenn wir das bekommen haben, was wir wollen. Befriedigung tritt erst dann ein, wenn die Geisteszustände ihre Mission erfüllt haben, also nachdem wir gefunden haben, was wir uns wünschten, was diesen emotionalen Hunger ausgelöst hat. Wenn es in der Horizontalen überhaupt zu einem Anhalten kommt, dann nur zeitweilig und abhängig davon, ob wir die Objekte, die uns ein Gefühl der Befriedigung verschaffen, gefunden haben. Jetzt beginnen wir zu erkennen, dass die horizontale Sprache ein bedingtes und unvollständiges Anhalten bewirkt und deshalb letztlich unbefriedigend bleibt. Wir sehen, dass horizontale Sehnsüchte unerfüllbar sind und die Sprache fehlgeleiteter Unwahrheiten sprechen. Wir misstrauen sogar unseren Wünschen und ihrer Erfüllung. Wir fühlen uns in die Enge getrieben und verloren, ohne einen Ort zu haben, wohin wir gehen könnten, weil es keinen Sinn macht, die Sprache eines nicht überzeugenden Denkens wieder aufzunehmen. Anhalten ist das, was geschieht, wenn wir nirgendwohin mehr gehen können und keinen Gedanken mehr haben, dem wir uns zuwenden können.

Wenn der Geist sich auf der waagerechten Ebene bewegt, bereitet er den Boden für die unnötige Verlängerung unseres Leidens. In der horizontalen Dimension glauben wir, müßige Zeit sei vergeudete Zeit, und wenn wir nicht darum kämpften, unsere Wünsche zu befriedigen, würde es mit uns abwärtsgehen. Die Absicht des Geistes ist es, irgendwohin zu gehen, aber nicht hier innezuhalten. Die Entfernung vom Hier nährt die Hoffnung, die unsere Energie und unser Interesse anstachelt und uns dem Morgen, in dem unsere Wünsche befriedigt werden, entgegenstreben lässt. Der Geist gesteht sich keine Ruhepause zu, denn zu ruhen würde bedeuten, dass ihm die Antworten ausgegangen sind und er keine Lösung für seine Unzufriedenheit finden kann. Er wäre dann hilflos angesichts des von ihm selbst erzeugten Problems.

Meine Frau Ellen bittet mich gelegentlich um Hilfe, wenn sie sich in einer schwierigen Lage befindet. Gewöhnlich höre ich ihr zu und schlage dann eine Lösung vor, aber meine schnelle Antwort befriedigt Ellen zumeist nicht, weil sie eigentlich wollte, dass ich ihr bei dem Problem zur Seite stehe und nicht, dass ich es löse. In meinen weltlicheren Augenblicken kann mein Geist ein Problem als Belastung ansehen, etwas, das man hinter sich bringen muss; ihr Geist sieht ein Problem als eine Gelegenheit, miteinander in Verbindung zu treten und zusammenzuarbeiten. Sie benutzt ein Problem, um uns in die Vertikale zu bringen, und ich benutze es, um das horizontale Chaos zu beseitigen. Beide Arten der Reaktion haben ihre Zeit und ihren Ort, doch wir müssen uns dessen bewusst sein, auf welcher Achse wir agieren, damit wir flexibel zwischen den Möglichkeiten hin und her gehen können.

Was wissen wir über das Problem, das wir zu lösen versuchen? Oft versuchen wir ein Problem zu lösen, bevor wir es überhaupt verstanden haben. Wir wollen das Problem hinter uns lassen, aber nicht in es hineingehen. Wir können in das Problem eindringen, indem wir fragen: „Was geschieht hier?" Dann erfahren wir die Dynamik des Problems selbst, den Widerstand, der es erzeugt, und die Abneigung, die es aufrechterhält. So gehen wir von der waagerechten Annahme, das Problem sei real und benötige eine Lösung, über zu der senkrechten Wahrheit seiner Transparenz. Wir hören auf, von dem Problem wegzugehen, und sehen es uns an. An die Stelle von Konformität und Gewohnheit tritt Kreativität.

Die senkrechte Frage ist eine Frage, die einem Kampf mit der Möglichkeit des Innehaltens begegnet. Im Laufe einer spirituellen Schulung werden die meisten von uns von Konzepten inspiriert, die auf eine andere Lebensweise hinweisen, Wörtern wie „Liebe", „Zufriedenheit", „Authentizität", „Freude", „Frieden" und „Geduld". Diese Wörter inspirieren uns deshalb, weil sie innegehalten haben und Eigenschaften des vertikalen Universums sind. Auch wenn das waagerechte Universum uns durch Glücksersatz zu bestricken sucht, ist der Zustand vollkommener Ruhe doch das, was unser Herz lockt.

Um unseren Einstieg in die senkrechte Frage des Herzens zu finden, müssen wir nur unsere spirituelle Neigung kennen. Welches Wort oder welcher Satz ruft unser Herz aus seinem Versteck hervor? Welches Wort gibt uns die Zufriedenheit der Ruhe? Im Allgemeinen hat jedes Individuum sein eigenes Wort; es kann ihm also nicht von jemand anderem vorgegeben werden.

In meinen ersten Jahren der Praxis war ich zutiefst an dem Wort „Zufriedenheit" interessiert, da es die Frage enthielt: „Wo ist in diesem Augenblick Zufriedenheit?" Wenn ich nach innen blickte, war da nicht viel innere Ruhe und Wohlbehagen zu entdecken. Tatsächlich war das Gegenteil der Fall; ich schien geradezu den Mangel an Zufriedenheit zu personifizieren. Doch das Wort "Zufriedenheit" motivierte mich anfänglich dazu, nach einer Alternative zu dem Wahnsinn, den ich erfuhr, zu forschen.

Wo war diese Zufriedenheit, die so viele Dharma-Vorträge und Lehren versprachen? Wohin ich auch blickte, schien das Wort sein Gegenteil zu offenbaren. Gelegentlich verspürte ich eine tiefe innere Ruhe, doch das war eher die Ausnahme als die Regel. Es dämmerte mir, dass das Wort vielleicht gar nicht auf einen Geisteszustand hinweist, weil alle Geisteszustände unzuverlässig und in ständigem Wandel begriffen sind. Vielleicht war die Zufriedenheit, die ich suchte, in dem zu finden, was den Zustand der Unzufriedenheit trug. Die Bewusstheit, die alles enthielt, was im Geist auftauchte, schien an sich kein Geisteszustand zu sein. Die Dinge wandelten sich in ihr, aber sie selbst wandelte sich nicht. Je mehr ein Verweilen in Bewusstheit möglich wurde, desto mehr erkannte ich die wahre Zufriedenheit.

Die senkrechte Frage umgibt die wechselnden Geisteszustände mit tiefer Stille. Die Frage umgibt alles, was sich in Bewegung befindet, mit Stille und formt die Bewegung durch das Anhalten. Die Ichempfindung hat die Wahl, entweder mit der Bewegung oder mit dem Anhalten zu gehen. Wenn wir eine weise Frage gewählt haben, die sich mit unserem wahren Verlangen nach absoluter Zufriedenheit im Einklang befindet, dann wird uns die Frage in Stille versetzen.

Inmitten von Anspannung können wir uns fragen: „Wo ist in diesem Augenblick Leichtigkeit?" Inmitten von Verzweiflung: „Wo ist hier und jetzt die Freude?" In Phasen von Stress: „Wo ist das Innehalten?" Und in den Agonien eines Streites: „Wo ist Liebe?" Jede Frage wird aus der Ausrichtung des Herzens gestellt, das die Begrenzung und die Schmerzen erkennt, die unserer Reaktivität innewohnen.

Dies sind keine Fragen, die kontempliert werden wollen; es sind Fragen, die uns unsere Ausrichtung leben lassen. Diese Fragen in eine Betrachtung oder eine Reflexion zu ziehen hieße, sie wieder zurück in das horizontale Universum zu schicken, und das würde uns zwingen, sie in der Zukunft zu lösen, was wiederum die Ichempfindung verstärken würde. Die Wörter lassen uns in ein offenes Staunen fallen, das unserem Wesen innewohnt. Wir identifizieren uns nicht mehr mit dem kleinlichen Gezänk, welches die Wörter in Schach hält, und sobald wir einmal in das Staunen eingetaucht sind, fallen die Wörter von allein weg.

Wir müssen jeden Aspekt unseres Lebens unablässig infrage stellen, weil uns das Leben ständig mit Mustern der Konformität und mit sozialem Druck umgibt. Das Leben als eine offene Frage zu nutzen, bricht jene biederen Muster und unbewussten Reaktionen. Dies reinigt unsere Ausrichtung, und letztlich ist es unsere Ausrichtung, die zum Erwachen führt.

6

Ichlose Absicht

Hör mal, atmest du nur ein bisschen und nennst das Leben?

– MARY OLIVER

ES GIBT EIN WICHTIGES, häufig übersehenes Element bei der Selbsttransformation, das hinter den Kulissen für den ganzen spirituellen Weg die Fäden zieht, und das ist die Aufrichtigkeit des Praktizierenden. Man kann jeden Augenblick vom Weg der Selbsterkenntnis hin zur Selbsttäuschung abkommen, und es ist eine Frage der Aufrichtigkeit, ob man auf Abwege gerät oder auf Kurs bleibt. Das Kennzeichen der Aufrichtigkeit ist die Liebe zur Wahrheit.

Der Dharma kann zu einer Masche werden, wenn er allzu leicht erhältlich ist, und vielleicht ist er im Westen zu leicht verfügbar. Einer meiner Freunde wollte nicht zu einer Meditationsklausur mitkommen, weil er nicht mit jemandem ein Zimmer teilen wollte. Die Zeiten, als jemand, der zur Meditation zugelassen werden wollte, noch tagelang draußen im Schnee vor einem Zen-Kloster stehen musste, bevor er die Zustimmung des *Meisters* erhielt, gehören zum größten Teil der Vergangenheit an. Ein solches Verhalten, wie extrem es auch sein mochte, bewies die Aufrichtigkeit. Ein Mangel an Aufrichtigkeit entstammt einer schwachen Intention. Wir möchten zur Wahrheit gelangen, aber

zu unseren Bedingungen und möglichst ohne Entbehrungen. Widerstreitende Interessen schwächen nicht nur unsere Entschlossenheit,
sondern zeigen auch ein Bewusstsein an, das zwischen Sichgehenlassen
und einer authentischen Sehnsucht nach Freiheit gespalten ist.

Je maßloser wir in unseren Sinnesfreuden sind, desto stumpfer werden wir und desto mehr wird unser Leben auf uns selbst ausgerichtet
und nicht mehr auf Selbstentdeckung. Uns gefällt die Vorstellung des
Erwachens, aber wir lieben die Erfahrung, uns gehen zu lassen. Aufrichtigkeit erweist sich durch die Umkehrung dieses Satzes. Die meisten
unserer Bemühungen gelten dem weltlichen Glück, aber je mehr wir
versuchen, dieses schwer fassbare Ziel zu erreichen, desto mehr scheint
es zurückzuweichen. Nach den Schmerzen zahlloser Pendelschwünge
zwischen Glücklichsein und Enttäuschung sind viele von uns gezwungen, sich zu fragen: „Habe ich genug davon?" Dies könnte die erste aufrichtige Dharma-Frage in Ihrem Leben sein.

Die Frage, ob man genug gelitten habe, lässt sich auf unterschiedliche Weisen formulieren. „Was ist in diesem Leben wichtig?" ist die
gleiche aufrichtige Frage aus einem anderen Blickwinkel. Der Dharma
beginnt mit einer gründlichen und ehrlichen Einschätzung, bei der wir
aufgerufen sind, mit Ehrlichkeit voranzugehen und die Gründe und die
Motivation für das, was wir tun, zu bekennen. Es ist ernüchternd, eine
Bestandsaufnahme zu machen und zu erkennen, was unser Handeln in
Körper, Rede und Geist beherrscht und wie egoistisch und oberfläch-
lich viele von uns leben.

Der Dharma verlangt vollkommene Hingabe von uns. Wir bieten
lieber unser Engagement an, denn das erfordert nicht unsere volle Teilhabe und unsere ganze Bewusstheit. Engagement manifestiert sich
körperlich, während Hingabe sich im mentalen Bereich zeigt. Solange
wir körperlich anwesend sind, ist dem Engagement Genüge getan, aber
Hingabe ist etwas vollkommen anderes und fordert sowohl körperliches
Engagement als auch mentale Präsenz. Wenn zum Beispiel ein Ehepaar
bis zu seinem Tode zusammenbleibt, ist ihr Engagement für die Ehe
vollzogen, aber innerhalb dieser Ehe präsent zu sein ist etwas, wovor
viele Menschen zurückschrecken.

Es heißt, dass der Buddha sich vor seinem Erwachen hinsetzte und
seine Absicht festigte, nicht wieder aufzustehen, bevor er nicht voll-

kommene Verwirklichung erlangt habe. In diesem Augenblick richtete die Macht seiner Hingabe seinen Geist, sein Herz und seinen Körper gemeinsam aus und es gab kein Wegsehen oder Abschweifen mehr von diesem Augenblick. Ich glaube, diese entschlossene Absicht war seine Erleuchtung. Er kam ins „Hier und Jetzt", um zu bleiben. Was wir in der Dharma-Praxis aufgeben, ist Halbherzigkeit, denn solch eine unentschlossene Präsenz ist eine unvollständige Annahme des Augenblicks.

Nur teilweise im Augenblick präsent zu sein beruht auf widerstreitenden Absichten. Wir investieren einen Teil unseres Bewusstseins in das Denken und einen Teil in das Hier und Jetzt. Nichts ist frustrierender, als wenn uns jemand nur partiell zuhört, seine Augen zwar auf uns gerichtet sind, aber sein Geist in seine eigenen Gedanken verloren ist. Solange wir nicht mit vollkommener Hingabe am selben Ort und in derselben Zeit sind wie unser Körper, solange ist unser Leben unvollständig und unbestimmt. Um diese Hingabe aufbringen zu können, müssen wir begriffen haben, dass wir nirgendwo anders gebraucht werden als im Jetzt und dass der einzige Zweck für unser Dasein das Hier ist. Eine solche Hingabe ermöglicht es uns, aus uns selbst zu erwachen – zum Ganzen.

Meine Frau Ellen und ich verbrachten unseren ersten Urlaub nach vielen Jahren auf der Yucatán-Halbinsel in Mexiko. Ich wollte mir endlich den lang gehegten Wunsch erfüllen, mit Delfinen zu schwimmen, falls sich die Gelegenheit böte, und nach mehreren Tagen des Schwimmens und Schnorchelns sah ich ein Flugblatt, das für diese Gelegenheit warb. Wir kamen an dem angegebenen Ort an und ich sah sofort, dass hier wohl kaum mein Wunsch befriedigt werden würde, eine echte Verbindung mit einem Delfin herzustellen. Die Delfine waren nämlich dazu abgerichtet, Kunststückchen für die Touristen zu machen, wie etwa die Leute durch das Wasser zu wirbeln, indem sie sie an den Füßen schubsten. Meine Absicht, mich mit ihnen zu verbinden, blieb unverrückbar bestehen, aber ich musste einen anderen Weg zur Kontaktaufnahme finden, da mir die angebotene Möglichkeit den Delfinen gegenüber nicht respektvoll zu sein schien.

Das Becken, in dem die Delfine schwammen, war mehrere Tausend Quadratmeter groß mit einer patrouillierenden Wache, die mich einige Male zurückstieß, als ich versuchte, mich dem Rand des Beckens zu nähern. Alle Delfine bis auf einen hatten sich in der Mitte des Beckens gesammelt und begannen dort nach einem Tag voller Aktivitäten zu schlafen und zu ruhen. Schließlich befand sich die Wache auf der anderen Seite des Beckens, als ein kleines Delfinweibchen mich auf der Seite liegend und mit einem Auge über der Wasseroberfläche ansah. Ich kletterte schnell über die Mauer, die die Besucher vom Becken trennte, und lief hinüber zum Rand des Beckens. Mich immer noch mit ihrem kleinen Auge beobachtend, kam sie an den Rand geschwommen und wartete darauf, dass ich mich hinunterbeugte, um ihr zu begegnen. Ich tat es und der Kontakt war vollkommen. Inzwischen hatte die Wache auf der gegenüberliegenden Seite des Beckens bemerkt, was los war, und rannte zu mir herüber. Während meine Frau und ich eilends die Anlage verließen und zu unserem Auto gingen, sagte ein anderer Tourist, der die ganze Szene beobachtet hatte, zu uns: „Das ist das Coolste, was ich je gesehen habe!" Ich stimmte ihm zu.

Später wurde mir klar, dass das Leben auf meine Hingabe und einspitzige Absicht, mit einem Delfin in Kontakt zu kommen, reagiert hatte. In mir war ein tiefes Gefühl, das sich nicht beiseitewischen ließ, und ich hielt meine Absicht aufrecht, bis die Umstände zu einer Lösung führten. Schließlich hatte Christus bereits gesagt: „Klopfet an, und es wird euch aufgetan." Er spricht dabei von der Absicht hinter dem Anklopfen, und nicht nur von dem physischen Akt des Klopfens. Widerstreitende Absichten werden die Tür niemals öffnen und auch keinen Delfin zu einer Begegnung veranlassen.

Unsere Absicht zieht das Leben an und hat die wunderbare Wirkung, den Kreis zu vollenden. Es ist wie in Michelangelos Gemälde an der Decke der Sixtinischen Kapelle von der Berührung des Fingers Gottes mit dem Finger des Menschen. Wenn wir beim Ausstrecken der Hand aufrichtig sind, antwortet das Leben freundlich, und es gibt eine Begegnung und eine Vollendung der Beziehung.

Absicht und nicht etwa unser individuelles Bemühen ist die Energie, die uns zum spirituellen Erwachen treibt. Absicht entsteht nicht durch Wunscherfüllung und gründet sich nicht auf den bloßen Wunsch nach Veränderung. Absicht entsteht, wenn wir durch Einsicht die absolute Notwendigkeit eines Wandels erkennen. Wenn wir erkennen, dass wir das Leben falsch wahrgenommen haben, steigt die Absicht auf, im Einklang mit der Wahrheit dessen, was wir erkennen, zu leben. Absicht ist der aktive Ausdruck eines Herzens, das aufrichtig nach Erfüllung verlangt.

Wir behaupten manchmal, dass wir uns selbst aus den Gedanken erweckt haben, aber mit ein wenig mehr Aufmerksamkeit erkennen wir, dass wir diese Errungenschaft erst dann für uns beanspruchen, wenn wir bemerken, dass wir bereits erwacht sind. Was uns aus der Trance des Denkens aufgeweckt hat, war unsere Absicht. Absicht bleibt in der geheimen Kammer des Herzens verborgen und treibt uns, oft gegen unseren Willen, voran. Sie bringt die Kämpfe und Konflikte des Lebens zum Vorschein, damit sie verdaut und aufgelöst werden können, und hält uns mit unseren tiefsten Sehnsüchten auf dem richtigen Kurs.

Spirituelle Erfüllung lässt sich als vollkommenes Verweilen im Hier und Jetzt definieren. Aus dieser Definition erklärt sich, weshalb viele von uns in ihrer Ausrichtung auf spirituelle Vollendung so zögerlich und unentschlossen bleiben. Wir finden es schwer, in diesem Augenblick da zu sein, wenn wir noch über den vorherigen nachgrübeln. Nur wenige Aktivitäten sind so gründlich zum Abschluss gebracht, dass sie für unseren Geist ein Ende haben, und gewöhnlich hinterlassen wir, wo wir auch gehen, einen mentalen Pfad. Dieses Gefühl der Unvollständigkeit hinterlässt eine leichte Paranoia, während wir die Vergangenheit noch einmal abspulen und im Geiste unsere Schritte nochmals durchgehen. Da viele von uns mit der Einstellung leben, sie seien persönlich minderwertig, stellen wir die Frage, ob wir in dem, was wir getan haben, gut genug oder sorgfältig genug waren. Selbstzweifel binden uns an ein Ideal, dem wir nur selten gerecht werden, und können ein untergründiges Schamgefühl hinterlassen.

Ein anderer Grund, weshalb unsere Absicht oft nur partiell ist, besteht darin, dass wir glauben, die spirituelle Reise sei buchstäblich eine Reise weg vom Hier und Jetzt. Wir lenken unseren Blick von der Realität weg auf unser Ziel der Erleuchtung, Zufriedenheit und Gelassenheit und kalkulieren ständig unseren Fortschritt. Wir berechnen unsere Entwicklung, als wüssten wir genau, wohin wir gehen, und wir vergleichen die Qualität des gegenwärtigen Augenblicks mit unserem vorgestellten Planziel. Die Zufriedenheit oder Liebe, die wir empfinden, entspricht nie dem vorgestellten Paradies und so stellt sich allmählich ein stetig wachsendes Gefühl von Müdigkeit und Lethargie ein.

111

Dieser angehäufte Schmerz gescheiterter Erwartungen beginnt seinen Tribut zu fordern, und da das Hier und Jetzt diesen Schmerz trägt, meiden wir das Hier und Jetzt. Wir versuchen dadurch zu kompensieren, dass wir geschäftig bleiben oder die Intensität der Ablenkungen und Dramen in unserem Leben steigern. Anstatt uns dem Schmerz direkt zu stellen, bleiben wir ihm in Aktivitäten vertieft fern, wie eine Comic-Figur, die ein Stück vor ihrem Körper herrennt.

Ein weiterer Grund für unseren Mangel an hingebungsvoller Absicht – und dies stellt die schwierigste Herausforderung dar – ist die Natur der Stille selbst. Wenn wir in der Bewegung innehalten, entsteht Stille und Stille enthält nichts von „mir" in sich. Sie verschluckt uns in einem Augenblick. Der Zweck eines Großteils unseres Denkens bestand darin, dieses Stille von uns fernzuhalten, indem wir eine Schicht des Lärms zwischen uns und dieses Meer der Stille geschoben haben. All unser Werden ist ein Versuch, dieses absolute Loch von Nichts mit etwas, irgendetwas, zu füllen, was diese Stille stört. Stille überwältigt alles, was der Ichempfindung lieb und teuer ist, und insofern ist in Stille zu verweilen für die meisten von uns zu viel verlangt.

An diesem Punkt gehen wir einen Handel mit Mâra, der traditionellen buddhistischen Verkörperung der dunklen Bereiche unseres Geistes, ein. Mâra ist damit einverstanden, die Welt in zwei Teile aufzuspalten, ein Innen und ein Außen, indem er die Stille mit Gedanken blockiert, sodass wir etwas zum Widerstehen und zum Festhalten haben. Unseren Weg durch das Leben zu denken wird uns ermöglichen, unsere Vorstellung von einem bedeutungsvollen und glücklichen Dasein zu erfüllen. Für eine Weile sind alle zufrieden; wir können uns durch die von unserer Vorstellungskraft ersonnenen zehntausend Vergnügungen und Leiden unterhalten und Mâra, unsere unbewusste Intention, wird zum Meister des Doppelspiels.

Letztlich ist Widerstand in jeglicher Form schmerzhaft und Konflikt mit der Stille nicht weniger. Der Schmerz des Kämpfens ist das, was uns aufweckt, aber nur dann, wenn wir aufrichtig genug sind anzuerkennen, wie das Leiden erzeugt wird. Wir müssen radikal die Verantwortung dafür übernehmen, dass wir uns aktiv der Stille widersetzen, weil wir solche Angst vor ihren Auswirkungen haben. Eine solche Aufrichtigkeit führt die große Kehrtwende herbei, und nun beginnen wir nach Lücken in unserem Vertrag mit Mâra Ausschau zu halten. Als Weg zurück zu unserer ursprünglichen Natur benutzen wir das einzige uns zur Verfügung stehende Mittel: unsere Bereitschaft, uns erneut auf die Stille einzulassen.

Die Rückkehr zur Stille hat ihre eigenen Schwierigkeiten, weil die Reise uns durch alle oben aufgeführten Gründe für die anfängliche Vermeidung führt. Dies ist die notwendige harte Arbeit, und auch hier ist Aufrichtigkeit unsere einzige Ressource. Wir arbeiten mit all den schmerzhaften Kontraktionen, die durch die Stille offenbart werden, bis sie aufgelöst sind. Damit es zu dieser Auflösung kommen kann, müssen wir all unseren Lärm, einschließlich unserer Geschichte und der damit einhergehenden Dramen, innerhalb der Stille des Bewusstseins ständig neu untersuchen.

Wir fügen dem, was auftaucht, keine weiteren Gedankenstörungen hinzu, indem wir uns daran erinnern, dass der Gedankenlärm nur den einen Zweck hat, die Stille zu zerstören, um uns von ihr fernzuhalten. Da der Lärm im Gegensatz zur Stille steht, müssen wir dem Lärm mit Stille begegnen, bis wir nicht mehr das Bedürfnis haben, unseren Weg aus den Schwierigkeiten herauszudenken. Alles, was wir hinzufügen, tun oder sagen, um uns gegen die Stille zu wehren, ist mehr Lärm. Wir hören auf, die Stille abzuklopfen, ob sie sicher ist; wir geben unser Bedürfnis nach Sicherheit einfach auf. Ein hilfreicher Anhaltspunkt ist, sich von Zeit zu Zeit zu sagen: „Füge diesem Augenblick nichts hinzu." Mit dieser Erinnerung kehrt die Stille in den Vordergrund zurück.

Primäre und sekundäre Absicht

Aufrichtigkeit ist ein Ausdruck des Herzens und sie veranlasst unsere Absicht, vollkommen und völlig innerhalb der Präsenz zu sein. Präsenz ist Stille an sich, und das Herz sehnt sich danach, dass wir aus dem Lärm unseres denkenden Geistes in die Ruhe gehen. Weise Absicht trägt die Sicht und bringt die nötige Energie auf, damit wir aus der Trance der Gedanken erwachen. Unser bewusstes Verstehen der Ursprünge des Leidens stößt die Absicht an. Der Buddha sagt: „Heilsame Absicht führt zu größerer Zufriedenheit und unheilsame Absicht führt zu größerer Unzufriedenheit." Je mehr wir uns in die Weise Sicht fallen lassen, desto deutlicher sehen wir die Verknüpftheit des Lebens und desto größer ist unsere Intention, diese Einheit zu verwirklichen.

Jedem von uns wohnt der natürliche Drang des Herzens zur Stille inne. Dieser Drang wird als Sehnsucht, als Verlangen oder als Richtigkeit erfahren. Er wird manchmal als eine Art Heimweh beschrieben und ist die zentrale Kraft, die alle aufrichtigen spirituellen Praktiken motiviert. Wenn wir zum ersten Mal den Dharma hören, haben wir oft ein Gefühl des Wohlseins und der völligen Richtigkeit dessen, was wir gehört haben. Der Drang beginnt dann auf alles, was wir tun, einen außerordentlichen Einfluss zu nehmen, indem er uns vorwärtsstößt, einer Erfüllung entgegen, die unbestimmt bleibt.

Ich nahm an einem Abend des Chanting bei einem bekannten spirituellen Lehrer teil und beobachtete die Gesichter der Singenden, während sie zu Gott sangen. Eine tiefe Sehnsucht stieg wie eine Welle in den meisten der Singenden auf, aber ich sah auch, dass viele der Sänger nicht wussten, was sie mit der Sehnsucht, die in ihnen aufstieg, anfangen sollten. Sie wussten nur weiterzusingen und die Sehnsucht noch mehr anzustacheln. Sobald der Abend zu Ende war, schienen die Leute durch die Energie des Singens euphorisiert zu sein, aber nur wenige wussten, wie man durch diese Energie zu größerer Stille gelangen könne.

Es ist förderlich, wenn wir unsere spirituelle Absicht verbal äußern: Beabsichtigen wir, *eine erwachende Person zu sein oder aus dem Personsein zu erwachen?* In einem folgenden Kapitel werden wir sehen, wie der Geist versucht, das Herz in vielfältiger Weise zu imitieren. Die größte Nachahmung ist seine Verfälschung der Sehnsucht des Herzens zu einer Beschäftigung mit dem Ich. So wie Wasser Lichtstrahlen bricht, wenn sie die Oberfläche durchdringen, so lenkt auch der Geist die Sehnsucht des Herzens nach Erfüllung in ein Verlangen nach Gewinn um. Unweise Sicht ergreift die Gelegenheit, indem sie dem Verlangen folgt und im Außen nach Erfüllung sucht. Wir machen uns auf die Suche nach Lehrern, Klausuren, Pilgerfahrten, wir führen Zeremonien durch, nehmen Entbehrungen auf uns, singen, meditieren, verbiegen unseren Körper in Yoga-Positionen – und all das im Namen der Befriedigung einer Sehnsucht, die lediglich unserer Aufmerksamkeit bedarf.

Wenn diese Sehnsucht richtig verstanden wird, muss sie uns nicht auf der Suche nach einer Antwort nach außen führen. Es ist eine Sehnsucht, sich tiefer mit dem zu verbinden, was bereits in uns vorhanden ist, und nicht nach etwas Fehlendem, das man finden muss. Unsere primäre Absicht besteht darin, jegliche äußere Suche vollkommen aufzulösen und die uns innewohnende Ganzheit des Seins zu erkennen. Um dieser primären Absicht gerecht zu werden, lassen Sie Ihre Aufmerksamkeit einfach bei diesem Sehnen verweilen, statt bei dem, was das Sehnen als Mangel anzuzeigen scheint. Wenn wir eher bei der Erfahrung an sich bleiben als bei dem, worauf die Erfahrung hinweist, machen wir der Annahme, dass mit uns etwas nicht stimme, das in Ordnung gebracht werden müsse, ein Ende.

Wie wir gesehen haben, operieren diese beiden Absichten von verschiedenen Sichtweisen und Zielsetzungen aus – die primäre Intention vom Drang des Herzens aus und die sekundäre oder weltliche Absicht vom Verlangen des Geistes aus. Die sekundäre leitet sich von der primären Absicht ab. Wenn sie von der primären Absicht abgeschnitten sind, wirken die sekundären Absichten unserer alltäglichen Aktivitäten unseren tiefsten Sehnsüchten entgegen, indem sie versuchen, die unersättlichen Begierden des Geistes zu befriedigen. Ob wir uns der Freiheit annähern, wird davon abhängen, welche dieser Absichten uns fasziniert und letztlich unsere Aktivitäten von Körper, Rede und Geist antreibt.

George, einer meiner Freunde, sollte zwei Freunde auf einem Flughafen in Kanada abholen. Georges lebt in Seattle, mehrere Stunden von dem Flughafen entfernt. Am Flughafen angekommen, wartete er den ganzen Tag auf seine Freunde und wurde immer wieder über Stornierungen und Verspätungen von Flügen informiert. George verbrachte den Tag entspannt und ungezwungen, indem er meditierte und allgemein präsent blieb. Am Abend beschloss er, in der Wohnung seiner Freunde anzurufen, und zu seiner großen Überraschung kam einer von ihnen ans Telefon. Sie waren einen Tag früher zurückgekommen und hatten es versäumt, ihn von ihrer Ankunft zu unterrichten. George fuhr zufrieden darüber, in vollem Engagement des Herzens einen interessanten Tag am Flughafen verbracht zu haben, nach Seattle zurück.

George war in der Lage, seine Absichten vom Sekundären zum Primären zu verlagern. Hätte er in dem zur sekundären Absicht gehörenden Wunsch, seine Freunde abzuholen und so schnell wie möglich wieder nach Hause zurückzukehren, am Flughafen gewartet, dann hätte er sich mit jeder verstreichenden Stunde schlechter gefühlt. Indem er jedoch seinen eigenen Stundenplan beiseiteließ und gelassen in der Realität verweilte, die ihm geboten wurde, verbrachte er einen entspannten Tag.

Die primäre, auf Vollendung und das Ende der Suche gerichtete Absicht erwartet von uns, dass wir das Bedürfnis, unseren Wünschen zu folgen, loslassen. Weil die Wünsche eine Verzerrung der primären Absicht darstellen, können wir uns nicht auf die primäre Absicht hin orientieren, solange wir von der sekundären Absicht des Wollens motiviert werden. Wir weigern uns, die tiefere Absicht zum Vorschein kommen zu lassen, weil wir in der horizontalen Sichtweise, die besagt, dass nur die Befriedigung unserer Wünsche uns mit Zufriedenheit erfüllen wird, gefangen sind. Doch wir können die Verknüpftheit niemals durch den isolierenden Einfluss unserer Forderungen erkennen. Ein Wechsel zu Weiser Sicht bedeutet, unser Verlangen fallen zu lassen und sich mit dem zu verbinden, was die Realität gerade bietet.

Die primäre Absicht beginnt durch uns zu wirken, wenn wir radikal die Verantwortung für die Schmerzen des Wollens übernehmen. Radikale Verantwortlichkeit beginnt, indem man sagt „Ich will" und alle Externalisierung des Bedürfnisses fallen lässt. Als Nächstes lassen wir die Bezugnahme auf das „Ich" fallen und die Energie bleibt nur beim Wollen und geht nicht darüber hinaus. Wir versuchen nun nicht mehr, das Leben zur Befriedigung zu instrumentalisieren, und sind nicht mehr gewillt, weiter der Erfüllung hinterherzurennen. Wir weichen nicht von der Stelle, und indem wir das tun, kommt es zu einem Aufwallen von Vertrauen und Mut, wie es die meisten Menschen für unerreichbar gehalten hätten. Das Herz widmet sich der Realität völlig und mit absoluter Entschlossenheit und sagt: „Komme, was wolle, hier stehe ich." Es stellt sich dem Wollen, bis es in die Leere verschwindet.

Gelegentlich lehre ich Menschen, die sich in einem Alkoholentzug befinden, Einsichtsmeditation. Dies sind Menschen, die durch ihren Alkoholismus am Boden gewesen sind und begonnen haben, ihr Leben umzukrempeln. Ihnen braucht man nicht vor Augen zu führen, wie einengend extremes Verhalten ist, denn sie haben erfahren, zu welchem Schmerz es führt, wenn man den Geist seiner eigenen Argumentationsweise überlässt. Häufig entsteht bei ihnen eine wunderbare Aufrichtigkeit, wenn sie radikal die Verantwortung übernehmen und ihr Potenzial, ganz und gar lebendig zu sein, verwirklichen.

Viele von uns sind in ihren Gelüsten noch nicht so tief gesunken, dass sie die Fähigkeiten des aufrichtigen Herzens entdecken konnten. Aufrichtigkeit begleitet die Erfahrung der primären Absicht, wenn diese nicht durch die Wünsche und Ängste des Geistes verführt wird. Viele von uns befinden sich in dem Dilemma, sich einerseits die Transformation des Ich zu wünschen, andererseits jedoch nichts dafür aufgeben zu wollen. Wie einmal ein Schüler fragte: „Sollte ich mich dem spirituellen Leben überantworten oder heiraten?" Ich sagte ihm, das spiele keine Rolle, wichtig sei, dass er sich überantworte. Der Weg, der über vermischte Motive hinausgeht, führt nicht durch die Entsagung, sondern durch eine aus ganzem Herzen geführte Erkundung und Befragung.

Ein anderer Schüler erzählte mir, wie sehr er sich geistigen Frieden wünsche, und im nächsten Satz erwähnte er, wie sehr er wollte, dass ich ihn möge. Wir begannen gemeinsam zu erkunden, ob es einen Konflikt in diesen beiden Aussagen gäbe. Er benutzte eine vertikale Frage, nämlich was den Frieden in diesem Augenblick blockiere, und er antwortete, sein Frieden scheine gestört zu sein, weil er von mir gemocht werden wollte. Ich forderte ihn auf, sich diese beide Absichten anzusehen, die primäre Absicht, in Frieden zu sein, und die sekundäre Absicht, von mir gemocht zu werden. Was von beidem wollte er mehr, den Drang seines Herzens zum Frieden oder den Wunsch des Geistes nach gegenseitiger Verträglichkeit? Er begriff, dass er sein Bedürfnis, gemocht zu werden, loslassen musste, damit er Frieden finden konnte. Nun von seiner primären Absicht motiviert, begann er, den Schmerz des Gemocht-werden-Wollens und die damit einhergehende Annahme, nicht sympathisch zu sein, systematisch zu erforschen. Er löste die sekundäre Absicht sehr schnell auf, sobald er erkannte, dass sie den Zugang zu seiner tiefsten Sehnsucht versperrte.

Wenn die vermischten Absichten bewusst werden, ist der nächste Schritt offensichtlich. Das Problem liegt darin, dass wir vermischte Absichten in einen Wettstreit zwingen, bei dem eine der anderen gegenübersteht. Um spirituell zu sein, so glauben wir, „sollten" wir auf die primäre Absicht reagieren und die sekundäre unterdrücken. Wir lassen den Geist eher unser eigenes Schicksal kontrollieren, als beide Absichten genau anzusehen. Da der Geist nur herrschen kann, indem er teilt, erzwingt er das Problem dadurch, dass er das eine „besser" aussehen lässt als das andere – etwas, das wir untersuchen müssen, aber nicht verurteilen sollten.

Wert und Grenzen der sekundären Absicht

Unsere Absichten werden noch immer von Verlangen und Ängsten heimgesucht, weil wir ihnen noch nicht auf den Grund gesehen haben. Uns ist noch nicht genügend deutlich geworden, wie sehr das Verlangen uns noch immer speist und was wir daraus gewinnen. Wir sehen den Schmerz der Grenzen des Verlangens noch nicht klar, wenn wir Fragen zum Verlangen stellen wie: „Was will ich aus diesem Verhalten gewinnen und erlange ich die verheißene Erfüllung?" – „Ist diese Wirkung vorübergehend oder dauerhaft?" – „Hat sich die Sache vom Aufkeimen des Verlangens und der Verfolgung des Wunsches bis hin zum Erwerb des begehrten Objekts gelohnt?"

Auf ähnliche Weise verweist der Buddha auf seine eigene Reise und sagt: „Auch ich selbst dachte vor meinem Erwachen, als ich ein noch nicht erwachter Bodhisattva war: Entsagung ist gut; Rückzug ist gut. Aber mein Herz fühlte sich nicht erhoben durch die Entsagung, bekam kein Zutrauen und wurde nicht unerschütterlich oder fest und sah sie nicht als Frieden an. Mir kam der Gedanke: Was ist der Grund, was ist die Ursache, weshalb mein Herz sich nicht durch Entsagung erhoben fühlt, kein Zutrauen bekommt und nicht unerschütterlich oder fest wird und sie als Frieden ansieht? Dann kam mir der Gedanke: Ich habe die Nachteile der sinnlichen Freuden noch nicht gesehen."[17]

Wie lässt sich eine Sucht beenden, wenn ein Teil unseres Geistes noch immer an den Vorteilen hängt, die sie zu bieten scheint? Der Dharma beruht auf der Tatsache, dass wir unserem Verlangen nicht eine Sekunde länger nachgehen würden, wenn wir die gesamte Geschichte des dadurch entstehenden Schmerzes und der vermeintlichen Vorteile sehen könnten. Die Lust, die wir durch die Verfolgung unserer Wünsche erlangen, verblasst im Vergleich zum dem davon hervorgerufenen Leid, aber wenn wir die sekundäre Absicht wieder zurück in die primäre Absicht verwandeln wollen, müssen wir bereit sein, dieses Prinzip zu prüfen.

Wir können uns nicht intellektuell davon überzeugen, mit dem Wünschen und Fürchten aufzuhören, und jegliche Zurechtweisung unseres Über-Ich, was wir eigentlich tun sollten, ist unserer spirituellen Arbeit nicht dienlich. Eine solche Rüge unseres Verstandes führt nur zu noch mehr Selbstverachtung, die einen Teil des Geistes gegen einen anderen ausspielt und Angst und weiteres Leiden erzeugt. Spirituelles Wachstum verlangt, dass wir das Streben nach Lust und den aus diesem Streben erwachsenden Schmerz ganz und gar durchschauen.

Ich hörte einmal einer Aufzeichnung der Unterweisungen eines buddhistischen Mönchs aus Asien zu. Jemand fragte ihn, wie er sich einem wunderschönen Sonnenuntergang gegenüber verhalten würde. Er sagte, er würde ihm den Rücken zukehren, um den Schmerz des Anhaftens zu vermeiden. Ich dachte bei mir, dieser Mann hat nicht die geringste Chance, im Westen zu lehren. Das Lustvolle zurückzuweisen wird hier nicht sonderlich geschätzt und sollte auch nicht geschätzt werden. Warum sollten wir einer Erfahrung den Rücken zukehren, außer wenn wir Angst haben, was die Lust mit uns anstellen könnte? Wenn wir das Leben vermeiden, mag unser Charakter stoisch und unzugänglich werden, aber es wird wenig Wachstum in Beziehung zu unserem Widerstand geben. Widerstand erhält unsere Konditionierungen aufrecht und weist uns keinen Weg zur Freiheit. Angst ist ein Aufruf zur Erkundung, nicht zum Rückzug.

Wenn wir ein erfülltes Laiendasein leben wollen, gehören Wünsche und Ängste mit dazu. Wir können uns nicht ständig abwenden, um uns vor den Süchten unseres Geistes zu schützen. Eine mutige Erkundung ist nötig, um herauszufinden, ob das Versprechen der sekundären Absicht erfüllt wurde. Dies bedeutet, sich mit dem Verlangen geradeheraus zu konfrontieren. Der Schlüssel dazu ist zu erkennen, wann wir uns gehen lassen und aufhören zu lernen. Wenn unsere Absicht auf Wachstum ausgerichtet ist, wird uns der Schmerz des Sichgehenlassens früher oder später wieder aufwecken, so wie wir in der Meditation wieder aus unseren Gedanken zu unserem Atem erwachen. Wenn wir ins Straucheln kommen, einen Fehler machen, einen Rückfall erleben oder uns total zum Narren machen – was soll's? Wir stehen wieder auf und machen weiter. In diesem Spiel sind wir nur dann der Verlierer, wenn wir uns nicht wieder aufrappeln.

Lassen Sie uns das Szenario des Sonnenuntergangs bis zu seinem logischen Abschluss verfolgen. Wenn ich den Sonnenuntergang aufmerksam betrachte und ihm nicht den Rücken zukehre, spüre ich die Wirkung der Schönheit, und etwas Sanftes und Zärtliches rührt sich in meinem Herzen. Ich beobachte, wie mein Geist in der Hoffnung voraneilt, der Sonnenuntergang möge länger andauern, als er es normalerweise tut. Ich spüre den Schmerz dieses Gedankens und erkenne, wie das Denken mich von der sich mir darbietenden Schönheit ablenkt. Das Bedürfnis zu denken löst sich auf und die sekundäre Absicht macht wieder der primären Absicht Platz. Die Sonne geht unter und ich spüre im Davongehen, dass mein Herz zart berührt ist. Ein Gedanke taucht auf, dass ich dies morgen gern wieder sehen möchte und meinen Stundenplan durchsehen muss, ob ich verfügbar bin. Ich empfinde eine Ichkontraktion um den Plan herum, diese Erfahrung andauern zu lassen. Bewusstheit fühlt den Schmerz und fragt sich, woher er kommt. Sie erkennt, dass die Ichempfindung sich in den Versuch verheddert hat, die Erfahrung zu wiederholen, und lässt sofort die sich daraus ergebende Story fallen, wohl wissend, dass sie den Schmerz der Kontraktion nicht wert ist. Als ich mich von dem verblassenden Sonnenuntergang abwende, erhasche ich eine subtile Lichtreflexion auf dem Tau des Rasens. Ich beobachte sie mit Empfindsamkeit und gehe wiederum weiter.

Nichts wird hier geleugnet, nichts wird vermieden, und die Welt darf uns geradeso beeindrucken, wie sie es tut. Alles, was nötig ist, ist die fortlaufende Rückmeldung zusammen mit der Bereitschaft, Fragen zu stellen, und der Intention, uns der Weisen Sicht zu überlassen. Wir machen unsere spirituelle Reise zu kompliziert und selbstbezogen. Wir glauben, unseren Wunsch zu leugnen wäre das Heilmittel gegen das Leiden, aber der Schmerz ist der Wunsch, und solange wir dem Wunsch weitere Energie zuführen, indem wir ihm nachgehen oder ihn vermeiden, wird er schmerzlich bleiben. Doch wenn wir unsere Kontraktion untersuchen, bemerken wir den Schmerz, der entsteht, wenn wir der imaginären Gedankenwelt Energie zuführen, indem wir versuchen, den Sonnenuntergang andauern zu lassen. Wir sehen, wie die Ichempfindung aus dem Nichts auftaucht und die Welt mit ihren Vorstellungen antreibt, wie sie ihre eigenen Pläne macht und ihrer begrenzten Sichtweise entsprechend operiert. Wenn sie das tut, fühlen wir uns von allem um uns herum und in uns abgeschnitten und isoliert, aber auch von unserem Herzen.

Es ist sehr wichtig, sich diese Einengung sorgfältig anzusehen. Es geht nicht darum, dass wir innerlich eine Dharma-Mahnung wie „Du sollst nicht anhaften" hören, sondern dass wir die Kehrseite des Verlangens erkunden, damit wir die existenzielle Erfahrung der Verhaftung kennen. Wie Buddha sagt, wird unsere Sicht der Welt umgekehrt, wenn wir die Realität kritisch betrachten und sehen, dass sie eben keine Realität ist. Außerdem sagt er, unsere vermeintliche „Realität" sei absichtliche Unwissenheit, ein Nicht-wissen-Wollen der Wahrheit, eine direkte Vermeidung und Verleugnung des Offensichtlichen. Um dies umkehren und sehen zu können, was die Realität uns tatsächlich bietet, müssen wir bewusst die Absicht entwickeln, das Gegenteil von dem zu tun, was wir üblicherweise tun, nämlich die zweite Ebene der Absicht einer messerscharfen Prüfung unterziehen.

Aber die Begrenztheit dieser Ebene ist nur die halbe Geschichte. Wir würden diese verkehrte Sichtweise nicht immer und immer wieder neu aufbauen, wenn wir nicht etwas daraus gewinnen würden. Was hat uns diese Story zu bieten? Welchen Nutzen ziehen wir aus diesem besonderen Muster des Begehrens? Wir beginnen zu erkennen, wie eng wir mit der Geschichte verwoben sind, wie sehr wir sie brauchen, um unseren Standpunkt zu festigen, um uns unseres Wertes oder unserer Wertlosigkeit zu versichern und um den Sinn und Zweck unseres Lebens zu bestätigen.

Um noch einmal auf den Sonnenuntergang zurückzukommen: Wir sehen, dass dann, wenn wir ihm den Rücken zukehren, etwas von unserem spirituellen Selbstbild bestätigt wird. Wir fühlen uns edel, wenn wir dem Begehren widerstehen, und sehen unsere Hingabe an den „Pfad Buddhas" und unser Engagement ihm gegenüber bekräftigt. „Begehren ist die Ursache des Leidens", sagte der Buddha, und unser Verhalten stellt unsere Absicht, uns dieser Kraft zu verweigern, unter Beweis. Andere beobachten unsere Hingabe mit Bewunderung. Vielleicht haben wir unser halbes Leben auf diesem Weg verbracht, und ihn jetzt als fehlgeleitet zu erkennen wäre vernichtend. Und so ignorieren wir die Erste Edle Wahrheit unseres Schmerzes und die Zweite Edle Wahrheit unseres Wunsches, als spirituell angesehen zu werden, und bewahren unser

Leiden und unsere Isolation, indem wir uns abwenden. Wir behalten unsere durch die sekundäre Absicht bestimmte Praxis, denn es gäbe zu viel zu verlieren, wenn wir zur primären Absicht übergingen.

Abgesehen von Vermeidung gibt es noch viele andere Gründe, die uns dazu veranlassen können, uns vom Sonnenuntergang abzuwenden. Eine dieser Motivationen möchte ich besonders hervorheben. Der Buddha spricht oft vom Bezähmen der Sinne und das scheint ein Widerspruch zu dem zu sein, was ich sage. Wenn wir jedoch die Sinne zügeln, dann als geschicktes Mittel, um der Neigung zum Sichgehenlassen entgegenzuwirken und uns etwas mehr Raum zu schaffen, um untersuchen zu können, was im Moment auftritt; wir zügeln die Sinne nicht etwa, weil an einer angenehmen Erfahrung etwas grundlegend Falsches wäre. Der Dharma ist immer umfassend, und letzten Endes müssen wir allen Dingen unsere Aufmerksamkeit und unser Verständnis entgegenbringen und sie nicht etwa zurückweisen.

Einem Laienbuddhisten bietet sich nicht immer der Luxus, sich vor der Flut an Erfahrungen, die im Laufe des Tages über ihn hereinbrechen, zurückziehen zu können, doch wendet er die Mittel der Erkundung und der Weisen Sicht an, so vermag er sich auf die primäre Absicht einzustimmen, während sein Leben sich entfaltet. Der Schmerz des Sichgehenlassens bringt uns dazu, unseren Absichten zu misstrauen und unsere Motive zu hinterfragen. Erforschen wir sie gründlich, so wird uns klar, dass der vorgestellte Gewinn niemals das erfahrene Leid wert ist. Wenn wir die Erfahrungen, die auftauchen, auf diese Weise ansehen, so ist dies der Schlüssel zu einem funktionierenden spirituellen Leben.

Vermischte Absichten und Sichtweisen

Zu Lebzeiten Buddhas gab es bereits die hinduistische Sekte der Jains. Es gibt eine Geschichte, in der berichtet wird, wie der Buddha zu einer Versammlung der Jains kommt, die bewegungslos dastehen; sie weigern sich, sich hinzusetzen, und leiden beträchtliche Schmerzen. Der Buddha fragt die Leute, warum sie solche Entbehrungen auf sich nehmen, und einer antwortet, sie seien dabei, ihr früher angesammeltes Karma abzuarbeiten, und wollten ihr Leiden beenden, indem sie kein neues Karma anhäuften. Der Buddha fragt sie daraufhin, ob sie denn wüssten, wie viel von ihrem alten Karma sie schon abgearbeitet hätten. Sie antworten mit Nein. Er fragt dann, ob sie denn wüssten, wie viel noch übrig sei. Wieder verneinen sie. Schließlich fragt der Buddha, ob sie überhaupt sicher seien, bereits frühere Leben gehabt zu haben, deren Karma sie abarbeiten müssten. Wieder schütteln sie die Köpfe und verneinen. Daraufhin sagt der Buddha ihnen, ihre Übung sei ohne jeden Sinn.[18]

Dieses Sutta sagt schlicht und einfach: „Wisse, was du tust und warum du es tust, und überprüfe an deiner Erfahrung, ob es sinnvoll ist." Wir mögen auf eine bestimmte Weise praktizieren und nicht einmal wissen, warum wir das tun, es sei denn aus dem Grund, dass wir von unseren Lehrern dazu angeleitet worden sind. Wir mögen nicht einmal ein klares Verständnis davon haben, wohin wir unterwegs sind, und haben vielleicht keinerlei Kriterien, nach denen wir die Früchte unserer Praxis einschätzen können. Unsere Praxis mag auf irgendwelchen Glaubenssätzen und nicht überprüften Doktrinen beruhen und innere Widersprüche aufweisen oder bestenfalls einen oberflächlichen Bezug zur Realität besitzen.

Diese Widersprüche können das Ergebnis einer Kombination der schlimmsten Anteile von zwei möglichen Welten sein, von unweiser Absicht und unweiser Sicht. Der Umstand, dass unsere Sicht ebenso wie unsere Absichten unweise sind, bedeutet lediglich, dass wir uns nicht darüber im Klaren sind, was wir wollen, wohin wir unterwegs sind und wie wir dorthin gelangen wollen. Einige von uns folgen lieber dem, was sie nach der Meinung anderer wollen oder wollen sollten, statt gründlich zu erforschen, was sie selbst wirklich wollen. Haben wir uns erst einmal innerlich ausgerichtet, müssen wir ständig überprüfen, ob unsere Praxis auch zielführend ist.

Weise Sicht kann mit unweiser Absicht gekoppelt sein. Wenn wir zum Beispiel mit durchaus berechtigtem Zorn auf entzweiende Weise gegen einen ungerechten Krieg protestieren, dann verstärken wir im Grunde die Wurzelursache für die Entstehung aller Konflikte, einschließlich dessen, gegen den wir protestieren. Wir mögen glauben, wir arbeiteten für die Vision einer vereinten Welt (Weise Sicht), aber tatsächlich bewirkt unsere Aggression das Gegenteil. Wir können keine ganzheitliche Sicht aufrechterhalten, wenn wir konfliktträchtige Methoden benutzen. Die Sicht und die Absicht passen nicht zusammen.

Gleichmaßen kann man unweise Sicht und Weise Absicht miteinander kombinieren, was dann zu noch mehr Verwirrung führt. Manche spirituelle Praktiken setzen eine dauerhafte Seele oder Wesenheit voraus und versuchen, diese Seele mit Gott verschmelzen zu lassen. Uns wird jedoch kein Erfolg beschieden sein, wenn wir an die unweise Sicht eines Selbst oder einer Seele glauben und die weise Absicht haben, sie mit Gott zu verschmelzen. Zwei Dinge können nicht in eines verschmelzen, wenn sie nicht im Grunde bereits eins sind. Der Ichempfindung zu erlauben, ihr eigenes Erwachen zu lenken, ist der in der spirituellen Praxis wohl am meisten verbreitete Fehler. Daraus ergibt sich unausweichlich eine Konfrontation, welchem Universum wir denn nun wirklich dienen wollen, der horizontalen Dimension des Ich oder der vertikalen Dimension der Leerheit des Ich. Je eher dieses Dilemma ausgeräumt wird, desto erfüllender wird unsere Praxis sein.

Unsere Bemühungen und die Ergebnisse dieser Bemühungen werden unserer Sicht und unserer Absicht entsprechen. Wenn die beiden widersprüchlich sind, werden unsere Bemühungen nur zu innerer Unsicherheit und Frustration führen. Die erste Meditationsanweisung erhielt ich, als ich gerade das College hinter mir hatte. Ich sah ein Flugblatt und nahm an einer Veranstaltung teil, in der ein Mann die Sitzung damit begann, dass er uns aufforderte, uns mental vorzustellen, was wir uns am meisten wünschten. Er sagte, es sei uns möglich, dieses Objekt unserer Wünsche zu erlangen, wenn unser Wunsch nur stark genug sei. Mein größter Wunsch war spirituelle Erfüllung, aber schon damals wusste ich, dass seine Methodik dieses Bedürfnis nicht befriedigen könnte. Seine Sicht und Absicht waren mit der Sehnsucht meines Herzens inkompatibel. Die Ironie lag darin, dass ich seine Methode aufgeben musste, um wahrhaftig das zu erhalten, was ich wollte.

Bemühen ist die energetische Bewegung der Absicht hin zur Auflösung der Sicht. Wenn wir nicht vorsichtig sind, kann die Ichempfindung sich in unseren Bemühungen einnisten und unsere Praxis zu egoistischem Gewinn ausnutzen. Wenn unsere Bemühung aus der primären Absicht hervorgeht, wird unser Weg gerade und ehrlich sein, aber wenn sie aus der sekundären Absicht stammt, werden wir einen langen, steinigen Weg vor uns haben und den damit einhergehenden Schmerz weiterer Getrenntheit und Isolation erleiden.

7

Das nötige Bemühen

Wenn weder etwas noch nichts mehr zu wissen übrig bleibt, gibt es keine Alternative mehr zur Ruhe ohne jeglichen Bezugspunkt.

– Shântideva

Während wir tiefer in das System des Erwachens eintauchen, erinnern wir uns daran, dass alles jederzeit und an jedem Ort verfügbar ist. Wir gehen nirgendwo hin und werden auch nicht zu jemandem. Wir sehen durch das Delirium unserer mentalen Annahmen hindurch und verweilen in einer wahrhaftigen und natürlichen Beziehung zu allen Dingen. Die optimale Umgebung für das Erwachen ist dort, wo wir sind, und nichts muss hinzugefügt oder weggenommen werden, um unsere Möglichkeiten zu verbessern.

Der Laienbuddhist versucht nicht, sein Leben so zu gestalten, dass es seiner spirituellen Absicht angepasst ist, sondern lässt diese Absicht vielmehr in jeder Facette seines Lebens aufscheinen. Wenn die primäre Absicht auf diese Weise angewendet wird, dient sie dem Geist des Erwachens. Absicht und Sicht sind der Steuermechanismus für unsere Energie. Absichten treiben unser Handeln in Übereinstimmung mit unseren bewussten oder unbewussten Neigungen an. Sie leiten sich aus dem ab, was wir wirklich wollen, und nicht aus dem, was wir zu wollen behaupten, und sie lassen sich daher von niemand anderem vorgeben und wir können sie nicht simulieren.

Absicht und Bemühen stehen in enger Beziehung zueinander. Absicht setzt eine energetische Ausrichtung, die sich als Bemühen zu manifestieren beginnt, und Bemühen dient dem spirituellen Erwachen, wenn es mit unserer primären Absicht und mit Weiser Sicht im Einklang steht. Viele der Bemühungen im Rahmen unserer Praxis sind ungeschickt, weil sie von der unweisen Sicht des Ich geprägt sind und Sekundärziele verfolgen. Wie wir im letzten Kapitel gesehen haben, münden Sichtweisen und Absichten aus kontrastierenden Dimensionen letztlich in Verwirrung und Konflikten.

Im Laufe der Entwicklung unserer spirituellen Praxis kommen wir uns vor, als befänden wir uns in einem Raum voller Spiegel. Wenn wir uns einem Spiegel nähern, sehen wir unsere Pockennarben, Schrammen und Warzen widergespiegelt. Wir sehen unseren Egoismus und unsere Eitelkeit, und dass viel von unserem angeblich altruistischen Verhalten nur unser Selbstbild aufpoliert. Wir würden am liebsten weglaufen und uns vor dem verstecken, was wir sehen – aber wo sollen wir uns verstecken, wenn überall, wohin wir uns wenden, ein weiterer Spiegel steht?

An diesem Punkt ist es bereits zu spät, den Raum zu verlassen; also bleibt uns nichts anderes übrig, als hart an der Überwindung der Hindernisse, die wir im Spiegel sehen, zu arbeiten. Wir begeben uns mit der Absicht auf einen Weg, uns selbst zu verändern, damit wir einem Idealbild entsprechen. In diesem Stadium konzentriert sich die spirituelle Transformation darauf, ein anderer Mensch zu werden, indem wir über unsere Grenzen hinausgehen. Wir schauen weiterhin in den Spiegel, um zu sehen, wie wir uns machen, und er spiegelt weiterhin einen Menschen wider, der wir nicht sein wollen. Wir scheinen nirgendwohin zu gelangen, und nach einiger Zeit werden wir dieser Art des Bemühens überdrüssig. Mit der Zeit treten Veränderungen im Charakter auf, aber im Inneren fühlen wir uns im Grunde immer noch nicht anders. Etwas in uns schmerzt noch immer, und die Spannungen in uns scheinen nur noch größer zu werden, indem wir uns unseren Weg mit Gewalt bahnen.

Unsere Bemühungen haben die Bildung eines Schattens erzwungen. Der Schatten ist die unbewusste Qualität, die wir durch Selbstverbesserung zu überwinden suchen, und je mehr wir versuchen, uns zu verändern, desto mehr schwebt der Schatten über diesen Bemühungen. Zu manchen Zeiten ist es unvermeidlich, dass der Schatten hervorbricht und ungeschickte Aktionen von Körper, Rede und Geist heraufbeschwört. Wir fühlen uns verloren und frustriert. Wie können diese Eigenschaften nach all der Übung, die wir unternommen haben, immer noch andauern? Allmählich beginnen wir zu begreifen, dass die forcierte Veränderung mit der gegenteiligen Wirkung auf uns zurückschlägt. Mit dieser ernüchternden Erkenntnis dämmert uns, wie begrenzt alle Bemühungen des Ich im Grunde sind, und es kommt zu einem ersten rudimentären Verstehen des ungeteilten Geistes.

Wenn wir uns weiterentwickeln und über dieses Stadium hinausgehen, beginnen wir zu realisieren, dass viele unserer Praktiken unbewusst auf tief liegenden Mustern und Selbstbildern beruhen. Wenn wir zum Beispiel unter Minderwertigkeitsgefühlen leiden, können wir erkennen, dass unsere Praxisstrategien um dieses Thema kreisen. Vielleicht fühlen wir uns von asketischen Praktiken der Selbstverleugnung angezogen oder von einem strengen und überkritischen Lehrer. Wir haben das Gefühl, die Rügen des Lehrers zu verdienen, und unserem Gefühl der Unzulänglichkeit entsprechend reagieren wir, indem wir uns weitere schmerzliche Situationen aufzwingen. Unwissentlich versuchen wir unsere Unzulänglichkeit vielleicht durch persönlichen Missbrauch auszugleichen. Der Schatten unserer Verleugnung kommt genau durch das Bemühen zum Zuge, diese Eigenschaften loszuwerden.

Ich erinnere mich noch gut daran, wie es war, als ich diesen Punkt der Frustration in meiner Praxis erreicht hatte. Eines Nachts hatte ich einen Traum, in dem ich jemandem, den ich kannte, den Kopf abschlug. Ich wachte voller Entsetzen und mit starken Schuldgefühlen auf und versuchte den Schatten der Brutalität zu verscheuchen, indem ich mir sagte, dies sei ja nur ein Traum gewesen. Gleichzeitig wurde mir jedoch klar, dass ich keine Verantwortung für den Geisteszustand übernehmen wollte, der verletzen und verstümmeln konnte. Indem ich ihn symbolisch verstand und nur auf einen Traumzustand reduzierte, ließ ich diese Eigenschaft nicht als zu mir gehörig zu, und solange ich nicht die Verantwortung für diesen Geisteszustand übernahm, würde er mich verfolgen. Diese Einsicht war ein Entwicklungsschritt hin zu größerer Selbstannahme. Jetzt versuchte ich den Geist nicht mehr zu unterdrücken, sondern akzeptierte alles, was in der Gesamtheit des Geistes aufsteigen mochte. Das Bemühen drehte sich zwar immer noch um „mich", aber der ungeteilte Geist wurde zur neuen Zielvorgabe.

Mit diesem Schritt treten wir in den Bereich der Güte und Gnade ein. Viele von uns tragen solch tief sitzende Wunden und Minderwertigkeitsgefühle mit sich herum, dass ein gewisses Maß an Selbstannahme bitter nötig ist, um diese Energie freizusetzen. Wenn wir nicht an dem Minderwertigkeitsgefühl arbeiten, wird es sich innerhalb unseres Bewusstseins manifestieren und ausagieren. Eine neue Spielart des Bemühens richtet sich nun auf Einbeziehung und Zulassen aus. Wenn wir allen Geisteszuständen mit Akzeptanz begegnen, findet ein großer Teil des von uns auf die Welt projizierten Unbehagens ein Ende und die Polaritäten des Lebens werden zugunsten der Integrität des Ganzen fallen gelassen. Dies ist der Anfang des auf Nichtdualität und gegenseitige Verbundenheit ausgerichteten Bemühens. Obwohl es noch immer ichbezogen ist, ist dieses Bemühen doch entspannter und seine Energie ist ruhiger und stetiger. Dieses neue Bemühen versucht nicht, Hindernisse zu überwinden, sondern konzentriert sich darauf, unnützen Widerstand zu eliminieren und den wahrgenommenen Begrenzungen mit Freundlichkeit zu begegnen.

In diesem Stadium fühlen wir uns vom Ego eingeschränkt, haben aber wenig Ahnung davon, was das Ego ist oder wie es unser Leiden und unsere Isolation bewirkt. Wir begreifen jetzt, dass spirituelle Praxis alles umfassen muss, was wir sind, und damit entsteht eine interessierte Neugier, die zu einem neuen Ausdruck des Bemühens führt. Es ist das Bemühen um Erforschung der Natur von Geist und Körper. Wir versuchen nicht mehr, „gute Meditierende" zu sein, sondern sind an der Beantwortung der zentralen Frage interessiert, wer wir wirklich sind.

Jetzt wird unser Forschen ausschließlich von Weiser Sicht geleitet. Wenn das Bemühen eher dazu verwendet wird, unsere Begrenzungen zu verstehen, als sie zu überwinden, ändert sich grundlegend etwas. Da unser Bemühen nun darauf gerichtet ist, den Geist und den Körper zu begreifen, verschwindet langsam unser Bedürfnis, die Emotionen zu kontrollieren, denn der Versuch, unsere Erfahrung zu beeinflussen, behindert unsere Erkundung. Wir entspannen uns und erfahren, was wir sind, wenn wir nicht versuchen, etwas zu sein. Da es uns nicht mehr darum geht, in der Zukunft einem Ideal zu entsprechen, beobachten wir auch nicht mehr ständig, welche Fortschritte wir auf das erwartete Ergebnis hin machen.

Wenn wir anfangen, die Leere unseres Wesens zu begreifen, wird unser Bemühen noch subtiler. Wie im fünften Kapitel bereits erwähnt, sind wir nun bereit, unbequeme Fragen zu stellen, Fragen, die unsere Sicherheit unterminieren. Bis jetzt ist die Ichempfindung unauffällig dieser Befragung ausgewichen, damit sie das Ruder fest in der Hand halten und die Erkundung und die daraus resultierenden Schlussfolgerungen lenken konnte. Das Ich hat gesagt „Ich will meinen eigenen Ursprung erforschen" und hat damit die Kontrolle behalten. Wir sind jetzt bereit, sogar diese Form von Täuschung aufzudecken.

Diese neue Befragung bedroht die Ichempfindung, ist jedoch lebendig und von großer Reichweite. Vertikale Fragen wie „Wer bin ich?" – „Was ist dies?" und „Ist das wahr?" sind gefährlich, und wenn wir uns in sie hineinstürzen, ohne zu wissen, wohin das führen wird, geht damit häufig ein Gefühl des Schreckens einher. Doch wir haben in unserem Bemühen inzwischen so viel Zutrauen gewonnen, dass wir nun bereit sind, die Befragung ungeachtet ihrer Konsequenzen fortzusetzen. Das Bemühen ist auf weise Art geduldig und ohne Eile, doch wohldurchdacht und beharrlich. Es ist ein hungriges Bemühen, denn nun ist es mit der primären Absicht und der Sehnsucht des Herzens gekoppelt.

Allmählich verstummen die Fragen von selbst und ein ausgeglichener Geisteszustand tritt ein. Das ganzheitliche Ergebnis all unserer Bemühungen ist Ruhe, und wir gelangen jetzt zum Endpunkt der Stille. Wenn wir bemerken, dass wir uns wieder im Bannkreis des Ich befinden, kommt es zu keiner Aufregung oder Panik; alle Dinge sind, wie sie sind, und müssen nicht in Ordnung gebracht werden. Selbst in Gedanken verloren zu sein ist keine Abschweifung. Unser Bemühen ist nicht mehr vom Ich gesteuert und der Kampf um Aufrechterhaltung des Ich hat ein Ende gefunden. Mühelosigkeit offenbart die allen Dingen, einschließlich des Ich, innewohnende Reinheit. Je weniger wir versuchen, unseren Weg hin zu etwas oder fort von etwas durch Ichbemühungen zu forcieren, desto mehr ruht alles in seinem natürlichen harmonischen Zustand.

Mühelosigkeit offenbart den natürlichen Zustand aller Dinge. Im Zustand dieses Verweilens begreifen wir die Wahrheit der folgernden Worte Buddhas: „Eine Einsicht besteht darin, dass Bemühung die Grundlage allen Leidens ist. Die andere Einsicht besteht darin, dass durch das völlige Abkühlen und Aufhören von Bemühungen kein weiteres Leiden hervorgebracht wird. Dies sind die beiden Einsichten; begreife sie gemeinsam und mit Energie, Hingabe und Sorgfalt kannst du mit einem der beiden folgenden Ergebnisse rechnen: Jede Form von Leiden erwächst aus Bemühungen. Merze die Bemühung aus und es wird kein weiteres Leiden produziert. Betrachte die schädlichen Auswirkungen von Bemühungen, die die Grundlage für Leiden sind. Wenn aber alle Bemühungen fallen gelassen sind, entsteht die Freiheit des Mühelosen."[19]

Das Bemühen mit dem vertikalen Universum in Einklang bringen

Es gibt viele Wege, um zum gleichen Ziel der Mühelosigkeit zu gelangen. Der oben beschriebene traditionelle Weg verwendet Bemühen in Relation zu unserem jeweiligen gegenwärtigen Verständnis. In dem Maße, in dem unser Verstehen sich entwickelt, tut dies auch das Bemühen. Das Bemühen beginnt mit einem starken, willentlichen Entschluss, und es bricht zusammen, wenn wir die Sinnlosigkeit des Versuchs erkennen, über uns selbst hinausgehen zu wollen. Wir realisieren, dass die Bemühungen des Ich fehlgeleitet und für die Arbeit der Selbsterkenntnis nicht geeignet sind. Dieser traditionelle Ansatz ist oft ein langer und mühsamer Pfad voller Zögern, Hindernisse und zahlloser Formen der Selbsttäuschung. Ohne weise Ausrichtung auf den unbewussten Geist ist es ein wenig so, als sei man in einem Labyrinth verloren und probiere jeden möglichen Weg aus, um hinauszugelangen. Es ist sehr wahrscheinlich, dass wir schon lange, bevor wir den Ausgang entdeckt haben, frustriert sind.

Das Labyrinth der spirituellen Praxis ist oft so kompliziert und ermüdend, weil unsere Bemühungen häufig von unbewussten Kräften des Geistes kontrolliert werden. Auch wenn wir voller guter Absichten sind, wird der größte Teil unseres spirituellen Weges dann von etwas eingedämmt und kontrolliert, das wir nicht sehen. Was wir nicht sehen ist, wie sehr unser Bemühen von emotionalen Bedürfnissen, Einstellungen oder Geschichten geprägt wird. Wir halten uns für jemanden, und wir tun das auch in den nicht erkannten Räumen unserer Psyche, wo dieser Jemand nicht infrage gestellt werden kann. Innerhalb dieser Schattenbereiche zieht das Ich alle Register und bestimmt unsere Bemühungen. Wir mögen glauben, wie würden uns auf das Erwachen hin bewegen, aber in Wirklichkeit reisen wir, ohne es zu wissen, durch das horizontale Universum.

Es gibt eine Möglichkeit, diesen Pfad zu komprimieren und eine Abkürzung durch das Labyrinth zu nehmen; aber um das tun zu können, müssen wir zuerst begreifen, wie die Fixierung auf die Bemühungen, die wir unternehmen, den Dharma einschränken können. Anfangs erlaubt uns das Bemühen, mit der Praxis zu beginnen und die für die schlichte Beobachtung notwendige Disziplin aufzubringen. Während wir zu beobachten lernen, beginnen wir den Sinn des Dharma zu verstehen. Wir sehen zum Beispiel auf überzeugende Weise, dass unsere unbewussten Neigungen unser Leben kontrollieren, wenn wir nicht auf unseren Geist achten. Aus dieser Einsicht heraus erkennen wir genau, wohin die Praxis führt und wie wir dorthin gelangen; und alles, was wir dafür tun müssen, ist schlicht und einfach, unsere unbewussten Neigungen bewusst zu machen. Alles scheint vollkommen stimmig zu sein.

Nach zusätzlicher Praxis gelangen wir zu einer neuen Einsicht, die die alte Schlussfolgerung zerbrechen lässt. Wir realisieren, dass die Ichempfindung, die wusste, wohin alles führte, selbst unbewusst und nicht in der Lage ist, uns irgendwohin zu führen, außer in weitere Dunkelheit. Plötzlich steuert das „Ich", das am Lenkrad saß, in die falsche Richtung. Diese Einsicht zwingt uns, unsere Praxis und die Bemühungen, die wir aufwenden, zu verändern. Ja, wir haben uns zuvor geirrt, aber jetzt kennen wir den wahren Weg und gehen voller Zuversicht in diese Richtung.

Diese Neukonfiguration findet immer wieder statt, bis wir schließlich realisieren, dass der Dharma nur Sinn ergibt, wenn wir ihn nicht

dazu zwingen, Sinn zu machen. Den Dharma zu zwingen, offenzulegen, was er bietet und wohin er führt, ist horizontales Bemühen, Bemühen um die Versicherung eines Ergebnisses. Wenn wir ein Ergebnis
erstreben, nehmen wir an, wir wüssten, wohin unsere Reise führt, aber
paradoxerweise können wir uns unseres Zieles und des Ankommens an
diesem Ziel nicht gewiss sein. Die beiden sind in sich nicht vereinbar,
weil sie von zwei verschiedenen Universen abgeleitet sind.

Es ist wichtig, dass sich unser Bemühen mit unserer Einsicht entwickelt, sich dabei jedoch weder auf das Bemühen noch die Einsicht fixiert. Jedes Mal, wenn wir wissen, wohin wir gehen, tritt ein unbewuss-
tes geistiges Erstarren auf und wir werden in einer waagerechten Sicht
einer vertikalen Dimension gefangen. Doch kurz bevor diese Erstar-
rung eintritt, gibt es einen Augenblick von Verwirrung, wenn die alte
Richtung, die wir einschlagen, plötzlich angefochten wird. Einen Augenblick lang sind wir verwirrt, und wenn das auch unangenehm ist, so
ist dieser ständige Wechsel des Verständnisses und des Bemühens von
Einsicht zu Einsicht sehr wichtig. Der Raum zwischen den festgelegten
Begriffen von der Realität beinhaltet den Dharma. Die Verwirrung, die
wir empfinden, ist das Staunen über den Dharma, der versucht, durch
unsere kognitiven Landkarten zu gelangen, und darauf hindeutet, dass
die Ichempfindung auf wackeligem Boden steht. Es ist im Grunde ein
Zeichen fortschreitender Öffnung, und es ist weise, diesen Raum zu erforschen und seine Wohltat zu spüren, denn der Dharma öffnet sich
uns in diesem Augenblick. Die momentane Konfusion hält uns davon
ab, mechanisch oder selbstgefällig in unseren Vorstellungen von der
Wahrheit zu werden, weil die Wahrheit nicht lokalisiert oder auf Karten
verzeichnet werden kann. Die Qualität der Wahrheit ist in der Tat nicht
zu definieren. Der Buddha spricht über diese unbestimmte Natur der
Wahrheit, wenn er sagt: „Das Nichtidentifizieren mit irgendetwas, ist
[als der Weg] beschrieben worden; denn auf welche Weise sie auch immer aufgefasst werden mag, die Tatsache ist immer ganz anders."[20]

Ich habe viele Übende erlebt, die ihre Bemühungen versäumen und
ihr Verstehen einsperren. Sie üben eine bestimmte Methode, die sich
auf einer logischen Formel zum Erwachen gründet, und trotz innerer
gegensätzlicher Impulse bleiben sie dort stehen. Der Praktizierende
fühlt sich sicher und unanfechtbar, folgt fachmännisch stundenlang

seinem Atem, wie es der Buddha angewiesen hat, oder lässt seine Aufmerksamkeit vom Kopf bis zu den Füßen wandern, in dem Wissen, dass er im Einklang mit lang etablierten Traditionen oder Abfolgen von Einsicht praktiziert. Doch kratzt man an der Oberfläche, findet man darunter ein trockenes Herz. Die Mechanik des Ansatzes stumpft schließlich seine Lebendigkeit ab. Häufig wartet er eher auf Ergebnisse, als dass er in das Mysterium blickt, und hat sich um der mentalen Präzision willen vom Wunder entfernt. Dieses Hindernis wird oft von festen Ansichten und Meinungen über die Methodologie sowie einem gleichermaßen starren Widerstand begleitet, auf irgendein Feedback zu hören, was die Reise durch das Labyrinth noch viel länger macht.

Der Großteil der Reise durch das Labyrinth kann eliminiert oder zumindest verkürzt werden, indem man im Einklang mit Weiser Sicht beginnt und geeignete Methoden benutzt, die die senkrechte Intention nicht verraten. Weise Sicht ist kein Ziel, sondern eine Weise der Beziehung und gegenseitigen Verbindung von Augenblick zu Augenblick. Als Nisargadatta Maharaj mich einlud, ihm ins Unbekannte zu folgen, war dies eher eine Einladung zum Glauben denn eine zur Gewissheit. Um mich ihm anzuschließen, musste ich aufhören, meine Getrenntheit in Ehren zu halten, und mich keiner Erfahrung widersetzen. Manchen mag das wie das Hinaufklettern an einer Steilwand erscheinen, aber wenigstens können wir hören, dass es einen möglichen Ausweg aus dem Labyrinth gibt.

Wenn wir von oben auf das Labyrinth blicken, ist der Weg, der zum Ausgang führt, offensichtlich. Vom Inneren des Labyrinths aus ist er nicht offensichtlich, denn die Mauern des Ego lassen keine klare Beobachtung zu. Das mit der Suche nach der Wahrheit einhergehende Bemühen ist paradoxerweise lang und beschwerlich, weil die Wahrheit das ist, was wir im Wesen sind und was deshalb nicht angestrebt werden kann. Von Anfang an müssen wir das Bemühen umkehren, damit das Bemühen nicht im Äußerlichen sucht, was bereits vorhanden ist, oder ein festgelegtes spirituelles Gebiet kreiert. *Dieses neue Bemühen baut das Bedürfnis, getrennt zu sein, ab.* Weises Bemühen umgeht einen Großteil der Zwietracht, die auftritt, wenn wir Methoden benutzen, die mit der primären Intention und Weiser Sicht im Konflikt stehen.

Die vier *Wege* Weisen Bemühens

Shântideva, der indische buddhistische Gelehrte und Philosoph aus dem achten Jahrhundert, sagte: „Wir sind nicht hier, um die Welt zu ändern. Die Welt ist hier, um uns zu ändern." Das Bemühen, nach dem wir streben, steht im Einklang mit dieser Aussage. Wenn wir mit der Vorstellung beginnen, wir seien hier, um verändert zu werden, wird unser Bemühen sich ziemlich von dem Bemühen unterscheiden, das aufgewendet wird, um die Umstände zu beeinflussen und zu ändern. Das Leben wird uns durch unsere Bereitschaft transformieren, von ihm berührt zu werden, sich ihm zuzuneigen und empfänglich für es zu sein, und die Bemühung, die wir aufbringen, wird die Energie zuzuhören, zu lernen und zu verstehen sein.

Wie wir im vorangegangenen Kapitel gesehen haben, gründet sich die Ichempfindung auf den Schmerz der eigenen Kontraktion und bildet eine Geschichte, die, wenn sie nicht eingedämmt wird, uns emotional, körperlich und psychisch aussaugt. Unsere Bemühungen können die Geschichte unterminieren oder stützen, je nach Ansicht und Absicht. Weises Bemühen steht im Einklang mit der Weisen Sicht der gegenseitigen Verbundenheit und der Weisen Intention, unsere Sehnsucht bis zu ihrer Quelle zurückzuverfolgen. Aber wie ein guter Kunsthandwerker müssen wir genau das richtige Instrument auswählen, um diesem Zweck gerecht zu werden, oder aber wir fördern die Bedingungen für Selbsttäuschung und fügen der Geschichte weitere Dialoge hinzu.

Die vier *Wege* Weisen Bemühens sind vollkommene Instrumente für dieses Ziel. Sie sind *Entspannen, Loslassen, Preisgeben* und *Wiedervereinigen*. Keines dieser Wörter enthält irgendeine Anspannung oder Stress noch baut es auf der „Ich-Geschichte" auf. Diese Wörter repräsentieren Augenblicke der Hingabe und keine Akte der Erklärung. Sie erlauben uns, eher in uns selbst zurückzufallen, als dass wir etwas aus uns machen. Sie rufen uns zu unserer uns angeborenen Natur durch Weise Sicht zurück. Die vier *Wege* Weisen Bemühens gründen sich nicht auf der Ichempfindung; stattdessen kehren sie die Energie des Suchens in ihre rechte Richtung der Erkundung und Entdeckung um. Diese vier *Wege* sind kontraintuitiv, weil die Ichempfindung nur überlebt, indem sie sich mit der Zeit selbst aufbaut, und diese Wörter dekonstruieren das Ich, indem sie das Gerüst, auf dem es aufbaut, eliminieren.

Bemühen im Einklang mit diesen vier *Wegen* bildet einen direkten Pfad aus dem Labyrinth, denn sie zwingen das Ich, seinen unbewussten Plan offenzulegen. Diese Wörter bringen uns in die entgegengesetzte Richtung unserer Gewohnheiten und legen auf diese Weise unsere Konditionierung offen. Die Ichempfindung möchte gegen die Verwendung der vier *Wege* protestieren, denn das „Ich" möchte seine Macht und Kontrolle aufrechterhalten und diese Form des Bemühens nimmt ihm dies fort. Das Ich wird sich beschweren, wie diese vier *Wege* gegen den Sinn und Zweck des Lebens gehen, indem es die Vorteile bewussten Bemühens ablehnt. Wenn dies nichts fruchtet, uns vom Gebrauch der vier *Wege* abzuhalten, wird das Ich seine Trumpfkarte, die Angst, ausspielen. „Wenn ich die Kontrolle aufgebe, was wird mich dann leiten?", wird es schreien. In diesem Augenblick erkennen wir, weshalb so viele Menschen den traditionellen, längeren, mühsamen Weg bewussten Bemühens wählen. Dieser Einwurf scheint zu emphatisch, zu unsicher und persönlich zu zerstörerisch sein.

Uns wieder mit unserer primären Intention zu verbinden kann während dieser Proteste sehr hilfreich sein. Worum soll es in unserem Leben gehen? Hier ist die Trennlinie zwischen der primären und der sekundären Intention. Seien wir aufrichtig und sehen wir, was wirklich unsere Intention ist. Das Leben ist zu kurz, um die Energie der primären Intention weiterhin zugunsten der Unersättlichkeit und Angst der sekundären Intention zu untergraben. Wir müssen eine Entscheidung von Augenblick zu Augenblick treffen, welchen Pfad wir auf unserer Reise einschlagen wollen.

Lassen Sie uns die vier *Wege* Weisen Bemühens zum besseren Verständnis desselbigen untersuchen.

Entspannen

Entspannung ist das Loslassen mentaler und physischer Anspannung. Viele von uns assoziieren Entspannung mit Schlaf und einem Verlust des Bewusstseins. Entspannung bei gleichzeitiger wacher Beobachtung ist die spirituelle Grundlage für die Selbsterforschung, und diese Kombination stellt die Weichen und bestimmt die Qualität unserer Praxis, die auf ein Leben in Gelassenheit und ohne Spannungen hinzielt. Wenn wir unser spirituelles Bemühen unweise dazu einsetzen, ein Resultat zu erzielen, wird unser Streben immer von einer inneren Anspannung und von Stress belastet sein. Entspannung hebt diese Neigung auf, sodass unser Bemühen im Einklang mit Weiser Sicht steht und sich direkt mit dem verbindet und das beobachtet, was wir bereits sind.

Das Gegenteil von Entspannung ist Anspannung und Anspannung entsteht aus Widerstand. Wir verbringen einen Großteil unseres Lebens damit, uns gegen innere und äußere Erfahrungen, die wir als Bedrohung empfinden, zu wehren. Bewusstheit zeigt uns einsichtsvoll, dass unsere Verteidigungsmechanismen nicht gebraucht werden, dass alle Erfahrungen harmlos sind und dass es keinen Grund gibt, uns zu verteidigen oder uns wegen unserer Erfahrungen zu verkrampfen. Diese Einsicht zerstreut die Neigung zu weiterer Verteidigung und orientiert uns in Richtung auf tiefere Ruhe und Erholung. Das aufgewendete Bemühen richtet sich darauf, dass wir alle Dinge zulassen können, wie sie sind, und uns noch tiefer in sie hinein entspannen. Entspannung lässt die Grenzen zwischen dem Ich und dem anderen, die durch Angst und Unsicherheit gezogen wurden, schmelzen.

Ich unterwies einmal eine Gruppe von Teenagern in der Meditation und schickte alle mit der Aufgabe nach Hause, den Tag lieber mit Entspannung als mit Anspannung anzugehen. Eine Fünfzehnjährige erzählte in der folgenden Woche, wie sie und ihre Eltern im Wohnzimmer saßen und die Unterhaltung immer angespannter und erregter wurde. Normalerweise, so erzählte sie, war es ihre Rolle, die Spannungen noch mehr anzuheizen, indem sie ihre Kommentare beisteuerte, aber sie erinnerte sich an die Hausaufgabe und blieb ruhig und gleichmütig. Offenbar folgte die ganze Familie ihrem Beispiel und die Situation entspannte sich. Sie erkannte, dass ihre Reaktion die ganze Familie beeinflusst hatte. Entspannung ist ansteckend. Wenn andere sich wohlfühlen, fühlen sich die Menschen in ihrer Umgebung sicher und geborgen.

Der größte Feind der Entspannung ist das Sichgehenlassen. Wenn wir nicht aufpassen, wird das angenehme Gefühl der Entspannung zum Selbstzweck. Entspannung lenkt dann von der scharfen Beobachtung ab und wird zu dem Bedürfnis, gehätschelt und gepflegt zu werden. Der

Buddha sagt: „Wo immer wir festhalten, holt Mâra uns ein." Dann laufen wir dem nach, was wir uns wünschen. Wie alle anderen geschickten Mittel kann auch Entspannung entweder weise oder unweise angewendet werden.

Loslassen

Loslassen ist das Ablassen von dem Bedürfnis, die Ergebnisse zu kontrollieren. Dies ist der schwierigste der vier Wege, denn durch Kontrolle behaupten wir das Gefühl unserer eigenen Wichtigkeit. Angst und das Kontrollbedürfnis arbeiten Hand in Hand, um unseren Zugriff auf die Welt aufrechtzuerhalten und die Erfüllung unserer Pläne sicherzustellen. Wir fürchten uns davor, das Leben einfach so zu lassen, wie es ist, und die meisten von uns vertrauen wenig darauf, dass es etwas gibt, das uns auffängt, wenn wir die Kontrolle aufgeben. Was kann uns denn noch beschützen, wenn wir unsere Willenskraft und Machtausübung verlören?

Der Ichempfindung mangelt es an Vertrauen zu allem, was außerhalb ihres Einflussbereiches liegt. Das Leben wird als etwas aufgefasst, das sich unserer Macht widersetzt, und deshalb muss unser Wille es dazu zwingen, sich unseren Wünschen zu fügen. Während wir versuchen, die von uns gewünschten Ergebnisse zu erzielen, frustriert das Leben jedoch weiterhin unsere Versuche, Gott zu spielen, und es gelingt uns letztlich nicht, eine geregelte, vorhersehbare und sichere Welt zu schaffen. Wir gleichen einem Alkoholiker, der den Alkohol dazu benutzt, seine innere Welt zu kontrollieren, nur um festzustellen, dass dies seine Welt gründlich aus den Fugen geraten lässt.

Inzwischen sind wir aber bereit für Vertrauen. Vertrauen ist das Gegenteil von Kontrolle und drückt sich energetisch als Loslassen des Bedürfnisses aus, dass alles nach unseren Wünschen zu gehen habe. Im Loslassen äußert sich das Bemühen darin, dass wir die Hand öffnen und das Leben empfangen, statt eine Faust zu ballen und das Leben auszuschließen. Vertrauen ist das intuitive Gefühl, dass es jenseits unserer Macht etwas gibt, das unser Leben trägt und es schon immer getragen hat; es ist eine Anerkennung unserer Begrenztheit und Machtlosigkeit.

Meine Freundin Krissy fuhr einmal ihre kleinen Kinder zur Schule; sie geriet in einen Stau und fürchtete, zu spät zu einem Termin zu kommen. Die Kinder waren aufgedreht und hüpften auf der Rückbank umher, und Krissy wollte gerade explodieren, als ihr der Gedanke kam, dass sich ihr ganzes Leben in einem übertragenen Sinn in diesem Auto abspiele. Es gab keine anderen Möglichkeiten: Entweder sie bezog Stellung und lebte ihr Leben hier im Auto, oder sie hatte daran zu leiden, dass sie dem Auto nicht entfliehen konnte. Sie sagte, es sei eine Offenbarung gewesen zu erkennen, wie einfach und handhabbar alles wurde, als sie alle anderen Möglichkeiten ausschloss. Es veränderte ihre ganze innere Dynamik und, was noch wichtiger war, es ließ die Liebe zu ihren Kindern hervortreten. Sie wusste immer noch, dass sie zu ihrem Termin zu spät kommen würde, aber die Fahrt ging nun leicht.

Krissy musste erst in die Tiefen ihrer Machtlosigkeit gestoßen werden, bevor sie zur Mühelosigkeit der Entspannung erwachen konnte. Die Alternativen bestanden nur in ihrem Kopf. Wenn Weises Bemühen auf ein Hindernis trifft, lassen wir allen Widerstand los; wenn unweises Bemühen auf ein Hindernis trifft, entwerfen wir eine Strategie, um das Problem zu überwinden. In dem Versuch, die Schwierigkeit zu überwinden, sind wir vollkommen von den Alternativen absorbiert. Aber Realität ist das, was übrig bleibt, wenn wir alle Alternativen fallen lassen, und Vertrauen ist das, was unseren Fall auffängt. Wir lassen unser Leben in das Vertrauen fallen. Es ist kein Vertrauen auf etwas: Es ist ein rückhaltloser Schritt ins Unbekannte. Nisargadatta Maharaj sagte während unserer Begegnung zu mir: „Anstatt zu versuchen, Wahrheit zu erlangen, lass dich einfach in sie fallen. Lass dich von ihr packen und von ihr einwickeln. Das ist Vertrauen."

Preisgeben

Preisgeben ist das Loslassen von allem, was nicht authentisch und natürlich ist. Es ist die Rückkehr in den Nullpunkt, indem wir Schicht für Schicht der Zwiebel der Anmaßung entfernen. Zu Beginn unserer Reise kennen wir den Unterschied zwischen einem authentischen Leben und dem, was wir aktuell leben, noch nicht. Wir entdecken den Unterschied durch beharrliche Selbstbeobachtung und indem wir unsere Konditionierung infrage stellen. In dem Maße, in dem sich unsere Konditionierung und der begleitende Kommentar unseres Lebens als unwahr erweisen, lernen wir das Unwirkliche preiszugeben und im Wirklichen zu verweilen. Während wir auf die Verwirklichung zugehen, erkennen wir, welch großen Teil unseres Lebens wir in der Maßlosigkeit unserer Bedürfnisse leben und wie ein großer Teil unseres Denkens unsere natürliche Präsenz verhindert. Aus diesem Bewusstsein resultiert eine organische Einfachheit.

Ein Aspekt von Authentizität ist eine Reduzierung der Verlockung durch sinnliche Reize, weil die Welt uns nicht mehr so in ihren Bann zieht wie bisher. Preisgabe hat manchmal den Beigeschmack von Verleugnung oder erzwungener Abstinenz, aber Preisgabe, wie ich sie hier verstehe, ist kein bewusster Rückzug oder eine asketische Disziplin; sie ist das natürliche Nebenprodukt der Erkenntnis der Leere. Paradoxerweise nehmen Schönheit, Wertschätzung und Intimität proportional zur Abnahme der sinnlichen Wünsche zu. Eine authentische Person ist nicht kalt oder unbeteiligt, sondern lebendig, vibrierend, voll verkörpert und in ihrem Leben und durch ihr Leben völlig verfügbar.

Der Buddha spricht hierüber in der folgenden Passage: „Für manche Menschen ist Kontakt, also der Punkt, an dem Sinn und Objekt sich begegnen, fesselnd. Und so werden sie von den Gezeiten des Seins fortgeschwemmt und driften eine leere, sinnlose Route entlang. … Andere jedoch gelangen dahin, die Aktivität ihrer Sinne zu verstehen, und da sie verstehen, erfüllt die Stille sie mit Entzücken. Sie erkennen einfach, was Kontakt bewirkt, und so hat ihr Verlangen ein Ende. Sie realisieren völlige Ruhe."[21]

Indem wir Preisgabe üben, schließen wir Frieden mit der Leere. Wir werden von der primären Frage angetrieben: „Was bleibt übrig, wenn alles Unwesentliche weggefallen ist?" Diese Frage kommt aus einem Herzen, das sich danach sehnt, die Bürde des Ich abzuwerfen. Wir erkennen den sinnlosen, uns selbst auferlegten Kampf unseres Lebens und wir hören damit auf. Das ist Preisgabe. Sie ist nicht komplex, detailliert oder stressig; sie ist völlig schlicht und absolut offensichtlich.

Wiedervereinen

Wiedervereinen ist der energetische Ausdruck von Weiser Sicht. Das Aufrechterhalten der Unwahrheit von der Getrenntheit ist mühsam;

Wiedervereinen ist mühelos. Es bedeutet schlicht und einfach, dass wir es unserem Herzen erlauben, das Leben zu übernehmen. Der Verstand wird für immer die Annahme von Geschiedenheit erzeugen, aber das Herz sieht die Verknüpftheit aus dem Blickwinkel der vertikalen Dimension. Jedes Mal, wenn wir uns wiedervereinen, verstärken wir die Wahrheit dieses Organs, bis es letztlich die Kontrolle über die Wahrnehmung übernimmt. Wir verlieren dabei nicht das Vermögen, Unterschiede wahrzunehmen, aber diese Wahrnehmung ist nun nicht mehr unsere Standardeinstellung.

In der folgenden Passage spricht der Buddha wieder über den Schmerz unweiser Sicht: „Mönche, bei einem Menschen mit unweiser Sicht wird alles körperliche, sprachliche oder geistige Verhalten, das er in Übereinstimmung mit dieser Sichtweise an den Tag legt, und alles, was er an Wollen, Streben, Wünschen und Willensregungen in Übereinstimmung mit dieser Sichtweise hervorbringen mag, zu Unerwünschtem, Ungewolltem und Unangenehmem, zu Schädigung und Leiden führen. Aus welchem Grunde? Weil die Sicht eine falsche ist."[22]

Wenn wir uns wiedervereinen, indem wir das hier sein lassen, was bereits hier ist, dann stoßen wir unmittelbar auf die Begründung für unseren Widerstand und die Gründe, warum wir in unserem Trotz verharren. Der Inhalt unserer Geschichte fühlt sich emotional vertraut und bequem an, wohingegen das Preisgeben im Widerspruch zu unserer Geschichte zu stehen scheint. Wie ein Schüler einmal emphatisch sagte, als wir uns dieser Schwelle näherten: „Und was ist mit all der Arbeit, die ich geleistet habe, um selbstständig zu werden? Wollen Sie mir sagen, ich solle mich wieder von den Leuten ausnutzen lassen?" Solche Gespräche erinnern uns daran, wie wichtig es ist, dass jeder in seinem eigenen Tempo vorangeht. Wenn wir uns genötigt fühlen loszulassen, dann lassen wir nicht los. Loslassen ist mühelos. Wir wiedervereinen uns, wenn wir aufgehört haben, uns von allem anderen zu isolieren, und das erfordert sowohl psychische als auch spirituelle Bereitschaft.

Wir verwerfen also nicht die Gründe für unsere Individuation, sondern erforschen vielmehr, ob sie wahr ist: Bleibt sie im Hier und Jetzt des senkrechten Universums noch erhalten, oder ist sie nur ein waagerechtes Überbleibsel aus der Vergangenheit? Wir vereinen uns wieder mit der Wahrheit einer jeden Sache, indem wir deren durch unser Denken bedingte Täuschung preisgeben. Ein Großteil unserer Welt besteht aus unseren Wunschvorstellungen von der Welt, und wir sind aufgefordert, die Welt neu zu bewerten, indem wir die Last der Vergangenheit ablegen und sie mit neuen Augen ansehen.

Eine der mächtigsten Täuschungen, mit denen viele von uns leben, ist der Glaube an unsere Begrenztheit. Wir haben zwar in Körper und Gehirn verschiedenartige Grenzen, aber das „Sein" kennt keine Einschränkungen. Wir können unsere Annahmen über den Körper und das Gehirn leicht auf das Bewusstsein übertragen, aber Bewusstsein ist ein primärer Seinszustand ohne Eigenschaften. Eine der hartnäckigsten dieser Annahmen ist der Selbstzweifel.

An unseren Bemühungen zweifeln

Eine der im Westen weitverbreitetsten Vorgehensweisen, unser Gleichgewicht zu verlieren und die Ichempfindung zu bestätigen, sind Selbstzweifel. Selbstzweifel sind der Schmerz unseres Selbstbildes. Wenn wir in einer Konsumgesellschaft leben, die mit dem Gefühl Werbung macht, wir seien unvollständig, solange wir nicht dieses oder jenes Produkt gekauft haben, und wenn wir zudem unser Leben lang auf allen Ebenen mit Vergleichen und Bewertungen konfrontiert werden, können wir sicher sein, dass wir mit einem starken Gefühl der Unzulänglichkeit und Minderwertigkeit aufwachsen und alt werden. Dieses Gefühl der Unzulänglichkeit wandelt sich mit der Zeit in Zweifel an unserer Fähigkeit, Erfolg zu haben.

Spirituell gesehen verwässern Selbstzweifel unsere Entschlossenheit, zu erwachen. Minderwertigkeitsgefühle halten uns in der Geschichte unseres Schmerzes gefangen. Wenn wir an unsere Minderwertigkeit glauben, ist es schwierig, unseren Platz im Leben zu würdigen. Wir haben vielleicht das Gefühl, das, was solche spirituellen Wörter wie „Frieden", „Freundlichkeit", Großzügigkeit", „Geduld" und „Ganzheit" bezeichnen, nicht zu verdienen. Wir glauben, wir müssten eine Art Vergütung anbieten können, um diesen Grad an Reinheit zu erlangen. Also machen wir uns auf zu einer Expedition, um den von uns wahrgenommenen Mangel zu überwinden und all das zu eliminieren, was wir für fehlerhaft halten. Die spirituelle Reise gerät zu einem Versuch, ein besseres Ich zu entdecken oder Buße für die eigenen Fehler zu tun.

Durch unsere Praxis mögen wir gelegentlich zu Liebe oder tiefer Zufriedenheit gelangen. Diese Erfahrungen rechtfertigen unsere harte Arbeit, bestätigen aber auch unsere schlimmsten Befürchtungen, dass diese Eigenschaften nur in den schwer zugänglichen Regionen der Isolation und der heiligmäßigen Geisteszustände zu finden sind, die nur durch strenge Entbehrungen erreichbar sind. Dies beweist, dass wir noch viele Leben vom Erwachen entfernt sind und die gewöhnliche Ichempfindung so unzulänglich ist, wie wir angenommen hatten.

Unser Lehrer mag von Schulung über viele Inkarnationen sprechen, von den vielen Leben Buddhas und vom Geist über lange Zeit geduldig fortgesetzter Übung. Der Zweifel liebt solche Lehrvorträge, weil sie bestätigen, was er fühlt: „Ich bin noch nicht bereit." Wir schieben unser Erwachen auf die lange Bank, bis wir irgendwann das Gefühl haben, bereit zu sein, und solange der Zweifel unhinterfragt bleibt, wird dieses Gefühl niemals eintreten. Der Zweifel kann sich nicht selbst durch harte Arbeit ausräumen, wenn das Bedürfnis, hart zu arbeiten, sich aus dem Schmerz vermeintlicher Unzulänglichkeit speist.

Die vernichtendste Auswirkung des Selbstzweifels ist jedoch, wie unser Augenmerk in der Gruft des vom Zweifel verursachten Leidens gefangen gehalten wird. Wenn Bemühungen angeregt werden, bleiben sie halbherzig, denn im Grunde unseres Herzens glauben wir, es sei sinnlos. Das Bewusstsein wird eingekerkert und kann nichts anderes als die eigenen Mängel mehr sehen. Vom Dharma verlangen wir dann, dass er uns einen Fluchtweg aus diesem Leiden weist, und wenn er das nicht kann, wenden wir uns vielleicht von ihm ab.

Die spirituelle Reise entscheidet sich an der Wegscheide von Selbstzweifel und Vertrauen. Dies ist der Punkt, an dem wir uns entscheiden, ob wir weiter auf Selbsttäuschung setzen und im Netz falscher Ansichten gefangen bleiben wollen, oder ob wir uns in Weiser Sicht mit dem Leben wiedervereinen wollen. Das Gefühl, es fehle uns etwas, ist das Produkt unseres Zweifels und entspricht nicht der Wirklichkeit, doch nur wenige von uns haben gelernt, inmitten von Zweifeln präsent zu bleiben, ohne an deren persönliche Implikationen zu glauben. Der Zweifel sagt uns, wir seien so unzulänglich, wie wir uns fühlen, und müssten uns daher mehr anstrengen. Wir handeln dann auf der Grundlage dieses Gefühls, indem wir nach einer Technik greifen, die unser Gleichgewicht wiederherstellen soll.

Jede Technik ist von Selbstzweifeln überschattet. Eine Technik wird angewendet, wenn wir das Bedürfnis haben, irgendwie eine Veränderung herbeizuführen. Fühlten wir uns vollständig, gäbe es nichts in Ordnung zu bringen und nichts zu tun. Benutzen wir eine Technik, ohne ihren Schatten zu sehen, so verstärkt dies auf subtile Weise den Glauben, wie seien ein reparaturbedürftiges Mängelexemplar. *Dieser Glaube ist von zentraler Bedeutung für die Perpetuierung unweiser Sicht und vielleicht der einzige Glaube, der uns vom Erwachen abhält.*

Wir beginnen zu realisieren, dass wir uns nur auf unsere Absicht verlassen können, nicht auf unser Bemühen. Bemühung ist im Grunde ein Abweichen von Weiser Absicht, denn sobald wir meinen, uns bemühen zu müssen, hat sich der Glaube an unsere Getrenntheit bereits in uns festgesetzt. Wenn wir uns dann bereitwillig Korrekturmaßnahmen unterziehen, um dieses Gefühl der Getrenntheit zu überwinden, wird das Problem nur verschlimmert, denn Getrenntheit wird ja gerade durch die Ausübung des Willens geschaffen. Die Nutzung des Willens fördert das Gefühl, es gäbe ein Problem und es sei unsere Aufgabe, es zu lösen.

Ein weitverbreitetes Problem besteht darin, dass wir die Begrenztheit unserer Bemühungen nicht erkennen und weiterhin „Heilmittel" anwenden, die unsere Isolation nur verstärken. Wir vergessen häufig die Tatsache, dass Bemühungen auf der Annahme basieren, es gäbe ein „Ich". Doch je mehr wir uns bemühen, desto tiefer wird die Kluft zwischen dem, was ist, und dem, was wir wollen. Ist das, was wir wollen, allerdings das, was ist, dann sind wir bereit, bei allen Dingen zu verweilen, nicht mehr eins vom anderen zu trennen. Die Verknüpftheit rückt wieder in unser Blickfeld, wenn es kein Bedürfnis mehr gibt, etwas zu verändern. An einem bestimmten Punkt müssen wir unsere Praxis der Weisen Absicht überantworten und das Bedürfnis, eine bessere Wirklichkeit zu schaffen, loslassen.

Bemühen spielt eine zentrale Rolle bei der Aufrechterhaltung und Förderung von unweiser Sicht und trennt uns von der ruhenden, jederzeit zu Verfügung stehenden Gegenwart. Zu verstehen, welche Annahmen hinter unseren Bemühungen stehen, und diese Glaubensvorstellungen infrage zu stellen ist unerlässlich, um den Selbstzweifel zu überwinden. Doch ein noch subtileres Verständnis ist vonnöten, um uns aus der fortlaufenden Erzählung unserer Geschichte zu befreien – das Verstehen der Begrenztheit der Wörter selbst. Um unsere Glaubensvorstellungen demontieren zu können, müssen wir verstehen, wie die Sprache uns auf unsere Probleme fixiert.

8

Von Sprache gefangene Sicht

Man kann in keine Welt eintreten, deren Sprache man nicht kennt.

– LUDWIG WITTGENSTEIN

DIE ART UND WEISE, wie wir unser spirituelles Dilemma definieren, wird unsere Bemühungen bestimmen, die wir zu seiner Lösung einsetzen. Der Buddha sagt Folgendes über die Bedingungen, die zu Leiden führen: „Nur insoweit, Ânanda, kann man alt werden, sterben, hinübergehen oder in Erscheinung treten; nur insoweit gibt es eine Möglichkeit des verbalen Ausdrucks; nur insoweit gibt es eine Möglichkeit der Begrifflichkeit, nur insoweit gibt es eine Möglichkeit der Bezeichnung, nur insoweit gibt es einen Bereich des Wissens. Nur dadurch können die Kreisläufe [der Existenz] aufrechterhalten werden, dass es irgendeine Bezeichnung der Bedingungen dieser Existenz gibt."[23]

Wir beginnen zu verstehen, wie unser Wachstum durch die Weise, auf die wir es mit Worten beschreiben, verzerrt wird. Wie zwei gegenüberliegende Spiegel, die sich gegenseitig widerspiegeln, hält Sprache uns in einer Sichtweise gefangen. Dies bestimmt den gesamten Kontext unserer Weltsicht. Wir können nichts anderes erkennen als das, was das Wort verkündet, weil wir beim Sehen der Welt durch das Wort sehen.

Nur wenn wir begreifen, wie das Wort unsere Perspektive einschränkt, werden wir still genug, um auf das zu hören, was jenseits der Definition des Wortes liegt. Wenn wir die Begrenztheit der Sprache erkennen, gehen wir bereits über sie hinaus.

Der Buddha erklärt: „Der Geist, o Mönche, wird durch die Art und Weise geformt, auf die man wiederholt in seinem Innern kontempliert und argumentiert."[24] Unsere Sprache ist die Artikulation unserer Weltanschauung. Vieles von dem, was wir für wahr halten, ist kulturell bedingt und beruht nicht auf Tatsachen. Wenn diese Annahmen nicht hinterfragt werden, werden unsere Absichten und Bemühungen unweiser Sicht entspringen und zu weiteren „Möglichkeiten verbalen Ausdrucks" und „Bereichen des Wissens" führen. Das vorangegangene Kapitel hat aufgezeigt, wie uns Konzepte an eine bestimmte Weltsicht binden und uns daran hindern, klar zu sehen. Jetzt wollen wir erkunden, wie spirituelle Sprache ihre Lieblingsfehlwahrnehmungen auf Kosten einer umfassenden Erkenntnis der Realität aufrechterhält.

Lassen Sie uns jetzt das Buddhazitat im ersten Absatz dieses Kapitels untersuchen. Wir haben gesehen, wie unsere Wahrnehmung von den Begriffen, die wir benutzen, eingekerkert wird. Jeder Begriff gestattet uns lediglich, den von ihm beschriebenen Aspekt der Realität zu sehen, und negiert gleichzeitig jede andere mögliche Wahrnehmungsweise. Was wir sehen, ist lediglich das, was uns das Wort sehen lässt; alles Übrige wird ausgeschlossen. Die Vergangenheit konditioniert uns, den Begriff auf eine bestimmte Weise zu definieren, weil unsere vergangene Geschichte das verdinglicht, was wir dem Konzept an Bedeutung zugeschrieben haben. Nach wiederholter Verwendung erstarrt der Begriff nach Maßgabe unserer Interpretationsweise. So vermögen zum Beispiel nur wenige von uns das Wort „Mutter" frei von Konditionierung zu hören.

Begriffe bilden „verbale Ausdrücke" und diese Sprache liefert den Bezugsrahmen für unsere Realität. Die Funktionsweise und die Existenz aller getrennten Objekte hängen von einem einzelnen Begriff ab und treten zusammen mit diesem auf. Jeder Begriff bestätigt alle anderen Begriffe. Wenn Sie zum Beispiel den Begriff des Vogels haben, dann haben Sie auch ein Nest, einen Baum, den Himmel und so weiter, wobei jeder Begriff all die anderen nach sich zieht und augenblicklich der ganzen Welt Gestalt gibt. Diese Welt umfasst auch das Konzept des „Ich", das um den Vogel weiß.

All das wird durch die Sicht des Geistes getragen, das weitläufige Netzwerk von Annahmen und Beziehungen eines Begriffs zum anderen, das den umfassenden Bezugsrahmen und die Logik der Struktur bildet, die alles zu einem Gesamtkonstrukt zusammenbindet. Die von uns angenommene Sichtweise erkennen wir am leichtesten anhand der Geschichte, die wir uns selbst über das erzählen, was geschieht. Solange wir die inhaltliche Logik dieser Story aufrechterhalten können, schirmt uns diese Sicht gegen Widersprüchlichkeiten ab und alle Unstimmigkeiten werden wieder von dem Standpunkt aus, von dem die Geschichte erzählt wird, interpretiert. Zum Beispiel behauptet unsere gängige Weltanschauung, dass Abweichungen von der Realität, auf die wir uns geeinigt haben – wie etwa außersinnliche Wahrnehmung, andere Seinsbereiche oder Geister – nicht verifizierbar sind. Unser Beweissystem basiert auf einer Weltanschauung, die davon ausgeht, dass solche Erfahrungen der Einbildung entspringen. Da unsere Sichtweise so konfiguriert ist, dass jede Bedrohung durch gegenteilige Beweise abgewendet wird, wird der Beweis für diese Phänomene nie erbracht. „Ja", sagen wir, „es gibt zwar viele Berichte von Geistererscheinungen, aber diese Ereignisse sind nicht reproduzierbar und die meisten Menschen sehen niemals Geister. Daher sind Geistererscheinungen logisch nicht stimmig und wissenschaftlich nicht verifizierbar [was Normen sind, an denen sich die vorherrschende Weltanschauung orientiert]". Das wirkliche Problem liegt darin, dass es für diese Erscheinungen innerhalb der gängigen Sicht keine Erklärungen gibt, und daher muss man sie abtun, damit alles weiterlaufen kann wie gehabt.

Der Geist ist dafür verantwortlich, die Begriffe, die er kennt, zu organisieren und widerstreitende Vorstellungen fernzuhalten, damit unsere Realität und unser Platz in ihr nicht erschüttert werden. Unsere innere Erzählung greift die gängige Sichtweise auf und wendet sie auf die Einzelheiten unseres Lebens an. So wird sie zu unserer Geschichte und wir sind die Erzähler dieser Geschichte. Taucht eine Bedrohung unserer Geschichte auf, verschanzen wir uns in einer Wagenburg und die Verteidigungslinie kontrahiert sich um unsere Sichtweise. Die meisten Erfahrungen, die unsere Sicht infrage stellen, werden geleugnet, vermieden oder abgelehnt, und jene Erfahrungen, die sie bestätigen, werden eingegliedert. So stärken wir schließlich mit jeder Wahrnehmung unsere Ichempfindung.

Im Jahre 1991 war ich Leiter eines Hospizprogramms im mittleren Texas, als ein Mann mit seinem Auto die vordere Glasscheibe eines Selbstbedienungsrestaurants durchbrach, 23 Menschen erschoss, zwanzig weitere verwundete und dann Selbstmord beging. Das Restaurant befand sich im Dienstbereich unseres Hospizes und wir mussten mit beträchtlicher Trauer über diese Morde umgehen. Eine Woche nach dem Vorfall wurde ich zu einem Mittagessen des örtlichen Lions Club eingeladen und sollte anschließend zu diesem Thema sprechen. Während des Essens bemerkte ich, dass der Tenor der Gespräche während des Mittagessens das Recht auf Waffenbesitz für jedermann war und dass dieser Vorfall die Notwendigkeit einer Behauptung dieses Rechtes nur noch bestätigt hatte. Das Frappierende daran war, dass die gesamte Belegschaft des Hospizes früher am Tage zur genau der gegenteiligen Schlussfolgerung gekommen war.

Es gab also zwei verschiedene und einander widersprechende Sichtweisen, die beide durch dieselbe Tragödie verstärkt wurden. In beiden Fällen leiteten sich die Schlussfolgerungen aus der Weltanschauung der jeweiligen Subkultur ab. Die eine befürwortete eine Kontrolle des Waffenbesitzes und die andere war dagegen. Die Fakten des tragischen Ereignisses standen nicht zur Debatte, aber die Meinungen, die sich aus diesen Tatsachen ableiteten, wurden von der vorgefassten Weise, auf die der Geist der einzelnen Personen seine Wahrheit organisierte, geprägt. Wenn wir Angst haben, halten wir nach weiteren Definitionen Ausschau, die unsere Ansichten bestätigen. Dass jeder Betroffene seine Ansichten mit solcher Schärfe verteidigte, zeigt, wie sehr unsere Ichempfindung durch ihre Ansichten genährt wird. Das Ich benutzt gemachte Erfahrungen dazu, um die Weise, auf die es neue Erfahrungen wahrnimmt, zu verstärken. Es benutzt das, was es kennt, um das zu kontrollieren, was es nicht kennt. Alles wird vom Ich durch seinen Gebrauch der Sprache organisiert.

Die Sprache der Evolution

Es ist wichtig, die Sprache, die wir in unserer spirituellen Praxis benutzen, zu kennen, denn die Begriffe gestalten eine Sichtweise, die unsere Reise lenkt, die uns Orientierung gibt, die uns dem Ziel entgegengehen lässt und die bestimmt, auf welchem Weg wir dorthin gelangen. Begriffe und Ansichten sind Annäherungen an die Realität oder Symbole für diese. Wir verwenden sie als horizontale Markierungspunkte in Hinblick auf die vertikale Dimension. Schließlich müssen wir die Begriffe und Ansichten, die unseren Weg lenken, hinter uns lassen. Der Buddha spricht in einem Gleichnis hierfür von einem Menschen, der ein Floß über trockenes Land trägt, nachdem er es zur Überquerung einer Wasserfläche benutzt hat.[25] Er empfiehlt, das Floß am Ufer zurückzulassen, sobald es seinen Verwendungszweck erfüllt hat.

Ich gebe eine Reihe von Meditationsunterweisungen für Anfänger, und wenn ich zu Beginn frage, was die Teilnehmer sich davon erwarten, so wird unausweichlich der Wunsch, sich zu verändern, laut. Diese Motivation entspringt der Hoffnung, auf eine ganz bestimmte Weise verändert zu werden, und die Aufnahmebereitschaft der Teilnehmer wird durch die Begrifflichkeit der Selbstveränderung einschränkt. Sie sind im Allgemeinen pragmatisch und gewillt, für einen bestimmten Zeitraum Energie zu investieren, wenn die Mühsal, Meditation zu praktizieren, zu Veränderungen führt.

In unsere Psyche ist das Konzept des Wandels eingebettet, ein Gefühl, auf etwas hin zu wachsen. Wir glauben an die Zeit, und wir benutzen die Zeit, um unsere Ziele zu erreichen. Die Evolution schenkt uns ein Gefühl von Sinn, Zweck und Ausrichtung. Sie motiviert uns, unsere Entwicklung in der Zeit zu erkennen, und gibt uns Hoffnung und die Entschlossenheit, ein besseres Leben oder zumindest ein besseres „Ich" in diesem Leben zu erreichen.

Die Sprache des Wandels passt ebenfalls zu der Betonung der Vergänglichkeit im Buddhismus. Die Lehre von *Anicca*, der vergänglichen Eigenschaft aller Dinge, ist ein zentraler Punkt aller Formen des Buddhismus. Sie besagt, dass alle Phänomene, sowohl mentaler als auch physischer Art, sich in einem konstanten Fluss befinden. Wenn wir diese Sichtweise in unsere spirituelle Praxis einbeziehen, beginnen wir zu glauben, wir müssten uns genauso wie die übrige phänomenale Welt verändern, und dies kommt unserer Neigung entgegen, unsere Probleme zu umschiffen, ohne sie verstanden zu haben.

Es stimmt, dass sich alles um uns herum verändert – alles außer unserer Sichtweise, dass sich das Leben ständig verändert. Aus dieser fixierten Sicht blicken wir auf das Feld des Wandels hinaus und sagen: „Ja, ich entwickele mich; ich werde geduldiger, stetiger und zentrierter. Ja, es funktioniert." Diese Sicht verstärkt paradoxerweise die Ichempfindung, die es liebt, Wandel zu beobachten, aber sich weigert, in ihm zu verweilen. Alles wandelt sich im Körper und im Geist, außer dem „Ich", das diesen Umstand wahrnimmt, denn die Ichempfindung ist eine begriffliche Vorstellung, und Begriffe verändern sich nicht. Das Ich hält seinen sicheren Standpunkt aufrecht, den Wandel aus der Ferne zu betrachten und darüber nachzudenken. Innerhalb des Wandels zu verweilen wäre eine Bedrohung seiner Fortdauer, und so hält sich das „Ich" den Wandel vom Leibe, indem es eine Anschauung davon hat.

Unser Hospiz hat einst Johann betreut, einen Mann, der durch seinen Glauben von Prostatakrebs im Endstadium geheilt worden war. Johann hatte an einer Veranstaltung der Wiedergeborenen Christen teilgenommen, bei der ihn der Prediger herausgegriffen und nach Ansicht seiner Ärzte von allen Anzeichen des Krebses geheilt hatte. Seither agierte Johann als Zeuge für den Prediger. Johann kam in das Hospiz, weil sein Prostatakrebs wiedergekehrt war, doch da Johann so felsenfest davon überzeugt war, keinen Krebs zu haben, weigerte er sich, dessen Rückkehr anzuerkennen, und behauptete, er sterbe an einer Herzkrankheit. Nach seinem Tod hieß es in seinem Nachruf, er sei an einer kardiovaskulären Krankheit gestorben.

Johanns eingefleischte Sichtweise seiner selbst und seines Lebenszwecks ließ ihm kaum eine andere Wahl, als das Offensichtliche zu leugnen. Wir leben lieber in der Unwissenheit unserer Ansichten als in einer nicht von unserem Geist gestalteten Welt. Die Sprache der Evolution erschafft den spirituellen Weg des Fortschreitens, die Wahrnehmung, wir gingen von einem Punkt zum nächsten. Dieser Weg besitzt nur dann eine relative Wahrheit, wenn wie uns als „jemand" betrachten und der Ansicht sind, dass dieser „Jemand" jetzt „irgendwohin" gehen muss. Es ist nicht falsch, den Weg auf diese Weise anzusehen, doch es ist eine begrenzte Sicht und mit der Zeit hält uns diese einseitige Wahrnehmung in der Sichtweise der Sprache gefangen.

In schwierigen Zeiten können wir die Sprache des Wandels als Fluchtweg in die Sicherheit benutzen. Wir mögen uns beispielsweise in einer emotional herausfordernden Situation befinden. Wenn wir dann an unsere spirituelle Schulung zurückdenken, erinnern wir uns vielleicht an das buddhistische Konzept von Anicca oder der Vergänglichkeit. Also sagen wir: „Auch dies wird vergehen." Wird das Konzept des Wandels auf diese Weise verwendet, wird es zu einer Lebensphilosophie, die uns schwere Zeiten überstehen lässt. Die Sprache wird zu ihrem eigenen Trost und stellt so ihre weitere Verwendung in der Zukunft als Schutzwall gegen Schwierigkeiten sicher.

Es gibt mehrere Gründe, die Komponenten dieser Evolutionssprache in unserem spirituellen Leben zu bewahren. Wenn wir innerhalb einer buddhistischen Perspektive praktizieren, bedürfen Teile von uns der Kultivierung. Zum Beispiel ist die Fähigkeit, einer Sache Aufmerksamkeit zu schenken, eine Schulung und eine Entwicklung. Wenn wir eine Zeit lang die Aufmerksamkeit auf den Atem richten, so zeigt sich eine positive Entwicklung nach oben. Je mehr wir üben, desto mehr verbessern wir unsere Fähigkeit, die Aufmerksamkeit bei einem Gegenstand verweilen zu lassen. Während der Schulung lernt der Meditierende allmählich, den Unterschied zwischen dem, an etwas zu denken, und dem Bewusstsein, das dieses Denken begleitet, zu erkennen. Langsam beginnt er zu verstehen, wie begrenzt ein durch Gedanken und Bilder gelebtes Leben ist. Für viele Menschen ist fortgesetzte Übung vonnöten, um den Unterschied wiederholt zu erfahren.

Im Buddhismus ist man der Ansicht, dass bestimmte Geistesfaktoren während der Praxis zunehmen und dann die Tiefe der Beobachtung intensivieren, indem sie dem Geist Gelassenheit und Ruhe schenken. Diese Faktoren werden im Rahmen der Einsichtsmeditation auf natürliche Weise kultiviert und sind nicht das Ergebnis von willentlicher Bemühung, sondern vom geduldigen Verweilen in Gewahrsein. Diese Zustände werden im Buddhismus die Sieben Faktoren der Erleuchtung genannt: es sind: Achtsamkeit, Erkundung, Energie, Entzücken, Ruhe, Samâdhi und Gleichmut.[26]

Hier geht es nicht darum, eine Erklärung für diese Faktoren zu liefern, sondern aufzuzeigen, dass kultivierte Geisteszustände innerhalb dieser Sicht dem Erwachen förderlich sein können. Ein unkultivierter Geist kann sich anfühlen wie ein Haus inmitten eines Erdbebens, voller Gedanken, Emotionen und persönlicher Geschichten, die die Mauern bis in die Grundfesten erschüttern, und in dem ein Gedanke dem anderen ohne große Klarheit folgt. Es ist schwer, die Natur des Hauses zu betrachten, wenn wir uns schon schwertun, darin nur auf den Beinen zu bleiben. Diese sieben Faktoren des Geistes können die Erschütterung bezwingen und uns gestatten, unser Heim zu erforschen. Der Buddha spricht davon, wenn er sagt: „So wie alle Balken eines Giebelhauses schräg stehen und sich zum Giebel hin neigen, so geschieht es auch, dass ein Mönch, wenn er die Sieben Faktoren der Erleuchtung kultiviert, sich zum Nibbâna (skrt. nirvâna) hinneigt."[27] Doch bei der Entwicklung von Geistesfaktoren ist Vorsicht geboten, denn sie werden sehr leicht zum Selbstzweck. Diese Faktoren sind äußerst subtil und verlockend und scheinen das Ziel eines gereinigten Geistes zu repräsentieren. Die Logik, die hinter unserer Rechnung steht, ist folgende: „Je mehr ich übe, desto stärker werden diese Eigenschaften. Wenn ich also weiter übe, werden diese Eigenschaften schließlich alle anderen übertönen." Leider entfaltet sich die Praxis nicht unserer Logik gemäß, und diese Sicht verdammt uns dazu, die Anspannung, immer noch mehr tun zu müssen, zu erfahren.

Außerdem haben die meisten von uns außerhalb einer langwierigen spirituellen Schulung keinen Zugang zu diesen subtilen Eigenschaften des Geistes, und daher stellen diese den Lohn und die Bestätigung von Jahren harter Arbeit dar. In dem Maße, in dem die Praxis reifer wird, können wir uns immer leichter diesen Faktoren zuneigen und dies als Beweis für unsere zunehmende Reinheit verstehen. Wir können sie aus dem großen Ganzen der Praxis heraustrennen, indem wir unseren Charakter um sie herum weiter formen. Wenn unser Charakter Anspruch auf diese Eigenschaften zu erheben beginnt, werden ein Bild und eine Sichtweise gebildet und eine Sprache beginnt sich zu artikulieren, die den spirituellen Weg innerhalb dieser Wahrnehmung festschreibt. All dies zeigt, wie die Ichempfindung ihre Vorherrschaft wahrt, wenn wir uns auf irgendein Ziel als spirituellen Zweck fokussieren und die schlichte Wahrheit vergessen, dass Spiritualität darin besteht, das Nichts, das wir sind, zu manifestieren.

Die Charakterentwicklung ist ein wichtiger Bestandteil spirituellen Wachstums, aber wenn sie zum beherrschenden Fokus unserer Absicht wird, dann wird Spiritualität schon bald zur Selbstverbesserung degradiert. Unser Charakter entwickelt sich im Laufe der Zeit, solange unsere spirituelle Absicht weise ist. Man darf die Entwicklung des Charakters nicht als spezielle Aufgabe ansehen; er entwickelt sich ganz von selbst, wenn wir der Neigung unseres Herzens folgen. Die Bereitschaft, auf die transformierenden Eigenschaften unseres Herzens zu vertrauen, ist abhängig von unserer Sicht. Wenn wir die Verknüpftheit allen Lebens von der Warte der Weisen Sicht aus betrachten, erwachsen unsere Handlungen aus Gewaltlosigkeit und werden von Liebe gelenkt. Verknüpftheit und nicht die Ichempfindung lenkt unsere Integrität hin auf das Nicht-Verletzen und die selbstlose Rücksichtnahme auf andere. Unser Charakter wird zu einer sicheren Zuflucht für andere und ist furchtlos in sich selbst gefestigt. All dies tritt ohne unser Zutun in Erscheinung.

Manche Menschen scheinen die traditionelle Meditationspraxis oder -schulung zu umgehen und erwachen, ohne versucht zu haben, etwas zu kultivieren. Wie jemand erwacht, scheint individuell festgelegt zu sein, und das Timing des Erwachens scheint mehr mit unserer Fähigkeit zu tun zu haben, eine Sichtweise loszulassen, als mit der von uns kultivierten Praxis. Wir werden vom Erwachen abgehalten, indem wir an die Landkarte glauben, die unser Geist von dem geschaffen hat, was wir alles tun müssen, um zu erwachen, und Buddhismus kann als eine sehr aufwendige Landkarte missverstanden werden.

Nichts trennt uns von dem, was wir sind, außer unsere Vorstellungen von dem, was wir sind. Diese Vorstellungen formieren sich zu einer Sicht, der wir blindlings folgen und die wir selten infrage stellen. Die Sichtweise zwingt das Ich dann, sich auf eine Reise zu begeben, um seiner eigenen Täuschung ein Ende zu machen. Wir entdecken, dass die Reise durch Beendigung der Sicht zu Ende geht und nicht durch die harte Arbeit, die wir leisten. Dies führt zu einer unbestreitbaren Tatsache: *Wir erwachen aus einer Sichtweise.*

Hier stellt sich eine interessante Frage: Wenn wir wüssten, wir müssten jeden Aspekt des Buddhismus aufgeben, um erwachen zu können, würden wir das tun? Manchmal würden wir eher unser Ziel aufgeben als das kohärente System, mit dem wir das Ziel erreichen wollen. Der Buddhismus ist aufgrund seiner klaren und nicht zu leugnenden Aussage über die Natur des Leidens und dessen Beendigung so überzeugend. Das System passt völlig und problemlos in die Sprache des Wandels. „Natürlich", sagen wir, „das ist es, was wir tun müssen." Die Sprache und die Sichtweise, die der Buddhismus schafft, beherrschen seine Regeln und seine Logik. Wenn wir glauben, wir müssten etwas tun, dann müssen wir es tun, bis wir nicht mehr daran glauben. Die Sicht kreiert ein Glaubenssystem, und das, was wir glauben, spielen wir ständig bewusst oder unbewusst im spirituellen, psychologischen und emotionalen Bereich aus.

Die Sprache der Evolution, der Kultivierung und Entwicklung funktioniert so lange gut, bis wir zu einem tieferen Verständnis des Buddhismus gelangen. Wörter wie „Leere", „Soheit" und „Ichlosigkeit" erfordern eine neue Sprache, eine neue Weise, Erfahrungen zu beschreiben. Diese neue Sprache erfordert eine kognitive Karte, neue Strategien und neue Ergebnisse.

Die alte Sichtweise funktioniert nicht mehr, weil wir nicht mehr an sie glauben. Wir beginnen uns durch die alte Sprache der Entwicklung eingeschränkt zu fühlen. Die Vorstellung, uns auf etwas hin zu entwickeln, hält uns davon ab, unsere Unvollkommenheiten zu akzeptieren. Bereits die Wörter „Unvollkommenheiten", „Verunreinigungen", „Hindernisse", und „Makel" implizieren das Evolutionsmodell einer Bewegung hin zur Vollkommenheit. Wenn wir diese Sprache verlassen, beginnen wir zu bemerken, dass jeder Geisteszustand seine eigene Vollkommenheit ist. Die horizontale Sprache des Wandels evoziert eine evolutionäre Definition und einen evolutionären Standpunkt, nicht aber die unmittelbare Essenz der Realität. Es geht darum, ohne mentale Einflüsse in der Realität des Hier und Jetzt zu verweilen; oft aber hält uns die Sprache vom Hier und Jetzt fern, indem sie eine Sichtweise schafft, die diese ausschließt. Wenn wir die Sprache fallen lassen, erwachen wir plötzlich außerhalb der Zeit in das vertikale Universum endloser Möglichkeiten.

An diesem Punkt wandelt sich im Buddhismus die Sicht. Wir haben Glück, dass der Buddha sowohl die Sprache der Entwicklung als auch die des Jetzt fließend spricht, doch beide Sichtweisen sind in Wirklichkeit wie Öl und Wasser. Manche Praktizierende sind in der Lage, sich mühelos und ohne Bruch zwischen den Sichtweisen zu bewegen. Andere versteifen sich zu sehr darauf, im Buddhismus nur eine Bedeutung zu sehen, und müssen den Buddhismus deshalb verlassen, um die andere Sprache hören zu können. Wenn wir auch gewillt sein mögen, die Sichtweisen zu wechseln, so sind wir vielleicht nicht gewillt, jede Sichtweise aufzugeben.

Die Sprache des Jetzt

Während wir in das senkrechte Universum der Zeitlosigkeit hineinwachsen, können wir auch einen neuen Satz von Begriffen annehmen. Unsere Einsichten haben sich über die Logik des Fortschreitens hinausentwickelt und wir erkennen die Leere aller Dinge und die vollkommene Sinnlosigkeit der Gestaltung unserer spirituellen Praxis in Begriffen einer Entwicklung. In unserem Fortschreiten gibt es keinen Fortschritt und wir sind nicht etwas im Werden Befindliches. Es ist nur der Geist, der sich mit dem Denken bewegt, und das Denken bewegt sich überhaupt nicht. Die Begriffe beinhalten das Gefühl der Bewegung, da sie sich an Vergangenheit und Zukunft orientieren. Der Geist hat sich in der Vorstellung von Zeit verloren, aber diese Vorstellung führte im Grunde nirgendwohin. Sie war nur ein Gedanke, der hier und jetzt geschah. Wir waren wie ein Kind, das sein hölzernes Schaukelpferd bestieg, um den Wilden Westen zu erobern, das aber niemals sein Kinderzimmer verlassen hat.

Nun übernimmt die Sprache des Jetzt die Führung. Die Sprache versucht das vertikale Universum zu definieren, indem sie Ausdrücke wie „natürliches Leuchten des Geistes", „Buddhanatur" und „innewohnende Freiheit" benutzt. Die Sprache stellt jetzt alles in den Rahmen des Hier und Jetzt, und alles innerhalb des Hier und Jetzt ist frei von einem inhärenten Sinn und Zweck. Sinn und Zweck beziehen sich auf etwas, das sich in die Zukunft hinein ausdehnt, und das Hier und Jetzt offenbart, dass es alle Zeit in sich enthält.

Die Sprache des Jetzt ist traumatisierend, wenn wir uns nach dem Fortbestand des Ich sehnen. Wir mögen das Gefühl haben, dass unserem Ich ganz und gar die Puste ausgeht, denn diese neue Perspektive liefert keine Hoffnung oder Orientierung mehr für unsere Kämpfe; sie demontiert das uns stützende System und lässt uns völlig allein zurück. Die Sprache des Jetzt kann uns nicht vor der Verzweiflung unserer eigenen Leere retten oder unserer Identität neues Leben einhauchen. Wenn wir den Teppich der Sprache des Wandels zu schnell unter unseren Füßen wegziehen, finden wir uns mit einer Philosophie wieder, die sich zwar erhaben anhört, die wir aber nicht integriert haben. Widerstand gegenüber der Botschaft des Jetzt bedeutet, dass wir noch einiges an Arbeit innerhalb der Sprache der Evolution zu leisten haben.

Manche von uns verweilen in der Sprache des Wandels, obwohl sie in der Sprache des Jetzt sein wollen. Wir mögen die beiden Seiten vielleicht als hierarchisch ansehen, in dem Sinne, dass ein System höher entwickelt ist als das andere, aber dem ist nicht so – wie auch ein Erwachsener nicht höher steht als ein Kind. Wir können nicht aus einer Sprache hinaustreten, solange wir nicht mit dem Glauben an die andere abgeschlossen haben. Damit unser Glaube an eine Sprache aufhört, müssen wir zuerst unsere Abhängigkeit von dem, was die Sprache uns bietet, beenden – also von einer Art und Weise, unsere Ängste und Wünsche zu steuern. Sobald dies geschieht, befinden wir uns in einer neuen Dimension.

Wenn die Sprache des Jetzt nicht ausreichend integriert ist, kann sie eher destruktiv als hilfreich werden. Sie kann zu einem Glaubenssystem werden, das frei von Verantwortlichkeit ist. Ich habe Menschen dieser Schule sagen hören: „Es ist alles leer, also spielt es keine Rolle, was ich tue. Es ist ohnehin alles Illusion." Aus diesem Blickwinkel sind wir, relativ gesehen, für nichts verantwortlich. Wir können diese Sprache benutzen, um der persönlichen Verantwortlichkeit und schmerzlichen Problemen unserer Schuld und Scham zu entfliehen. Die Sprache erlaubt uns, unsere Schattenseite auszuleben und jede Form von Anstand zu verhöhnen. Der Dalai Lama wurde einmal gefragt, weshalb er Güte mehr betonte als Leere. Er sagte schlicht: „Güte ist sicherer."

Wir hatten in unserem Hospiz einen Freiwilligen, der eine starke nichtdualistische Auffassung von Leben und Tod vertrat. Ohne das Pflegepersonal davon in Kenntnis zu setzen, ging er in die stationäre Abteilung, wo sich Menschen am Rande des Todes befanden, und verkündete, sie hätten nichts zu befürchten und sollten sich in den Sterbeprozess hinein entspannen. Er erzählte den Patienten, sie sollten aufhören, den Tod zu fürchten, weil weder sie noch der Tod existierten. Wir haben ihn umgehend hinausgeworfen.

Seine Sichtweise war dem Mann wichtiger als die Bereitschaft der Patienten, sie zu hören. Wieder einmal hatte Sprache die Realität ersetzt. An jedem Punkt des Weges können wir uns dem verbalen Ausdruck der Realität und dem intellektuellen Wissen, das ihn begleitet, übereignen. Die Verwirklichung der Wahrheit wird zweitrangig gegenüber der Bestätigung, die der Geist durch die Sicherheit seiner Ansichten erhält. Auch wenn die Begriffe des Jetzt Einheit implizieren, können die Wörter an sich so entzweiend wie alle anderen sein und unserem Geist lediglich eine begriffliche Befriedigung geben.

Wir realisieren, dass die Sprache des Jetzt uns genauso gefangen nehmen kann wie die Sprache der Entwicklung. Beide Sprachen sind gleich weit von der Wirklichkeit entfernt. Auch wenn wir glauben, die Sprache des Jetzt sei höher und edler als die Sprache der Entwicklung, befinden die beiden sich nicht in Konkurrenz miteinander. Allen Sprachen wohnt eine Begrenztheit der Perspektive inne und sie sind gleichermaßen an die Sichtweise, die sie repräsentieren, gebunden. Eine Perspektive gegen die andere auszuspielen hieße, vollkommen die Richtung zu verfehlen, in die die Sicht weist. Sie verweist nicht auf die Begriffe, sondern auf die Verwirklichung, die die Sicht selbst nicht enthalten kann.

Mahâkassapa, ein Schüler Buddhas, antwortete auf eine Frage nach fixierten Sichtweisen mit folgender Parabel: „Es war einmal ein Schweinehirt..., [der] einen Haufen getrockneten Dungs sah, den jemand fortgeworfen hatte, und er dachte: ‚Das ist ein schöner Haufen trockenen Dungs, den jemand weggeworfen hat, und er könnte Futter für meine Schweine sein. Ich sollte ihn mitnehmen.' Also breitete er seinen Umhang aus, sammelte den Dung ein, schnürte daraus ein Bündel und setzte es auf seinen Kopf. ... Es gab einen heftigen Regenguss und er wurde bis zu den Fingerspitzen von dem matschigen, heruntertropfenden Dung bespritzt, trug seine Ladung Dung aber immer weiter. Die Leute, die ihn sahen, sagten: ‚Du musst wahnsinnig sein! Du musst verrückt sein!' [Und er antwortete:] ‚Ihr seid die Wahnsinnigen! Ihr seid die Verrückten. Dies Zeug ist Futter für meine Schweine!'"[28]

Der Schweinehirt weigerte sich, seine Vorstellung, wie der Dung zu gebrauchen sei, fallen zu lassen, obwohl der Dung begann, gegen ihn

157

zu arbeiten. Sichtweisen können angesichts eines Problems eine Orientierung liefern. Wenn wir sie jedoch als wahres Abbild der Realität betrachten, werden wir von ihrem Dung durchweicht. Wenn wir glauben, wir würden unserem Leben dienen, indem wir eine Sicht aufrechterhalten, dann tun wir tatsächlich das Gegenteil.

Lassen Sie uns zu dem zurückkehren, was der Buddha eingangs dieses Kapitels sagte: „Nur dadurch können die Kreisläufe [der Existenz] aufrechterhalten werden, dass es irgendeine Bezeichnung der Bedingungen dieser Existenz gibt." Wenn die Sprache nicht versucht, das Leben zu definieren, ist das Leben so, wie es ist. Wenn das Leben sich der Sprache verschrieben hat, wird es zu dem, was die Begriffe aus ihm machen. Die Ichempfindung ist geboren, altert und stirbt inmitten des Abstrakten. Alles Leiden entsteht aus dem Glauben an die von der Sprache geschaffenen Bilder. Unser gesamtes weltliches und spirituelles Leben spielt sich nur innerhalb des schmalen Hohlweges unserer Vorstellungen ab.

Vom weisen Gebrauch der Sprache

Wenn Weise Sicht auf die Sprache angewandt wird, wird die konventionelle Sprache, in der Subjekte von Objekten getrennt sind, langsam transformiert. Wir beginnen, jenseits der Begriffe nach unserer Verwirklichung zu suchen, und die Wörter öffnen sich über ihren unmittelbaren Bezugsrahmen hinaus. Wir fangen nicht nur an, die Erfahrung hinter den Begriffen zu verstehen, sondern auch die Tiefe der Erfahrung weitet sich aus, wenn das Bewusstsein jede Tatsache in Stille berührt. Die Verknüpftheit tritt auf natürliche Weise hervor, wenn wir stiller werden und die Stille die Worte transzendiert. Wir beginnen, aus der Wahrnehmung der Totalität heraus zu sehen und zu sprechen.

Die Sprache folgt der Sicht. Die Ichempfindung versucht, dadurch ganz und vollständig zu werden, indem sie die Rede auf freundliche und besonnene Weise benutzt. Indem sie ihre Reaktionen genau dosiert, bewegt die Ichempfindung sich in einem Kontinuum von moralischer und unmoralischer Kommunikation. Moralität wird zu einem Anhängsel der Ichkonstruktion; sie basiert auf dem „Ich" und wählt ihre Worte besser und gepflegter entsprechend einer Gut-und-Böse-Liste für die Aktionen von Körper, Rede und Geist. Moralität ist an das horizontale

Universum und seine Sicht der Welt gebunden. Auch wenn wir danach streben mögen, unsere Ideologie zu transzendieren, lässt die Moralität doch erkennen, wie sehr wir noch im Morast unserer Urteile feststecken. Hinter vielen unserer Sichtweisen und Gedankenmuster stehen eingefahrene Konventionen von Gut und Böse.

In dem Versuch, gut zu sein, erzeugen wir Grenzen, die wiederum das Gegenteil definieren, das Böse. Weise Sicht arbeitet darauf hin, die Grenzen zu eliminieren, um Zugang zur Totalität zu erlangen, während die Moralität versucht, Zugang zur Totalität zu bekommen, indem sie das Gute vom Schlechten trennt. Indem sie das, was ihr gefällt, aus dem Nichtgenehmen herauszieht, erzeugt die Moralität unwissentlich das Böse, das sie zu eliminieren sucht. Handlungen, die nach sittlichem Gutsein streben, implizieren häufig Weise Sicht, aber eben innerhalb einer unweisen Sichtweise. Wir können nicht mit den Vorderreifen auf der Straße und mit den Hinterreifen im Graben geradeaus fahren. Rede, die unweiser Sicht entspringt, wird unweigerlich Schaden anrichten.

Auf das Denken folgt als erstes äußeres Anzeichen für unsere Moralität die Rede. Mit unserer Rede präsentieren wir uns anderen, sie ist unser erster öffentlicher Auftritt in der Welt und der Ort, an dem wir sowohl in Erscheinung treten als auch transparent werden. Die Rede ist oft der wichtige Schritt zwischen unseren Gedanken und Absichten und den ersten körperlichen Manifestationen. Wenn wir in unserer Rede nicht ausgeglichen sind, gerät auch unser Geist aus dem Gleichgewicht. Sobald wir einmal gesprochen haben, gibt es kein Verstecken mehr, und vielleicht ist dies der Grund, weshalb unsere Rede oft auf wenig förderliche Weise überfrachtet ist.

Ich habe viele wohlmeinende Buddhisten getroffen, die sich wer weiß wie verrenkt haben, um Weise Rede zu praktizieren. Durch das gehemmt, was sie in Wirklichkeit gern sagen würden, unternehmen sie große Anstrengungen, das „Richtige" zu sagen. Es scheint nichts auszumachen, dass ihre Rede nicht in Übereinstimmung mit ihrer wahren Meinung ist – irgendwie spielt die Rede eine überragende Rolle. Die Angst, etwas negativ Gefärbtes von sich zu geben, kann so groß sein, dass nur sehr wenig kommuniziert wird.

Manchmal ist etwas, das sich nach Klatsch anhört, eigentlich das Erforschen des Verhaltens eines Dritten durch zwei Menschen, die versuchen, einen Sinn darin zu erkennen. Es kann der Versuch sein, eher über die eigene Meinung von der Person hinauszugehen, als sie zu bestärken. Außerdem habe ich auch sehr integre Lehrer harsche Worte verwenden hören, um Schüler aus stark anhaftendem Verhalten aufzurütteln. Die Absicht und die Sicht, die hinter den Worten stehen, machen sie weise oder unweise, nicht unbedingt das, was gesagt wird.

Rede zu üben, ohne durch Weise Sicht richtig ausgerichtet zu sein, ist sinnlos. Am Ende einer Klausur in stiller Meditation werden die Schüler meist aus einem vereinten Bewusstsein heraus sprechen. Ihr Herz ist warm und empfänglich und ihre Rede fließt mühelos aus dieser Sicht hervor. Ich fordere sie auf, darauf zu achten, wann ihre Rede aus der gegenseitigen Verbundenheit in die Selbstbestätigung zurückfällt. Was geschieht in diesem Augenblick?

Eine gute Kommunikationsübung ist, den Augenblick zu beobachten, in dem die Präsenz während einer verbalen Interaktion unterbrochen wird. Wir sind vielleicht dabei, bewusst, entspannt und in Verbundenheit miteinander zu sprechen, und ein Thema taucht auf, zu dem die Ichempfindung Stellung bezieht. Plötzlich passen die Worte, die wir verwenden, nicht mehr zu unserem Bewusstsein, und in diesem Moment verspürt der Körper einen Wechsel in der Energie. Es ist so, als sei die Verknüpftheit zerbrochen und wir befänden uns isoliert und ganz allein in unserer Rede. Wenn es unsere Absicht ist, die Präsenz zu wahren, werden wir zunehmend sensibler für die Momente, in denen die Verbindung unterbrochen wird.

Unser Selbstbild sucht nach einem Weg, seine Macht durch die Rede aufzubauen. Da die Ichempfindung die Verkörperung von Widerstand darstellt, gewinnt sie ihren Stand durch die Sprache der Unterscheidung, des Vergleichs und des Kontrastes. Mit jeder Art von Definition wird in unserer Psyche eine Grenze gebildet. Diese Grenzziehung wird auf physischer und emotionaler Ebene empfunden. Der Bereich unseres energetischen Herzens im Zentrum unseres Brustkorbs gibt gute Auskunft darüber, ob wir gerade geschickte Rede üben, denn er schwingt so deutlich mit, wenn wir uns in eine um das „Ich" kontrahierte Rede verirrt haben. Wir müssen nur die Fähigkeit entwickeln, auf unser Herz zu hören und dessen Signale zu erkennen, um erkennen zu können, in welcher Sicht wir uns gerade befinden.

160

Ich erinnere mich daran, wie ich im Hospiz eine sterbende Frau betreute, die bei meinem ersten Besuch von dem Augenblick, da ich eintraf, bis zu dem Moment, da ich wieder wegging, ununterbrochen redete. Ich konnte mich gerade noch vorstellen, bevor sie die Kontrolle über das Gespräch übernahm. Nachdem sie mir eine Stunde lang mit außergewöhnlicher Offenheit ihre Verletzungen und manch raue Wahrheit offenbart hatte, musste ich mich für diesmal von ihr verabschieden. In der darauffolgenden Woche rief ich bei ihr an, um eine weitere Visite zu vereinbaren; ihre Tochter war am Telefon. Nach einer merkwürdigen Auseinandersetzung zwischen Tochter und Patientin sagte mir die Tochter, die Patientin wolle mich nicht sehen. Als ich sie fragte, weshalb, antwortete sie mir, ihre Mutter habe gesagt, ich würde zu viel reden.

Ich glaube, diese Frau hat zu früh zu viel offengelegt. Vielleicht wäre ihr das bewusst geworden, wenn sie unser Gespräch noch einmal überdacht hätte. Sie verurteilte sich wahrscheinlich dafür, dass sie mir Einblick in ihre Probleme gegeben hatte. Die meisten von uns benötigen sowohl den rechten Zeitpunkt als auch Zutrauen, um sich selbst zu öffnen. Wenn das Herz entspannt ist, ist die Kommunikation mühelos und meist auch relevant. Der Buddha nennt folgende Bedingungen für weise Kommunikation:

1. „Für den Fall, dass der Tathâgata weiß, dass die Worte nicht den Tatsachen entsprechen, unwahr sind, nicht dem Vorteil gereichen und anderen gegenüber unfreundlich sind, spricht er sie nicht aus.

2. Für den Fall, dass der Tathâgata weiß, dass die Worte den Tatsachen entsprechen, wahr sind, nicht dem Vorteil gereichen und anderen gegenüber unfreundlich sind, spricht er sie nicht aus.

3. Für den Fall, dass der Tathâgata weiß, dass die Worte den Tatsachen entsprechen, wahr sind, zum Vorteil gereichen, aber anderen gegenüber unfreundlich sind, besitzt er das Gefühl für den rechten Zeitpunkt, um sie zu auszusprechen.

4. Für den Fall, dass der Tathâgata weiß, dass die Worte nicht den Tatsachen entsprechen, unwahr sind, nicht zum Vorteil gereichen, aber anderen gegenüber gefällig sind, spricht er sie nicht aus.

5. Für den Fall, dass der Tathâgata weiß, dass die Worte den Tatsachen entsprechen, wahr sind, nicht zum Vorteil gereichen, aber anderen gegenüber freundlich sind, spricht er sie nicht aus.

6. Für den Fall, dass der Tathâgata weiß, dass die Worte den Tatsachen entsprechen, wahr sind, zum Vorteil gereichen und anderen gegenüber gefällig sind, besitzt er das Gefühl für den rechten Zeitpunkt, um sie auszusprechen. Warum ist das so? Weil der Tathâgata Sympathie für alle lebenden Wesen hat."[29]

Der Buddha fordert uns auf, unseren Blickwinkel auszuweiten, indem wir über den Tellerrand unserer eigenen Bedürfnisse hinaussehen und den anderen Menschen einbeziehen, um den richtigen Zeitpunkt für unsere Rede, deren Nutzen und Tonfall zu bestimmen. Er bittet uns, darauf zu achten, welche Wirkung unsere Worte haben und ob das bloße Aussprechen der Wahrheit noch nicht die ganze Geschichte darstellt. Wenn wir die andere Person in unsere Kommunikation mit einbeziehen, werden wir in dem, was wir sagen und wie wir es sagen, umfassender sein. Es bringt uns von unserer Meinung ab, was der andere hören müsse. Unsere Rede kommt dann von einer anderen Instanz her als der „Ich"-Reaktion oder der Summe unserer Erfahrungen, die zu diesem Zeitpunkt präsent sind; sie kommt aus dem Ganzen. Im Buddhismus wird das Gewahrsein des Ganzen klares Begreifen genannt. Es wird dadurch erreicht, dass wir durch die Totalität des Bewusstseins sehen, frei von fixierten Sichtweisen.

Die Gesamtheit des Hier und Jetzt ist nicht ganz das, wofür die meisten Menschen sie halten. Da Ganze ist mehr als der Inhalt des gegenwärtigen Augenblicks mit den begleitenden Sinnesdaten. Die Begriffe und die Sprache des Inhalts ziehen uns tatsächlich aus der Gegenwart heraus in die Vergangenheit. Wenn wir die Sinnesdaten erfahren, wählen wir einen Aspekt des Inhalts aus, aber das Ganze ist nun einmal das Ganze. Die Gegenwart ist nicht das, was im Augenblick vorhanden ist; die Gegenwart ist das, was das im Augenblick Vorhandene trägt. Das Ganze ist der Grund, aus dem der Inhalt des gegenwärtigen Augenblicks aufsteigt. Wir können zu diesem Grund gelangen, indem wir fragen: „Was trägt im Grunde alle Geisteszustände, was ist die Basis der Wahrnehmung und bedarf keiner Kultivierung?"

Wenn wir zu verkörperter Aktion übergehen, ist es hilfreich, diesen Unterschied zu verstehen. Unsere Rede und unser Handeln müssen nicht lediglich eine Reaktion auf den Inhalt des Hier und Jetzt sein; sie können eher dem Ganzen des Augenblicks entspringen als ein bestimmter Aspekt davon. Wenn wir auf einen begrenzten Aspekt des Augenblicks reagieren, bleiben wir innerhalb der Sprache und der Sichtweise des Ich. Genauso wie das Ego seinen eigenen Bedürfnissen dient, indem es aus seinen Ängsten und Wünschen heraus handelt, dient das Ganze seinen eigenen Bedürfnissen, indem es aus der Verknüpftheit heraus agiert. Das Ganze manifestiert sich innerhalb der Stille und wird durch die Identifizierung mit dem Denken nur aufgebrochen. Weise Rede und Weises Handeln manifestieren sich aus dieser Stille heraus.

9

Handeln aus der Leere heraus

Besitzt du die Geduld zu warten, bis der Geist sich beruhigt hat
und das Wasser klar ist? Kannst du bewegungslos verharren,
bis die richtige Handlung von selbst aufsteigt?

– DAODEJING[30]

WENN WIR die spirituelle Praxis als eine Reise begreifen, kann das dem
beabsichtigten Ziel entgegenwirken. Richten wir unsere Praxis auf etwas aus, das sich außerhalb des Jetzt befindet, dann nimmt sie die Richtung und die Struktur dieser Ausrichtung an. Begriffe wie „um zu" und
„zu dem Zwecke" laden zu einer Mentalität der Vorbereitung und des
Aufschiebens ein. Eine spirituelle Ausrichtung verschleppt die Bereitschaft und kann ein Hindernis dafür sein, sich auf das einzulassen, das
immer präsent ist. Es gibt keine Vorbereitung für das Jetzt, und das Jetzt
braucht keine Basisarbeit. Es bedarf nur des Mutes, zu den Bedingungen des gegenwärtigen Augenblicks in diesen einzutreten.

Richtungslose Übung ist das Herz des Buddhismus, weil sie all die
Stützsysteme und Krücken entfernt, von denen wir uns abhängig gemacht haben, und uns das unverstellte Leben in seiner nackten Form
bietet. Praxis ohne Ausrichtung ist für den Geist etwas Beunruhigen-
des, denn ohne die Vorstellung einer Reise gewinnt der Geist keine

Zugkraft. Wenn wir nicht irgendwohin gehen oder ein Hindernis überwinden, haben wir das Gefühl, die Arbeit sei sinnlos. Der Selbstwert
des Geistes hängt davon ab, ob er Errungenschaften aufweisen kann.
Ohne Zielvorgabe zur Orientierung gerät unsere spirituelle Bemühung
ins Straucheln und wir fragen uns: „Wozu das alles?"

Einer der Gründe, weshalb religiöse Lehren den spirituellen Weg
so oft mit Bildern des Kriegers in einem heroischen Kampf befrach-
ten, besteht darin, dieser Verzweiflung entgegenzuwirken, indem man
einen edlen und sinnvollen Feldzug gegen die Mächte des Bösen er-
findet. Diese Bilder lassen unser Engagement sinnvoll erscheinen und
geben uns einen gerechten Grund für die Zentrierung unserer Energie
und für harte Arbeit. Da wir den Wert von etwas proportional zu den
Schwierigkeiten bei dessen Erwerb bemessen, glauben wir, wenn etwas
leicht zu erreichen ist, besäße es keinen Wert. Da Spiritualität die edels-
te Unternehmung von allen sein muss, zwingen wir sie, die schwierigste
vorstellbare Herausforderung zu sein, während sie im Grunde außer-
ordentlich schlicht ist.

Wenn wir die Zielvorgabe fallen lassen, fallen wir in den Augenblick
ohne Ausrichtung und die Gegebenheiten innerhalb des Jetzt werden
offenbar. Wir werden unmittelbar mit den konditionierten Neigungen
konfrontiert, die unser Leben unbewusst bestimmt haben. Unserer
Geschichte mit ihren Erwartungen und Ängsten ist in diese Konditionierung eingebettet. Diese Neigungen enthalten unsere programmierte
Weise, uns auf diesen Augenblick zu beziehen, und wir können sie nicht
wahrnehmen, solange wir unbewusst aus ihnen heraus agieren.

Diese unbewussten Muster stellen sicher, dass unser gegenwärtiges
Handeln auf unserer Geschichte basiert und dass wir diese Konditionierung endlos bis in alle Ewigkeit fortführen. Jedes unbewusste Handeln
stärkt unsere vorgefasste Meinung von Welt und stellt sicher, dass wir im
Rahmen dieser Sicht reagieren. Wir wiederholen alles immer und immer
wieder, so wie die Figur in dem Kinofilm *Und täglich grüßt das Murmel-
tier.* Dabei sind wir uns zwar dessen bewusst, dass wir in der Falle sitzen, doch wir finden keinen Ausweg. Weisheit realisiert, dass wir nicht
erwachen können, ohne uns zuvor all unserer Konditionierungen bewusst geworden zu sein, und die Bewusstmachung dieser gewohnheitsmäßigen Tendenzen wird zur höchsten Priorität der Weisen Absicht.

Gegen diese Neigungen anzukämpfen verstärkt lediglich die in sie eingebetteten Annahmen. Das Ich hält am Kampf fest, weil Widerstand diese Neigungen festigt und dem Ich gleichzeitig das Gefühl einer Zielsetzung gibt, die darin besteht, das Hindernis zu überwinden. Das Ich ist verhärtete Gewohnheit, und es kennt nur das, was es schon immer getan hat, was bedeutet, bereitwillig Hindernisse zu überwinden. Weise Absicht erkennt das Kämpfen als kontraproduktiv in Hinsicht auf seine tiefsten Sehnsüchte und beendet diese Taktik des Ich durch Hingabe.

Was könnte einfacher sein, als sich hinzugeben? Wir geben alle Formen des Widerstands und des Protestes gegen die Gegebenheiten des Hier und Jetzt auf. Weises Handeln ist die kontinuierliche Hingabe unserer Getrenntheit in allen Aktivitäten von Körper, Rede und Geist, und es hat mehr etwas von einem Loslassen als von einem Handeln. Solange wir glauben, wir hätten die Kontrolle über unsere spirituelle Praxis, ist Hingabe das am wenigsten Unruhe stiftende Verhalten, denn unsere Handlungen, wenn schon nicht unser Geist, werden im Einklang mit Weiser Sicht sein.

Ich erinnere mich an einen Anlass vor mehreren Jahren, als ich mich gezwungen sah, meine Vorstellung von Fairness aufzugeben. Ich besuchte Bodhgaya in Indien, den Ort, an dem Buddha Erleuchtung erlangt hat. Es war Weihnachten und ich wollte den Tag ehren, indem ich den Bedürftigen etwas schenkte. Eine lange Schlange von Bettlern stand um den Zaun herum, der den Bodhi-Baum schützt, den Baum, unter dem der Buddha erwacht sein soll. Ich zählte, wie viele Bettler es waren, und kaufte die genau entsprechende Menge an Orangen als Weihnachtsgeschenk. Mit zwei vollen Säcken in den Händen ging ich zum Anfang der Schlange und begann jedem der Reihe nach eine Orange auszuhändigen. Die Menschen am hinteren Ende der Schlange sahen, was ich tat, und umdrängten mich. Sie grapschten nach den Orangen und rissen mir die Säcke aus den Händen, wobei sich einige mit einem ganzen Armvoll Orangen davonmachten, während andere keine abbekamen. Ich weiß noch, wie ich vor den leidenden und wilden Gesichtern der Hungrigen zurückschreckte und mir vollkommen hilflos vorkam. Ich wusste nicht, was ich Angemessenes hätte tun können, um die Situation wieder ins Gleichgewicht zu bringen, und durch den Schreck erwachte ich zu Klarheit. Die Welt, so wurde mir deutlich, ist, wie sie ist, und mein Gerechtigkeitssinn ändert nichts daran. Ich ging voller Ehrfurcht von dannen, nicht voller Abscheu.

Sich mit dem anzulegen, was ist, ist zwecklos. Auf Gedanken beruhendes Handeln protestiert häufig gegen das, was ist, und sobald wir annehmen, dass dieser Protest berechtigt ist, werden sich die diese Annahme begleitenden Gefühle einstellen und wir werden in Übereinstimmung mit diesen Emotionen agieren. Hingabe bedeutet, die Zwecklosigkeit weiterer Diskussion zu erkennen und die trübsten Situationen wertzuschätzen. Das ist keine Resignation oder das Gefühl, von dem Widerstand überrollt zu werden; es ist einfache und völlige Einstimmung des Herzens auf die Realität.

Das Denken hält eine Alternative zu dem, was ist, für möglich. Das Denken sagt: „Dies muss nicht so sein; andere Möglichkeiten würden diese Situation verbessern." Denken bildet eine horizontale Sichtweise, die aus den endlosen Alternativen gebildet wird, die der Geist sich vorstellt, und wir setzen auf die Wahrheit dieser Möglichkeiten als Ausweg aus dem Jetzt. Aber die Realität enthält keinen Ersatz für Jetzt; es gibt nur das, was ist. Um uns hingeben zu können, müssen wir die Alternativen, die der Geist uns vorspiegelt, als reine Erfindung erkennen. Wenn wir die Unwirklichkeit der Gedanken wahrnehmen, gehen die aus diesen Gedanken gebildete Sichtweise und die Ichempfindung zu Ende. *Hingabe ist das Kollabieren der Alternativen in die Realität.*

Hingabe ist nicht an eine spezielle Umgebung oder einen besonderen Geisteszustand gebunden und kann überall zu jeder Zeit geschehen. Um sich hinzugeben, halten Sie inne, lassen allen Widerstand fallen und lassen den Geist eher in Bewusstheit als im Denken weilen. Versuchen Sie nicht in die Aktion zu treten, indem Sie das, was der Geist in diesem Augenblick tut, restrukturieren, korrigieren oder verändern. Wenn jeder Zustand vollkommen angenommen ist, werden wir feststellen, wie Bewusstheit sich um und durch alle Geisteszustände öffnet. Wir lassen den Geist einfach nur das sein, was er ist, und in Abwesenheit von Widerstand gegen den Geist ist das Bewusstsein alldurchdringend.

Wir überprüfen gern immer wieder, wie gut wir uns hingeben, aber Hingabe ist die Abwesenheit von Überprüfung. Bei einem kürzlichen Anflug von „Alzheimer" ging ich ins Freie und hatte dann völlig vergessen, weshalb ich nach draußen gegangen war. Ich stand im Freien, ohne einen Grund zu haben, dort zu sein. Als ich über diesen Moment nachdachte, schien er der Hingabe zu ähneln. Wenn wir uns hingeben, ist das, was wir hingeben, nicht mehr in einer mentalen Geschichte enthalten; es wird völlig fallen gelassen und beendet.

Drei Ausdrucksweisen verkörperten Handelns

Verkörpertes Handeln ist spontan, entsteht aus dem Augenblick. Im Geist besteht kein Zwiespalt und der Körper ist auch nicht von dem integrierten Handeln getrennt; es ist vielmehr eine vollkommen kreative Bewegung von Körper und Geist im Gleichklang. Verkörpertes Handeln wird nicht vom Denken motiviert, es kann aber vom Denken informiert sein. Wenn Gedanken auftauchen, weiß man um ihr Auftreten, aber sie dirigieren die Aktion nicht. Solch verkörpertes Handeln hat seinen Platz auf der Erde. Es ist der Buddha, der die Erde als Zeugin aufruft, indem er den Boden berührt und den gegenwärtigen Ausdruck seines Seins bestätigt. Verkörpertes Handeln hat keine Alternative, keinen Widerspruch und es stellt sich keine Frage, ob wir das Richtige tun, weil das Leben und das Handeln ein und dieselbe unteilbare Bewegung sind.

Verkörpertes Handeln besitzt wenigstens drei Eigenschaften, die es von egozentrischem Handeln unterscheiden, und es mag vielleicht hilfreich sein, unser individuelles Handeln im Lichte jedes dieser Punkte zu überprüfen. Bevor wir damit beginnen, fragen wir uns, ob unser Handeln voll verkörpert oder unentschlossen und halbherzig ist. Enthält es Selbstzweifel und Verwirrung darüber, wohin wir rechtmäßig gehören oder was wir tun sollten? Vermögen wir den Körper von dem zweifelnden Geist zu befreien, dann können wir unseren Platz auf Erden bestätigen, indem wir die Erde unter unseren Füßen spüren und so beweisen, dass wir authentisch im Einklang mit dem einzigen Ort sind, an dem wir sein können: dem Hier und Jetzt. Lassen Sie uns unsere Aufmerksamkeit nun diesen drei Eigenschaften zuwenden.

Nicht zielgerichtetes Handeln

Die erste Eigenschaft des verkörperten Handelns liegt darin, dass es nicht zielgerichtet ist. Gewöhnlich handeln wir, um ein Ziel oder bestimmte Ergebnisse zu erreichen. Gewöhnlich sind wir an dem Handeln weniger interessiert als an dem Ergebnis, auf das es abzielt. Handeln ist gewöhnlich besitzorientiert und so entgeht ihm das dem Handeln innewohnende Leben, indem es sich stattdessen auf das Ergebnis konzentriert, auf das, was „Ich" von dem Handeln erwarte. Wenn „Ich" nach dem Glas greife, sind meine Gedanken bei dem Glas und das Leben innerhalb dieses Greifens entgeht mir. Wenn wir in erster Linie an dem interessiert sind, worauf das Handeln abzielt, hat der Geist die Kontrolle; sind uns die Mittel genauso wichtig wie die Ergebnisse, dann leitet uns das Herz. Eine Möglichkeit, diese zielgerichtete Tendenz auszuschalten, besteht darin, Bewusstheit in jeder Aktivität zuzulassen. Statt sich von dem Zweck absorbieren zu lassen, machen Sie das Reisen selbst zum Zweck des Handelns. Während Sie sich auf das Ziel zubewegen, schauen Sie sich die Umgebung bewusst an, hören Sie die Geräusche und lassen Sie das Leben herein.

Verkörpertes Handeln lässt weder den Prozess noch das Ergebnis außer Acht und ist daher gleichzeitig qualitativ wie quantitativ, was bedeutet, dass wir auch dann, wenn wir auf ein Ziel ausgerichtet sind, gleichzeitig in der Aktivität der Bewegung leben. Der Geist schließt sich dem Körper an, wenn das Ziel nicht mehr wichtiger ist als die Aktivität. Wenn das Ziel nicht den einzigen Fokus bildet, können wir augenblicklich die Richtung wechseln, wenn etwas Unerwartetes auftritt, und ein neues Handeln kann sich spontan aus der sich entfaltenden Situation manifestieren. Es zeigt sich, dass der Grund, aus dem wir hier zu sein dachten, gar nicht der eigentliche Grund ist. „Aha", sagen wir, „deshalb bin ich hier."

Wenn wir das Modell der rechtwinklig zueinander stehenden Universen verwenden, entspringt nicht zielgerichtetes Handeln der Schnittstelle zwischen der horizontalen und der vertikalen Dimension. Beide Dimensionen sind hier enthalten; wir vergessen weder, was wir tun, noch klammern wir uns an dieses exklusive Ergebnis. Gehen wir beispielsweise nach einem Treffen zu unserem Auto, können wir den Vögeln lauschen und den Sonnenuntergang betrachten, ohne zu vergessen, wo das Auto steht oder wie wir zu ihm gelangen. Wenn auf unserem Spaziergang etwas Unerwartetes geschieht, haben wir genügend Raum, es zu erforschen, ohne einzig an dem Ziel, zum Auto zu gelangen, festzuhalten.

Ich bekam einmal ein wunderbares Dharma-Buch geschenkt, aber ich hatte das Gefühl, dass es nicht mir gehört, obwohl ich verstandesmäßig nicht sagen konnte, weshalb ich diesen Gedanken hatte. Ich trug das Buch tagelang mit mir herum, bis eine Freundin mir von genau den Problemen erzählte, die in diesem Buch behandelt wurden. Während ich ihr zuhörte, begriff ich, dass sie die rechtmäßige Besitzerin des Buches war, und gab es an sie weiter. Ich empfand es nicht als ein Geschenk an sie, da ich nie das Gefühl gehabt hatte, es zu besitzen. Ich hatte es nur für sie aufbewahrt, bis ich ihr begegnete.

Genau so fühlt sich verkörpertes Handeln an. Die Aktivität ist nicht „mein" Handeln, sie durchzieht vielmehr das verknüpfte Ganze des Lebens, wobei es eher so ist, dass das Ganze mein Handeln benutzt, als dass die Aktion ein Produkt von „mir" wäre. Verkörpertes Handeln entsteht eher aus dem, was in diesem Augenblick angebracht ist, als aus einer geplanten oder überlegten Reaktion. Das Handeln ist kaum oder gar nicht vorausgeplant; die in einem bestimmten Augenblick gegebenen Umstände machen einfach offensichtlich, was nötig ist. Im Handeln verkörpert zu sein heißt, inmitten des stillen, unerklärlichen Wunders aller Dinge zu leben und dennoch das zu vollbringen, was getan werden muss.

Handeln mit Integrität

Die zweite Eigenschaft verkörperten Handelns ist seine Integrität. Verkörpertes Handeln ist der äußere Ausdruck der Verknüpftheit und es besitzt ethische Integrität, weil es nicht aus einer kontrahierten und egoistischen Sicht entspringt. Integrität ist etwas Umfassenderes als Moralität. Moralität ist vom Ego angetrieben und urteilend und sie misst das eigene Handeln sowie das Handeln anderer an unerreichbaren Normen. Je eifriger wir versuchen, das Ideal zu verwirklichen, desto stärker wird das Gefühl des persönlichen Versagens und desto mehr spielt die gegensätzliche Schattenseite in unser Verhalten hinein. Wenn wir auf Moral fixiert sind, weigern wir uns häufig, irgendwelche Gefühle, Gedanken oder Verhaltensweisen anzuerkennen, die nicht dem perfekten ethischen Modell entsprechen, das uns vorschwebt. Das führt unweigerlich zu einem Desaster, denn unser Geist gehorcht nicht unserem Ideal und wird zwangsläufig unerwünschtes Verhalten hervorbringen, dem weitere Selbstbezichtigungen folgen, woraus schließlich noch größere Entschlossenheit, unser Verhalten zu kontrollieren, hervorgeht.

Integrität ist keine erzwungene Daseinsweise und daher frei von Schatten und Selbstvorwürfen. Handeln mit Integrität ist ein Ausdruck nur dieses Augenblicks; es befindet sich in Übereinstimmung mit der Sicht der Verknüpftheit, steigt einmal auf und verlöscht für immer. Es ist spontan, weil es dem Unmittelbaren entspringt; es ist kreativ, weil es nicht Produkt einer Planung ist; es ist nichtverletzend, da es einer Sicht entspringt, die das Ganze des Augenblicks im Blick hat und nicht nur „meine" Interpretation dessen, was gebraucht wird.

Als Zwischenschritt zu verkörpertem Handeln fragen Sie sich, ob Ihr Handeln von Weiser Sicht ausgeht. Entstammt das Handeln einem warmen und in Verbundenheit stehenden Herzen, basiert es auf Gewaltlosigkeit und steht es im Einklang mit Ihren aus tiefstem Herzen kommenden Absichten? Heilung geschieht dadurch, dass wir uns die Muster unserer Konditionierung aufrichtig ansehen, ohne uns selbst Vorwürfe zu machen. Lassen Sie uns scharfsichtig in unserer Integrität sein, aber freundlich mit dem umgehen, was wir vorfinden. Lassen Sie uns unsere gemischten Motivationen erforschen und sie im Moment zu einem unbewussten Überbleibsel von Schmerz zurückverfolgen. Noch einmal: Dies ist keine intellektuelle Übung; der Schmerz ist vielmehr in unserem Handeln unmittelbar präsent.

Vor vielen Jahren half ich einmal Tom, einem Mönchsgefährten in einem Kloster in Thailand, eine Schlange aus seiner Hütte zu entfernen. Wir kamen deshalb zu spät zu einer zeremoniellen Versammlung, bei der alle Mönche von Laien Essen erhielten. Es war ein größerer buddhistischer Feiertag und Pünktlichkeit wäre angebracht gewesen. Tom und ich beendeten unser Werk und eilten dann zum Ort der Zeremonie. Auf dem Weg dorthin machte ich mir lauter Vorwürfe und jammerte darüber, wie schrecklich es besonders für westliche Mönche sei, bei einem solchen Anlass so unsensibel zu sein. Tom drehte sich zu mir um und sagte: „Du musst dich nicht dafür entschuldigen. Da hast auf meine Bitte um Hilfe reagiert, und damit hat es sich." Wir kamen zwar beide zu spät zur Versammlung, trugen jedoch die Köpfe hoch erhoben.

Die unmittelbare Auswirkung von Integrität ist ein leichter, harmonischer Geist und ein ebensolches Herz. Verkörpertes Handeln ist nicht entschuldigend oder defensiv, sondern aufrecht, transparent und frei von aller mit Unaufrichtigkeit einhergehenden Paranoia. Wir schauen uns nicht um, um zu sehen, ob unser verbotenes Verhalten entdeckt wurde. Auch wenn man uns Fehlverhalten vorwirft, verhalten wir uns nicht defensiv. Aus unserem Handeln erwächst unerschütterliches Zutrauen, das von Lob und Tadel unberührt bleibt. Wir verlassen die heimtückischen Kreisläufe von Negativität und Reaktivität und wissen, wir sind genau dort, wo wir sein sollen. Wir begreifen, weshalb der Buddha Folgendes über das ethische Handeln sagt: „Wenn wir die Wohltaten unserer ethischen Handlungen in ihrer Fülle würdigen, sind wir von Freude erfüllt; jetzt und hiernach sind sie ein Freudenfest."[31]

Die direkte Erfahrung unserer Herzensgüte fördert unsere Absicht und erlaubt dieser Energie, in das Handeln einzufließen. Die Freude der Integrität lässt eine tiefere Entspannung und größeres Zutrauen entstehen. Wir erkennen, dass wir nichts von unserem Geist zu befürchten haben. Unsere Spiritualität tritt nun hinaus ins Freie, unbeschwert von Umgebungen oder Umständen. Je freier und freudenvoller wir in unserem Handeln sind, desto mehr psychischer Raum wird verfügbar, um uns auf die Verbindung mit unserem Herzen zu konzentrieren, und das lässt wiederum unsere Einsicht und Weisheit wachsen.

Handeln, das alten Mustern entgegenwirkt

Die dritte Eigenschaft verkörperten Handelns ist, dass es unseren alten Mustern entgegenwirkt. Der Körper ist eine Antenne für Unstimmigkeiten, und wenn wir uns auf den Körper einstimmen, offenbart er uns Bereiche von Kampf, Angst und allgemeiner Disharmonie, die leicht übersehen werden, wenn wir lediglich den Geist beobachten. Durch unser Handeln entsteht die volle Verkörperung unserer Überzeugungen und Absichten, und wenn etwas ein wenig außer der Reihe oder teilweise falsch ist, ist es häufig zuerst der Körper, der diese Missstimmung wahrnimmt. So erkennen wir häufig bereits bevor wir um die Befindlichkeit des Geistes wissen, wann unser Handeln nicht im Einklang mit unseren Absichten steht. Handeln wir auf egoistische oder das Ich aufwertende Weise, dann erkennt der Körper dies und spürt die Getrenntheit. Wenn wir uns in voller Präsenz auf den Körper einstimmen, gibt er uns Hinweise auf das Auftreten von Gewohnheitsmustern.

Der zweifelnde Geist steht im Gegensatz zu diesem Wissen. Selbstzweifel blockieren das Ausbrechen aus alten Gewohnheitsmustern, weil sie unseren Standpunkt und das Handeln von dieser Warte aus infrage stellen. Wir verhalten uns entschuldigend und unsicher. Wenn wir uns in Gewohnheitsmustern des Verhaltens verloren haben, ist uns nicht voll bewusst, was wir tun, und wir mögen aus unserem Zweifel heraus handeln, ohne dessen gewahr zu sein. Wir weigern uns, es bewusst zu machen, und der Schmerz des Zweifels bleibt im Verborgenen. Sobald wir unser Leben bewusst machen, spüren wir den Schmerz, aber die Muster können so stark sein, dass wir für eine Weile ihrer Botschaft erliegen.

Es ist unvermeidlich, dass Selbstzweifel auftreten, wenn wir die Absicht haben, uns zu verändern und aus alten Mustern auszubrechen. Der Geist reagiert auf diese Öffnung, indem er uns unseren Schmerz von früher vor Augen führt und sagt: „Glaubst du wirklich, dass du das verkraften kannst?" Die Absicht, in eine Richtung zu gehen, die mehr im Einklang mit dem Wissen des Körpers steht, wird durch unsere angenommene Inkompetenz blockiert. Geduld und Beharrlichkeit sind erforderlich, bis das Muster aufgrund unserer ständigen Aufmerksamkeit allmählich verschwindet.

Wir können beispielsweise auf einem Empfang mit einer prominenten Person ins Gespräch kommen und plötzlich feststellen, dass wir psychologisch einen Rückzieher machen und unsere Präsenz anzweifeln. Der Gedanke mag auftauchen: „Wer bin ich denn, dass ich mich mit ihr unterhalten könnte?" Dies ist der Augenblick, absichtlich in das Wissen des Körpers einzutreten. Der Körper versichert uns, dass wir nirgends anders sein können als hier und jetzt, an diesem Ort. Es gibt keine Optionen, anderswo sein zu können. In Übereinstimmung mit dieser Gewissheit zu agieren ist verkörpertes Handeln. Indem wir uns mit der Erde verbinden, straffen wir unsere Haltung, erwidern den festen Blick, sprechen mit Selbstvertrauen und zerstreuen die Zweifel des Geistes. Der Geist besitzt hier keine Macht. Verkörpertes Handeln kommt aus der Erde selbst, aus den Wurzeln der Bäume und dem Granit der Berge.

Um zu dem obigen Beispiel zurückzukehren: Während ich rede, realisiere ich plötzlich, dass die Frau mir nicht mehr zuhört, sondern den Blick durch den Raum schweifen lässt. Der Körper warnt mich vor dem Auftauchen von vertrauten emotionalen Mustern, die, wenn sie unbeachtet bleiben, eine dramatische Trennung zwischen der Umgebung und mir verursachen können. Der emotionale Schmerz früherer Erfahrungen des Verlassenwerdens kommt ebenso an die Oberfläche wie auch der Gedanke, dass ich abgewiesen werde. Wieder einmal fühle ich mich als Außenseiter, isoliert und allein, und ihrer Aufmerksamkeit nicht wert. Ich möchte mich davonschleichen, meine Projektion bestätigen, aber verkörpertes Handeln wird nicht zulassen, dass dies geschieht.

Der Körper steht fest inmitten dieser emotionalen Anschauungen, indem er seine unmittelbare Präsenz bestätigt und dadurch die Macht des Schmerzes aus meiner Vergangenheit unterminiert. Gerade die Präsenz des Körpers ist es, was die Falschheit der emotionalen Reaktion aufzeigt, und er lauscht stattdessen der Erde und handelt verwurzelt in der friedvollen Gewissheit seines Seins und dem Boden, auf dem er steht. Indem er Energie aus der Erde sammelt, wendet er sich ohne Geschichte der Frau wieder zu und eröffnet ein neues Feld spontanen Handelns. Dies ist Neuland und der Geist schreit seinen Zweifel heraus, aber wenn der Körper lernt, unabhängig von auf Gedanken beruhenden Annahmen zu leben, wird das Leben niemals wieder das gleiche sein.

Auch wenn der Geist Zeter und Mordio schreit, damit wir seinem Zweifel Folge leisten, bleibt der Körper auf Kurs. Das Handeln macht diesen alten Mustern ein für alle Mal ein Ende. *Wenn die Körperzellen eine neue Seinsweise lernen müssen, beginnen sie auf die alte Denkweise mit einem neuen Handeln zu antworten.* Die Macht des Geistes ist vom Handeln des Körpers übertrumpft worden. Der Buddha beschreibt diese Erfahrung, wenn er sagt: „So wie ein Sturmwind keinen Felsenberg bewegen kann, so bleibt derjenige, der die Wirklichkeit des Körpers kontempliert und dadurch Glauben und Energie entwickelt, von den Kräften der Angst unberührt."[32]

Dies ist keine Frage des Handelns aus Glaubensvorstellungen oder willentlichem Bemühen heraus. Willenskraft kann sich nicht selbst aufrechterhalten, weil sie auf Auswahl und Aversion gründet. Verkörpertes Handeln ist die Öffnung einer neuen Perspektive über die Grenzen eines vom Geist motivierten Handelns hinaus, und es basiert nicht auf einem Selektionsprozess. Wenn wir nur ein Handeln kennen, das dem Geist entspringt, dann kann unsere Energie nur in Übereinstimmung mit jener Perspektive fließen und sie fließt nur in eine Richtung. Wenn sich die Umstände dann verändern, macht uns das Angst. Verkörpertes Handeln und die entsprechende Wahrnehmung fließen aus einer tieferen Quelle hervor. Hier werden die alten Konditionierungen weder geleugnet noch vermieden; sie sind aus dieser neuen Perspektive gesehen schlichtweg irrelevant.

Eine Übung, die Zugang zu dieser neuen Perspektive gewährt, ist eher ein Gehen durch den Geist als mit dem Geist. Wenn Sie die Straße entlanggehen, gehen Sie durch die aufsteigenden Gedanken hindurch, anstatt in Gedanken versunken zu sein. Was immer Sie denken, lassen Sie die Gedanken wie Nebel um Sie herum sein und gehen Sie mitten hindurch. Das energetische Zentrum des Gehens verschiebt sich dann vom Gehirn zur Körpermitte. Diese Gehübung ermächtigt den Körper und befreit Sie von einem vom Geist kontrollierten Handeln.

Diese oben beschriebenen drei Eigenschaften verkörperten Handelns stützen einander gegenseitig. Wenn wir es dem Körper gestatten, unsere Aktionen zu leiten, werden wir nicht mehr vom Schmerz beherrscht und unser Handeln wird zu einer schöpferischen Kraft innerhalb des Augenblicks. Da das Ziel jetzt für die Lebendigkeit des Augenblicks zweitrangig geworden ist, wird unser Handeln auf eine Weise in das Jetzt integriert, die wir durch mental motiviertes Handeln niemals erreichen könnten. Diese Integration lässt die volle Integrität von Körper, Geist und Handeln zu, und die Integrität wird ihrerseits nun nicht mehr nach Maßgabe alter Konditionierungen aktiv. Jede Eigenschaft baut auf der anderen auf und wir gewinnen zunehmend Vertrauen und Stabilität, bis der Augenblick vollkommen mit Gegenwart erfüllt ist.

Unsere Wahrheit leben

Einsicht, die ein Aufblitzen kreativer und neuer Wahrnehmung ist, welche die mentale Verzerrung durchschneidet, wird zuerst vom Geist verarbeitet. Der Geist versucht auf einer intellektuellen Ebene herauszufinden, was geschehen ist, und bindet die Einsicht zumeist in eine Geschichte ein, wodurch sie an ein spirituelles Paradigma gebunden wird. Die neue Wahrnehmung erfüllt jedoch sowohl den Geist als auch den Körper und hinterlässt ein unauslöschliches, wortloses Mal auf beiden. Es braucht gewöhnlich eine lange Zeit, bis eine Einsicht in das spontane Handeln integriert ist. Anfangs ist sie etwas, das wir gesehen haben und aus dem etwas folgt, das wir tun „sollten". Aber die Energie der Einsicht lässt sich nicht durch ein „sollte" in den Körper integrieren, weil die Einsicht in einem mentalen Paradigma stecken bleibt. Was Einsicht schnell in das Bewusstsein integriert, ist bewusstes Handeln.

Wird die Einsicht nicht in das Handeln integriert, dann wird sie leicht von alten Anschauungen gefangen genommen und kann nicht an die Oberfläche dringen. Dort sitzt sie fest, bis wir bereit sind, die Anschauungen, die sie einschließen, infrage zu stellen. Alte Annahmen werden durch verkörpertes Handeln außer Kraft gesetzt, weil verkörpertes Handeln das Kontrollzentrum des Geistes umgeht und diese Glaubensvorstellungen direkt infrage stellt. Verkörpertes Handeln macht neue Seinsweisen geltend und steht in direktem Gegensatz zu alten Annahmen, die neue Wahrnehmungsweisen hemmen.

Ich kann zum Beispiel ganz klar sehen, dass mein derzeitiger Job nicht das Richtige für mich ist, gleichzeitig aber auch starr vor Angst sein, arbeitslos zu werden. Ich weiß, dass ich Fähigkeiten besitze, die über meine gegenwärtige Betätigung hinausgehen, und dass ich in der Vergangenheit viele Angebote erhalten habe, aber das Gefühl der Unsicherheit bei dem Gedanken an die Kündigung meines derzeitigen Jobs scheint alles bessere Wissen, weshalb ich mich verändern sollte, zu übertrumpfen. Solange ich nicht beginne, aus diesem Wissen heraus zu handeln, kann ich dieses Muster der Angst nicht durchbrechen. Also tue ich bewusst genau das und suche im Internet, rufe mögliche neue Arbeitgeber an und gehe zu Vorstellungsgesprächen. Diese Aktivitäten geben mir neues Selbstvertrauen, und plötzlich habe ich mehr Raum um die Angst herum, die mich in meinem alten Job festgehalten hat.

Wenn wir auf neue Weise handeln, beginnt ein Prozess der Reorganisation der Körperzellen, der die alten Glaubensvorstellungen nicht mehr unterstützt. Anfangs stehen das neue Handeln und die alten Körpergefühle noch im Konflikt miteinander. Wir haben das Gefühl, wir sollten nicht auf diese Weise handeln; es entspricht nicht unserem Charakter und unseren Glaubensvorstellungen. Genau das ist der Punkt – es entspricht nicht dem Charakter unserer alten emotionalen Prägungen, aber wenn wir diesen offensichtlichen Konflikt durchstehen, wird etwas Neues aufsteigen. Das alles bewirkt der Körper; ein geistiges Eingreifen oder ein neues Glaubenssystem sind nicht erforderlich.

Im Rahmen von Meditationsklausuren begegne ich häufig Menschen, die in einem emotionalen Muster festsitzen. Während der Klausur und danach mögen sie mehrfach ein bestimmtes Muster beobachtet haben, doch sie bringen es nicht fertig, in Übereinstimmung mit dieser Einsicht zu handeln. Wenn sie zur nächsten Klausur kommen, stehen sie vor demselben ungelösten Problem. Sie kennen das Problem in- und auswendig, aber der Gedanke an die Konsequenzen, die es haben könnte, danach zu handeln, beunruhigt sie zu sehr. Sie denken: „Das lasse ich lieber für das nächste Mal." Sie haben nicht nur ihren Geist stillgelegt, sondern ihren gesamten Organismus, die Zellen ihres physischen und emotionalen Körpers, und von diesem Punkt an stecken sie so lange in einer Sackgasse, bis das Muster angegangen wird.

Viele von uns befinden sich in einer unglücklichen Ehe, einem emotional aussaugenden Job oder leben mit einem ständigen Gefühl der Unzulänglichkeit. Wir haben das Gefühl festzustecken, und das tun wir auch. Um uns dazu zu bringen, uns in Richtung Weisheit zu bewegen, könnten wir damit anfangen, dass wir zwei oder drei Handlungsabsichten aufschreiben, die den alten Konditionierungen die Stirn bieten. Machen Sie sich im Augenblick keine Gedanken darüber, dass sie vielleicht zu extrem sein oder Ihr Leben allzu sehr verändern könnten. Schreiben Sie sie einfach auf: 1. Am Montag werde ich mich mit meiner Frau hinsetzen und mit ihr erörtern, wie unglücklich ich mich in unserer Ehe fühle. 2. Ich werde meine Frau bitten, mit mir zur Eheberatung zu gehen. 3. Ich werde versuchen, ihr genauso aufmerksam zuzuhören, was ihre Bedürfnisse in der Ehe sind, wie ich sie bitte, mir zuzuhören.

Die Sätze an sich aufzuschreiben, ist bereits ein erstes Aktivwerden und der Beginn einer aufrichtigen Anerkennung der Schwierigkeiten. Schreiben kann der erste Schritt in Richtung auf Transformation sein, und vielleicht sind wir an diesem Punkt nur einen Schritt davon entfernt, das Bedürfnis nach Veränderung als eine „gute Idee" zu erkennen.

Es kann hilfreich sein, eine Übersicht darüber zu haben, wie weitgehend die Wurzeln dieses Problems Ihr Leben durchziehen. Sie können das Muster so untersuchen, wie ein Anthropologe eine fremde Kultur untersuchen würde – indem er Notizen macht, auf jedes Detail dieses Musters achtet und gleichzeitig alle Urteile fahren lässt. Diese objektive Beobachtung erlaubt, sich der Fakten bewusst zu werden, ohne zusätzliche emotionale Reaktionen auf diese Fakten einzuladen.

Haben wir die Fakten einmal erkannt und sind der alten Muster ausreichend müde geworden, dann wird ein neues Handeln entstehen. Dies ist der allerschwierigste Schritt. Anfangs fühlt es sich so an, als würde jede Zelle lauthals gegen dieses neue Handeln protestieren. Erinnerungen, Emotionen, Gedanken und die finsteren Vorstellungen, die in diesen gewohnheitsmäßigen Neigungen enthalten sind, werden aufgewühlt. Das neue Verhalten ist noch nicht stabilisiert; also versucht der Geist, seine Macht mithilfe der vertrauten alten Muster zurückzugewinnen, indem er Zweifel, Unsicherheit und Angst schürt.

Wir lassen den Körper zu einem neuen Handeln finden, indem wir zuerst voller Zutrauen eine neue Körperhaltung einnehmen, die Schultern straffen und unseren Blick geradeaus richten, während wir uns angesichts der aufsteigenden Zweifel erden. Hier hat der Körper das Kommando; er enthält den Geist, ist ihm aber nicht untertan, und nach vielen Fehlstarts übernimmt der Geist gewöhnlich wohl oder übel dieses neue Zutrauen des Körpers. Wir setzen diesen Prozess nicht in Gang, um eine bessere Ichempfindung zu erzeugen oder eine neue Glaubensvorstellung davon, was wir tun könnten. Wir tun es, um zu lernen, wie wir voranschreiten können, ohne uns auf den Geist und sein emotionales Feedback zu stützen.

Es ist nicht nötig, in Hinsicht auf unsere emotionale Geschichte abzuklären, wie wir handeln sollen, oder auf die nächste Feedback-Schleife unserer Story zu warten, um unseren nächsten Schritt zu planen. Wir müssen unsere Motivation auch nicht allzu kritisch überprüfen und unsere Absichten sorgfältig auseinanderpflücken. Es gibt ein Stadium der Praxis, in dem das Ergründen unserer Absichten hilfreich ist und manchmal auch wesentlich sein kann, aber ab einem gewissen Punkt verlassen wir die Untersuchung zugunsten authentischen Handelns. Der Augenblick sollte verkörpert und nicht studiert werden, und letztlich muss die spirituelle Praxis dem Glauben an das Handeln selbst überantwortet werden.

Der Körper bewahrt das „Ja" unseres neuen Handelns, auch wenn der Geist das „Nein" und den Widerwillen der Vergangenheit dagegensetzt. Etwas in unserem Inneren weiß, dass wir uns lange um einen wahrhaftigeren und authentischeren Ausdruck unserer selbst betrogen haben, der in unseren Körperzellen angelegt ist und der lediglich von Angst befreit werden muss, damit wir uns ihm voller Freude und Spontaneität widmen können. Authentisches und verkörpertes Handeln bestätigt, dass wir mehr sind als die Vergangenheit und die Story unseres Geistes – mehr als wir bisher glaubten zu sein.

Weises Handeln und Leere

Im Laufe der Jahre habe ich bemerkt, dass viele Langzeitmeditierende auf dem Meditationskissen mehr Erfolg haben als im Alltag. Auch wenn sie in Klausuren vielleicht sehr tiefe, durchdringende Einsicht erlangt haben, ist ihr Verhalten in der Fülle ihres alltäglichen Lebens häufig vernebelt und unklar. Nur wenig ihrer Einsicht ist in Weises Handeln im Alltag übertragen oder integriert worden. Was hält sie davon ab, die Prinzipien, die sie erkannt haben, zu verkörpern, statt einfach nur um sie zu wissen? Mich erinnert das an die folgenden Worte Buddhas:

> Wie viele heilige Worte du auch lesen magst,
> wie viele du auch sprechen magst,
> welchen Nutzen haben sie,
> wenn du nicht ihnen gemäß handelst?[33]

Ich stelle nicht die Tiefe der Einsicht dieser Meditierenden infrage. Wenn ich über das Paradox des Auseinanderklaffens von dem, was wir wissen, und unserem Handeln nachsinne, kommt mir der Gedanke, dass das Problem in der Art und Weise unserer Schulung liegen könnte. Die Ichempfindung wird in der Einsichtsmeditation nicht von Anfang an durch Handeln infrage gestellt. Wir werden dazu ermutigt, uns selbst zu beobachten, zu prüfen, zu erkunden und zu verstehen, aber nicht dazu angehalten, unseren Anschauungen zuwiderzuhandeln. In-

tegration und transformierende Spontaneität werden leicht durch In-
aktivität eingefroren.

Als ich bei Nisargadatta Maharaj war, drängte er mich, lachte über
mich, bemitleidete mich und stritt mit mir, um mir zu helfen, mein
Handeln mit meinen Absichten in Übereinstimmung zu bringen. „Warum", fragte er, „sitzt du bewegungslos da und meditierst endlos, statt
deinem Wissen entsprechend zu handeln? Wie viele Male musst du es
gesehen haben, bevor du bereit bist zu handeln?" Ich wusste nicht darauf zu antworten.

Eine Form der Einsichtsmeditation ist die Gehmeditation, bei der
der Meditierende achtsam auf vorgeschriebene Weise auf gerader Linie
vor und zurück geht. Den Schülern wird beigebracht, *mit* Bewusstheit
zu gehen und achtsam der Erfahrungen bewusst zu sein, die während
dieser Aktivität auftreten. Achtsames Gehen verstärkt das Gefühl eines
„Ich", das *mit* Bewusstheit geht. Die Übung befände sich eher in Einklang mit Weiser Sicht, wenn sie ein Gehen *in* Bewusstheit wäre, wobei
dem Bewusstsein erlaubt wird, den Menschen voll und ganz zu umfangen, ohne dass dieser noch Kontrolle über das Bewusstsein ausübt.

So subtil diese Unterscheidung auch erscheinen mag, von ihr hängen unsere gesamte Ausrichtung und die Früchte unserer Praxis ab. Die
richtige Ausrichtung der Praxis bedeutet, die Ichempfindung in allem,
was wir tun, zu hinterfragen. Wenn wir in falschen Anschauungen verharren, dann wird der Körper diese Anschauungen in Aktionen von
Körper, Rede und Geist leben und ausdrücken. Das Ich wird blühen und
gedeihen, nicht jedoch unser spirituelles Leben. Der spirituelle Weg
wird nur die weltliche Sicht der Getrenntheit umsetzen.

Handeln aus Weiser Sicht ist eine Bekräftigung der Leere, weil es
aus der Abwesenheit eines vom Ich getriebenen Denkens kommt. Ein
solches Handeln bestätigt und integriert Leere in unseren Zellen. Wenn
unser Handeln verkörpert ist, bewegt es sich auf natürliche Weise eher
auf Verknüpftheit zu als auf die Erfüllung einer egoistischen Absicht.
Dies zieht sich dann durch unsere gesamte spirituelle Schulung.

Die Einsichtsmeditation legt zum Beispiel großen Wert auf Gleichmut. Gleichmut ist der nicht-reaktive, unbewegte Geist. Einige Praktizierende sind so fasziniert von dessen spiritueller Bedeutung, dass sie
Gleichmut als Maßstab für ihren Fortschritt nehmen. Wenn wir unseren

Gleichmut überprüfen und messen, sind wir bereits verloren. Das „Ich", das Maß nimmt, kann nicht gleichzeitig mit Gleichmut existieren. Die Ichempfindung ist die Verkörperung der Abwesenheit von Gleichmut, weil das „Ich" durch Widerstand und geistige Bewegung ins Leben gerufen wird. Die Überprüfung unseres Gleichmuts gerät zu einer Übung der Selbstveränderung, bei der wir an unseren Reaktionsmustern herumbasteln, damit sie zu unserer spirituellen Identität passen. Weise Sicht sagt uns, wir müssen unseren Gleichmut der Leere überantworten und nicht zurückblicken. Der wahre Zustand von Gleichmut ist Leere, und die Ichempfindung mischt sich hier ein, indem sie versucht, ihren Gleichmut in messbaren Begriffen zu erfassen. Wir werden niemals um wahren Gleichmut wissen, *denn nichts, das wirklich authentisch ist, kann jemals gewusst werden.*

Weise Sicht durchdringt unsere Praxis auf subtile Weise durch Handeln. Da Handeln das Zusammenkommen von verkörperter Präsenz und natürlicher Energie darstellt, ist das Handeln allein die entscheidende Äußerung unseres unmittelbaren Begreifens. Im Yoga gibt es ein Begreifen der „universalen Prinzipien der Übereinstimmung", des Wechselspiels zwischen muskulärer Energie, die kontrolliert werden kann, und natürlicher Energie, die nicht kontrolliert werden kann. Dies ist das Gleichgewicht innerhalb der Stellungen. Es gibt keine ideale oder perfekte Yoga-Stellung, aber ein vollkommenes Gleichgewicht ist erreicht, wenn die Pose uns hält.

Die Erkundung der physischen Dynamik von muskulärer und natürlicher Energie ist die Pforte zum Begreifen der Art und Weise, wie Energie uns bewegt. Dies lädt eine neue Weise der Präsenz in allen Situationen ein. Wir korrigieren uns nicht, um die perfekte Position zu finden, sondern wir lassen uns von dem bewegen, was bereits vorhanden ist. Indem wir in einen Zustand der Verknüpftheit eintreten und unseren Geist so erden, dass er nicht dem Zweifeln anheimfällt, übereignen wir unseren Körper der Energie der Erde. Wir nehmen die Haltung des Vertrauens ein und lassen den Boden das Übrige tun.

Weises Handeln ist kein innerer Dialog über das, was „ich" tun sollte, sondern eine subtile Neigung hin zu dem, was zu tun angemessen ist – mehr ein Bauchgefühl als ein gesprochenes Wort oder Bild. Weises Handeln beginnt auf Bodenhöhe und führt nach oben durch den Körper, aber wenn das Handeln zu weit bis ins Gehirn aufsteigt, können wir es kritisieren und anzweifeln. Der Körper zweifelt nicht an sich; insofern ist Weises Handeln das perfekte Wechselspiel zwischen den Körperzellen und dem Grund des Lebens.

Wenn wir verkörpertes Handeln einen Schritt weiter in den Bereich unserer Arbeit tragen, sehen wir uns mit einer Reihe weiterer Herausforderungen konfrontiert. Was ist Weiser Lebensunterhalt in einer Kultur, die von der Marktwirtschaft bestimmt wird? Das Grundprinzip verändert sich nicht; was sich ändert, ist der Grad an Komplexität von einfacher Aktion zu engagierter sozialer Interaktion.

10

Erwachen durch Lebensunterhalt, Stress und Zeit

Weite die Definition eines lebenswerten Lebens aus.

– James Rouse

Das hier dargestellte System kann sich angesichts der Terminologie von Absichten, Bemühungen, Sicht, x-Achse, y-Achse, radikaler Verantwortlichkeit und so weiter so strukturiert anfühlen, dass man sich fragen mag, wie sich dies in spontane Reaktionen von Körper, Rede und Geist übertragen lässt. Wie passen all diese Begriffe in die wortlose Wahrheit unseres Seins? Sie passen und passen nicht. Die Wörter sind geschickte Mittel zur Erforschung unserer vermeintlichen Realität, aber sobald wir die wahre Wirklichkeit, die frei von unseren Projektionen ist, erkannt haben, sind die Wörter nicht mehr von Nutzen. Abhängigkeit von Begriffen erzeugt ein Hängen an dem Wissen, das diese Wörter bezeichnen, und zeigt an, dass das „Ich" noch das Kommando führt. All die Worte in diesem Buch sind darauf ausgerichtet, aus dem vom „Ich" gelenkten Leben auszusteigen und unser wahres Zuhause im Wortlosen zu finden.

Doch was treibt uns voran, wenn nicht Worte und Gedanken? Wie ist Bewegung möglich, während man im Wortlosen verweilt, da doch zielgerichtete und willentliche Bewegung alles ist, was wir kennen? Die meisten von uns werden sich Momenten unbequemer Fragen zwischen den bekannten Begriffen unseres Geistes und der unbekannten Stille des Herzens stellen müssen. Wir besitzen nur wenige Anhaltspunkte dafür, wie wortlose Aktion sich manifestiert, und uns wird klar, dass wir nicht den Beispielen anderer folgen können, denn solange unser Handeln nicht authentisch das unsere ist, führen wir die Begriffe durch Imitation wieder ein.

Ab einem bestimmten Punkt wird es inakzeptabel, in ein Leben voller Muster zurückzufallen, nur weil wir nicht wissen, wie wir vorankommen können, und so überantworten wir unser Handeln der Stille und warten. Dann bewegt sich der Körper auf angemessene Weise. Wie er sich bewegt und weshalb er sich bewegt, ist oft ungewiss, aber er funktioniert vollkommen im Gewebe des Augenblicks. Verbale Reaktionen, die aus dieser Stille aufsteigen, haben oft keine Ähnlichkeit mit intellektuellen Antworten, die in der Vergangenheit gegeben worden sind, und hören sich häufig nicht einmal wie etwas an, das wir normalerweise sagen würden. Die physische Bewegung aus der Stille gleicht dem, sie ist spontan, von Herzen kommend und in Verknüpftheit.

Dies ist das Spielfeld der „glücklichen Zufälle": Wir wünschen uns etwas, drehen uns um und plötzlich manifestiert es sich; wir denken an jemanden, gehen die Straße entlang – und schon treffen wir die Person. Indem sich die Ichempfindung immer mehr der Wirklichkeit überantwortet, kommen ungewöhnliche und mysteriöse Umstände ins Spiel. Was wir Zufall nennen, ist das Spiel des Universums, das sich ständig vor unseren Augen abspielt. Weil diese Erscheinungen nicht mental vorhersagbar sind, werfen wir sie in eine Schublade mit der Aufschrift „Zufall" und betrachten sie als etwas, das außerhalb des Normalen und zu Erwartenden steht.

Ich befand mich vor einigen Jahren gerade in einer persönlichen Klausur im Gaia House in England und ging auf der Suche nach einer inspirierenden Lektüre in die Bibliothek. Ich ließ den Blick über die große Anzahl von Büchern schweifen, als meine Hand ganz zufällig ein Buch auswählte und es öffnete. Zuerst hatte ich keine Ahnung, was für ein Buch es war, aber als ich zu lesen begann, bemerkte ich, dass es vertraut klang, obwohl ich das Gespräch nicht einzuordnen vermochte. Ich sah auf den Umschlag und das Buch entpuppte sich als eine Sammlung von Dialogen mit Nisargadatta Maharaj. Die Seite, die sich aufgeschlagen hatte, war ein aufgezeichnetes Gespräch, das ich 1980 mit Nisargadatta geführt hatte, und bis zu diesem Augenblick hatte ich nicht gewusst, dass dieses Buch existierte oder dass je etwas, das ich zu ihm gesagt hatte, schriftlich niedergelegt worden war.

Das Wunder, das wir sind, begegnet dem Wunder, das immer ist, und das Herz singt in diesem Spielfeld des glücklichen Zufalls. Das Mysterium wird meistens durch klar definierte Objekte und ein kontrollierendes Subjekt von uns ferngehalten, aber wenn diese beseitigt werden, zeigt sich, dass das Vakuum voller weit offener Potenziale und unendlicher Möglichkeiten ist. Die Vergangenheit ist zu Ende und wir werden nicht mehr von ihren Forderungen unterdrückt und in Schach gehalten.

Einer der Gründe, weshalb es uns an Begeisterung für unser Leben mangelt, ist, dass es zu vorhersagbar ist. Unsere Einstellungen und Glaubensvorstellungen reduzieren die Kreativkraft des Universums auf ein erwartetes Ergebnis und wir leben das vorgeschriebene Drehbuch. Wir sind am lebendigsten, wenn unser Interesse am meisten geweckt ist, und es gibt kein größeres Faszinosum als das unerwartete Spiel des Universums. Eine wundervolle Absicht, die man am Morgen vor dem Aufstehen zum Ausdruck bringen kann, ist: „Möge mein Bewusstsein offen sein und möge sich das Mysterium im Laufe des Tages selbst offenbaren" – und dann beschließen wir, dass die Probleme des Tages nicht Vorrang vor dem Mysterium erhalten.

Weiser Lebensunterhalt

Viele von uns fühlen sich in ihrem Job nicht authentisch und eine der Herausforderungen, denen wir uns gegenübersehen, ist, wie man in seinem Arbeitsbereich kreativ und spontan sein kann. Die Wörter „Spontaneität" und „Arbeitsplatz" scheinen sich geradezu zu widersprechen. Es stellt sich die Frage: Wie können wir in unserem Arbeitsleben kreativ und spontan sein, während wir zugleich unserer Verantwortlichkeit am Arbeitsplatz und in der Familie gerecht werden? Mit anderen Worten: Wie verdienen wir unseren Lebensunterhalt weise?

Es geschieht selten, dass man jemandem begegnet, der sein Leben mit seiner Arbeit integriert hat; stattdessen verschenken viele von uns ein Drittel ihres Lebens, um die anderen beiden Drittel zu finanzieren. Doch unsere Arbeit muss in die spirituelle Ausrichtung integriert werden, oder aber wir verzögern und begrenzen unser Wachstum. Die Bereitschaft, aus den Gewohnheiten und der Routine auszubrechen, spielt eine bedeutsame Rolle bei der Erfüllung unseres Lebens im Allgemeinen und unserer Arbeit im Besonderen.

Meistens haben wir eine feste Beziehung und Einstellung zu den vierzig oder mehr Stunden pro Woche, die wir damit verbringen, unseren Lebensunterhalt zu verdienen. Tag für Tag verhärtet sich diese Einstellung um eine vorgefasste, oft negative Haltung der Arbeit gegenüber, die unsere Energie und unser Interesse so reduziert, dass wir in eine unhaltbare Krise des Geistes hineinschlittern, die uns schließlich auslaugt. In Hinsicht auf den Lebenserwerb hört man am häufigsten Klagen über diesen Verlust von Interesse und Lebendigkeit bei der Arbeit sowie darüber, dass uns durch die Arbeit miteinander in Konflikt stehende Werte aufgezwungen werden. Lassen Sie uns die Aspekte dieser Unzufriedenheit im Einzelnen betrachten und beginnen, unsere Arbeit auf die primäre Absicht des Herzens einzustimmen.

Interesse an der Arbeit

Die Idealvorstellung, dass wir unsere spirituelle Praxis in die Art uns Weise, wie wir unseren Lebensunterhalt verdienen, einbringen sollten, kann kontraproduktiv sein. Viele von uns nehmen fälschlicherweise an, dass unsere spirituelle Praxis uns gebietet, mit den Unterprivilegierten zu arbeiten, und wir können das Gefühl bekommen, dass wir noch nicht den Maßstäben eines Weisen Lebensunterhalts entsprechen, solange wir nicht selbstlos für das Allgemeinwohl wirken und unsere Achtsamkeit einer gerechten und „guten" Sache widmen.

Ich bin überzeugt, dass der Buddha bei der Definition von Weisem Lebensunterhalt deshalb so vage blieb, weil er wollte, dass die Arbeit eines Menschen zugänglich, geerdet und praktisch bleiben möge. Als er gebeten wurde, den Begriff des Weisen Lebensunterhalts zu definieren, sagt er: „Und was ist Weiser Lebensunterhalt? Es gibt den Fall, da ein

Schüler der Edlen, nachdem er unlauteren Lebensunterhalt aufgegeben hat, sein Leben mit Weisem Lebensunterhalt weiterführt: Dies wird Weiser Lebensunterhalt genannt."³⁴ Als man ihn weiter drängt, kommentiert er: „Ein Laie sollte fünf Arten von Geschäften nicht betreiben. Welche fünf? Waffengeschäfte, Geschäfte, bei denen Menschen gekauft und verkauft werden, Geschäfte mit Fleisch, Geschäfte mit Rauschmitteln und Geschäfte mit Giften."³⁵

Ich schlage einen anderen Kurs vor und definiere Weisen Lebensunterhalt als das Verfolgen unserer Interessen hin zu einer tiefen gegenseitigen Verbundenheit unter gleichzeitiger Berücksichtigung unserer finanziellen Verpflichtungen. Diese Definition motiviert Weisen Lebensunterhalt durch Weise Sicht, bestimmt aber nicht die spezifische Arbeit, die wir tun sollten. Der Buddha äußert sich explizit darüber, dass man genug Geld verdienen sollte, um unsere Ausgaben zu begleichen, wenn er sagt. „Hierbei, Vyagghapajja, ein Haushaltsvorstand, der sein Einkommen und seine Ausgaben kennt, führt ein ausgewogenes Leben, das weder zu extravagant noch zu elend ist, wohl wissend, dass auf diese Weise sein Einkommen seine Ausgaben übertrifft und nicht etwa seine Ausgaben sein Einkommen übertreffen."³⁶

Es geht darum, dass unser Interesse, nicht jedoch unser Idealismus unsere Arbeit leitet. Wenn wir Interesse haben, sind wir dem Leben am nächsten, sodass die Entfernung zwischen unserem Herzen und einem natürlichen Ruhen im Leben kleiner wird und wir am meisten auf unsere Lebendigkeit eingestimmt sind. Daraus folgt nicht unbedingt, dass ein solches Leben auf sozialen Dienst oder einen helfenden Beruf ausgerichtet sein sollte. Eine jegliche Disziplin kann als weise angesehen werden, wenn sie unser Herz mit Freude und Enthusiasmus erfüllt und nicht absichtlich Leiden verursacht. Wir nähren die Welt dadurch, dass wir uns nähren, nicht durch unser Opfer. Lebendigkeit ist unser Geburtsrecht; wir verdienen, im Einklang mit unserem Herzen zu leben, aber die meisten von uns müssen erst wieder lernen, wie man das macht.

Weiser Lebensunterhalt meint auch, wie wir bei der Arbeit sind, nicht nur, welche Art von Arbeit wir wählen. Arbeit ist nicht von Natur aus langweilig, auch wenn sie Routine ist; wir tragen Langeweile in die Arbeit hinein. Es liegt bei jedem Einzelnen von uns, die Bereiche aufzubrechen, in denen wir unsere Lebendigkeit erstarrt halten, und unseren

Fokus und unsere Absichten wieder auszugleichen. Wie ein Mitarbeiter im Hospiz mir einmal sagte: „Ich habe mit Hunderten von sterbenden Menschen gearbeitet, und wenn ich einem neuen Patienten begegne, weiß ich, ich könnte aufgrund meiner langjährigen Erfahrungen mit anderen Patienten immer eine Standard-Antwort geben. Aber das tun hieße, ihr Sterben zu meiner Routine werden zu lassen, und das kann ich nicht. Ich kann nicht aus Routine heraus lehren, denn das wäre an sich schon eine Art von Tod. Ich lehre das Leben, und das muss jeder einzelnen Interaktion angepasst sein."

Wir haben möglicherweise anfangs eine Arbeit gehabt, die uns interessierte, aber im Laufe der Zeit wurde unser Verhalten zur Gewohnheit und unsere Lebendigkeit verschwand langsam aus unserer Arbeit. Solche Muster müssen schleunigst behoben werden oder aber sie überschatten ganz allgemein unsere Arbeit oder unsere Fähigkeiten. Wenn diese psychologischen Blockaden beseitigt sind und wir unsere Beziehung zur Arbeit erneuert haben, müssen wir die Achtsamkeit in unserer Arbeitssituation nicht erzwingen. Bewusstheit wird dann durch unser Interesse hervorgerufen und dort, wo wir interessiert sind, sind wir gleichzeitig wach.

Das Interesse an sekundären Absichten wie Geld, Status und Ruf mögen unsere Aufmerksamkeit zeitweilig fesseln, aber sie sind letztlich begrenzt, weil sie nicht unser tiefstes Bedürfnis nach Verknüpftheit erfüllen. Der Hauptgrund, aus dem viele von uns an ihrer Arbeit verzweifeln, besteht darin, dass sie ausschließlich für diese sekundären Gewinne arbeiten. Wir versuchen immer wieder die Befriedigung zu entdecken, die uns die Gesellschaft als Lohn für das Verfolgen dieser sekundären Ziele verspricht, haben jedoch niemals das Gefühl wirklicher Zufriedenheit, und mit der Zeit kann sich durch das Arbeiten für sekundäre Gewinne auf Kosten des Herzens eine spirituelle Lethargie entfalten.

Wenn wir uns aus sekundären Absichten heraus auf eine Arbeit einlassen, werden wir schließlich feststellen, dass die Arbeit unser Bedürfnis nach Kreativität und Originalität nicht befriedigen kann. Da wir die Verwirrung, die dazu geführt hat, dass wir um sekundärer Gewinne willen eine Arbeit angenommen haben, niemals bewusst erforscht haben, kann es uns schwerfallen und mögen wir es hinauszögern, eine solche Arbeit aufzugeben, weil die unergründeten Ängste mit aller Macht aufsteigen. Gedanken wie „Auch wenn mich die Arbeit nicht inspiriert, weiß ich wenigstens, was ich daran habe, und verdiene gut" zwingen uns zurück in ein farbloses Muster spiritueller Müdigkeit.

Ein spiritueller Weg kann sich nur durch eine direkte Verbindung mit der primären Absicht entfalten, mit jener tiefen Sehnsucht nach der völligen Auflösung von Konflikten im Herzen. Wenn uns nicht interessiert, was unsere primäre Absicht bei der Arbeit und im Leben blockiert, dann wird unsere spirituelle Praxis keine Früchte tragen. Unsere Aufmerksamkeit wird sich um „mich" drehen und um das, was „ich will", und diese Haltung wird auch unsere Reaktivität und unsere Anschauungen durchziehen, ohne dass wir die Möglichkeit haben, über diese beschränkte Perspektive hinauszugelangen. Das ist der Grund, weshalb Achtsamkeit keinen Erfolg haben kann, wenn sie einer Situation willentlich aufgezwungen wird. Das „Ich", das Achtsamkeit erzwingt, schränkt diese gleichzeitig ein. Entweder flammt Achtsamkeit durch Interesse an der primären Absicht von selbst auf, oder aber sie wird uns immer wieder entgleiten und frustrieren.

Wenn die primäre Absicht an die Oberfläche unseres Arbeitslebens steigt, wird nichts gering geschätzt. Wenn unsere Arbeit langweilig ist, werden wir Interesse an der Langeweile an sich zeigen und ihre Auswirkung auf uns erforschen. Wir können fragen: „Was ist diese Langeweile und wie bestimmt sie meine Beziehung zur Arbeit?" Wenn es uns schwerfällt, mit jemandem an unserem Arbeitsplatz umzugehen, weigern wir uns, äußeren Umständen die Schuld für die Situation zu geben. Wir werden uns vielmehr unserer radikalen Verantwortlichkeit bewusst und schauen uns den unbewussten Schmerz in unserem Geist an, der dazu führt, dass wir die Schuldzuweisung nach außen projizieren. Wenn unser Geist während einer geschäftlichen Besprechung abschweift, können wir fragen: „Was erzeugt dieses Bedürfnis, der Situation zu entfliehen?" Jede Frage aktiviert unser Interesse und unsere Kreativität und bringt uns sicher in Einklang mit unserer primären Absicht.

Um unsere Arbeit spirituell zu erneuern, fragen wir uns, was uns ursprünglich an dieser Form der Arbeit interessiert hat, und wir versuchen, dieses latente Interesse abzustauben und uns wieder mit dem ursprünglichen Enthusiasmus an die Arbeit zu machen. Wenn das nicht gelingt, können wir vielleicht andere Bereiche unserer Arbeit erforschen, wie etwa unsere persönlichen Interaktionen, unsere emotionale Reaktivität, unser mangelndes Engagement oder jeglichen Zustand, der ein völliges Engagement verhindert. Die Praxis wird dann zu einer Methode, das zu konfrontieren und zu untersuchen, was wir in die Arbeit einbringen und was eine fixierten Haltung oder mangelnde Präsenz am Arbeitsplatz zur Folge hat.

Nachhaltiges Interesse findet sich in der primären Absicht, im Staunen, im Mysterium, in der Einheit oder in der Verknüpftheit. Dem Staunen zu begegnen ist Kreativität und Kreativität ist Handeln in Spontaneität. Fördert unsere Arbeit Kreativität? Vielleicht findet man sie nicht innerhalb der festgelegten Pflichten unserer Arbeit, sondern in den kleinen Interaktionen und Herausforderungen im Laufe des Tages. Was wäre, wenn wir uns weigerten, aus Gewohnheit heraus zu handeln, und einfach warteten, bis sich jenseits unserer Einstellungen und vorgefassten Vorstellung Originalität entfaltet? Allein schon die Absicht, authentisch zu agieren, weckt Interesse und rührt das Herz an.

Evelyn, eine Krankenschwester, mit der ich im Hospiz zusammengearbeitet habe, vertraute mir an, sie sähe jeden Patienten als eine Herausforderung zu einer kreativen Reaktion. Allem zum Trotz, was Evelyn auf der Schwesternschule gelernt hatte, schlüpfte sie einmal in das Bett einer Patientin, weil sie wusste, dass diese beim Sterben im Arm gehalten werden wollte. Ein anderes Mal, als eine Patientin unfähig zu sein schien, loszulassen und sich dem Sterben zu überlassen, ging sie zum Telefon und rief den ihrer Patientin fremd gewordenen Sohn am anderen Ende des Landes an. Sie sagte ihm, seine Mutter bräuchte seine Vergebung, um ruhig sterben zu können, und der Sohn war fähig, seinen Zorn loszulassen und seiner Mutter zu sagen, es sei alles vergeben. Kurz nach dem Telefongespräch starb die Patientin.

Widerstreitende Werte

Das Leben lebt vom Leben. Wir essen Pflanzen und Tiere, um unseren Körper zu nähren, verbrauchen Energie, um uns warmzuhalten, und benutzen bei fast allen Aktivitäten, die wir unternehmen, irgendwelche Ressourcen. Übereifer und Selbstgerechtigkeit in dem Versuch, allen Exzesse am Arbeitsplatz ein Ende zu setzen, vertragen sich nicht mit den vielfältigen Weisen, auf die wir selbst irgendetwas zerstören müssen, um jeden Tag zu überleben. Unsere Arbeit wird niemals dem Ideal entsprechen, unseren „ökologischen Fußabdruck" auf Null zu reduzieren, aber wir können zumindest bedenken, ob das angebotene Produkt oder die Dienstleistung den Kostenaufwand wert ist. Stehen unsere tiefsten persönlichen Werte im Einklang mit den bei der Arbeit zum Ausdruck gebrachten Werten und rechtfertigt diese Allianz den für die Arbeit notwendigen Energieverbrauch?

Wir können in unseren Bemühungen um Weisen Lebenserwerb auch allzu moralisch werden. Eine meiner Schülerinnen sagte, sie würde ihren Dienst als ambulante Pflegerin aufgeben, weil sie zu viel Kohlendioxid ausstoße, wenn sie vom Haus eines Patienten zum nächsten führe. Die Umweltbelastung, die durch unsere Arbeit entsteht, ist ein wichtiges Argument, aber wir sollten die Kosten gegen den Nutzen abwägen, wenn es beispielsweise um Patienten geht, die ans Haus gefesselt sind und eine Krankenschwester benötigen.

Entsprechen die Werte bei der Arbeit unseren persönlichen Werten, dann gibt es eine harmonische Einstimmung, aber viele Jobs werden uns aus ökonomischer Notwendigkeit aufgezwungen. Wenn wir eine Arbeit tun müssen, die nur geringe Resonanz mit unseren Werten hat, mögen wir uns fühlen, als würden wir uns für unseren Gehaltsscheck prostituieren. Hat unsere spirituelle Transformation einmal begonnen, dann kann es sein, dass wir die Werte unserer Organisation nicht mehr akzeptieren, uns jedoch aufgrund unserer finanziellen Verpflichtungen im Job gefangen fühlen. Es gibt keine einfache Lösung bei Konflikten zwischen persönlichen Anschauungen und den Werten am Arbeitsplatz, besonders wenn man zu Hause unter finanziellem Druck steht. Zwei Übungen können in einem solchen Fall helfen: Die eine besteht darin, eine Absicht zu entwickeln, die auf eine Arbeit hinzielt, welche stärker mit unseren spirituellen Werten im Einklang ist; und die andere besteht in der Übung von Geduld in Hinsicht auf unseren gegenwärtigen Job und das Finden einer Arbeitsstelle, die besser mit Weisem Lebensunterhalt im Einklang ist.

Vor vielen Jahren arbeitete ich als Aushilfslehrer in einer Schule in der Innenstadt. Die Arbeit war ziemlich unmöglich, aber ich benötigte das Geld, um meine Hochschulausbildung zu finanzieren. Ich kam

ständig mit Spannungskopfschmerzen nach Hause, nachdem ich tag-
ein, tagaus eine Krise nach der anderen zu bewältigen hatte. Die Arbeit
entsprach zwar meiner Definition von Weisem Lebensunterhalt, aber es
war für mich nicht weise, diese Arbeit fortzusetzen. Manche Jobs passen einfach nicht zu uns, und dieser war nicht der richtige für mich. Ich
entschloss mich bewusst, ihn aufzugeben, ließ jedoch offen, wohin und
wann ich gehen würde und was ich danach tun würde. Ich entwickelte
eine weit offene Absicht, ließ die Details absichtlich unklar und ent-
schied mich, während des ganzen Prozesses geduldig und nicht in Eile
zu sein. Meine persönliche Verantwortung als Aushilfslehrer bestand
nun darin, zur Arbeit zu erscheinen, diese Arbeit zu leisten und Absichten, die meiner Integrität entsprachen, zu setzen. Ich vertraute darauf,
dass sich die nächste Gelegenheit von allein präsentieren würde, wenn
meine Absichten nur deutlich genug wären, und nach einigen Monaten
bekam ich tatsächlich eine geeignetere Arbeit.

Arbeit, die innerlich oder äußerlich schadet, sollte hinterfragt werden. Es war klar, dass die Arbeit als Aushilfslehrer in diesem Schulbezirk
weder meinem Geist noch meinem Körper zuträglich war. Eine Reihe
von Fragen zu stellen kann uns helfen, unsere Absichten zu klären:
1. Kann ich die Schwierigkeiten verstehen, ohne jemandem die Schuld
zuzuweisen? 2. Braucht es einen inneren oder einen äußeren Wandel?
3. Wenn Wandel vonnöten ist, wie kann ich systematisch darauf hinarbeiten, dass er eintritt? 4. Wenn ich das, was ich tue, nicht ändern
kann, kann ich in dem, was ich tue, vollständig werden?

In dem, was wir tun, vollständig zu sein ist Integrität und kein
Arbeitsplatz ist es wert, ihm unsere Integrität zu opfern. Ein erwachen-
des Bewusstsein kann nicht an einer Arbeitsstelle bleiben, die mehr Leiden verursacht, als Linderung – sei es durch die Güter und Dienste, die
sie anbietet, oder die Auswirkungen, die sie auf Körper und Geist hat.
Auf jeder Ebene spirituellen Verstehens gibt es eine Schwelle, an der
die Probleme, denen man sich gegenübersieht, mehr Anspannung als
Einsicht verursachen können, und wie das Beispiel vom Aushilfslehrer
zeigt, dient uns die Aktivität dann nicht mehr. Um voranzukommen,
müssen wir uns manchmal zurückziehen. Der Rückzug wird oft von
dem Schmerz persönlichen Versagens begleitet, aber auf der spirituellen Reise gibt es kein Versagen. Wir sind der Aufgabe entweder gewach-

sen oder nicht, und wenn nicht, vergeuden wir unsere Zeit, wenn wir uns zwingen wollen, erfolgreich zu sein. Wenn wir trotz unserer Absicht, die Arbeit durchzuziehen, ständig zurückfallen, sollten wir unsere Sachen packen und weiterziehen.

Bei unseren Klausuren bekommt jeder Teilnehmer einen „Yogi-Job". Das ist eine Weise, den täglichen Arbeitsaufwand zu bewältigen, indem wir von jedem Schüler die Verrichtung kleiner Arbeiten fordern. Als ich neu zur Meditation kam, begegnete ich dieser Praxis mit Zynismus, da ich sie als eine zweifelhafte Methode ansah, von in der Klausur festsitzenden Teilnehmern unbezahlte Arbeit zu erschleichen. Mit zunehmender Erfahrung hat sich meine Ansicht geändert und heute verstehe ich diese Arbeit als ein Privileg. Jeder Job während der Klausur ist wie eine Speiche im Rad, die es ermöglicht, dass sie gesamte Klausur reibungslos abläuft. Wir arbeiten vom Mittelpunkt des Rades her für das Ganze und nur in konzertierter Aktion kann sich das Rad fortbewegen.

Dies ist eine völlig andere Weise, Arbeit zu betrachten. Wenn die Arbeit für und durch das Individuum aufgeteilt und vom Ganzen getrennt ist, spüren wir nicht, welche Auswirkungen das, was wir tun, auf die anderen hat. Also müssen wir durch Gewerkschaften, Verhandlungen und Management eine erzwungene Verbindung herstellen. Ist die Beziehung zu unpersönlich und wird der Abstand zwischen dem, was wir tun, und dessen Auswirkungen zu groß, dann hören wir auf, uns zu kümmern und kapseln uns ein. Es ist wie Kriegsführung aus der Höhe und einer Entfernung, die zu weit weg ist, um das persönliche Ausmaß der Zerstörung zu erkennen.

Von Zeit zu Zeit kann es hilfreich sein, innezuhalten und das größere Netzwerk von Verbindungen zu betrachten, in welches das, was wir tun, eingebettet ist. Als ich jung war, strömten die Menschen meiner Heimatstadt zusammen, um während einer großen Flut geschwächte Deiche mit Sandsäcken zu verstärken. Ich hatte in meinem Leben niemals so hart gearbeitet und dabei so viel Spaß gehabt. Der gemeinsame Zweck und die Absicht, uns selbst zu helfen, indem wir unseren Nachbarn halfen, bereitete mir eine Freude, die ich in meinen jungen Jahren noch nicht zu ergründen vermochte.

Unsere Hauptarbeit auf diesem Planeten besteht darin, uns unter allen Umständen wieder miteinander zu verbinden. Ob unsere Organisation nun Profit abwirft oder eine gemeinnützige Organisation ist, wir können über den Rahmen privater Unternehmen und unternehmerischer Definitionen hinaus arbeiten und uns wieder ehrlichen menschlichen Austausch zu eigen machen. Wir können für die Arbeit, die wir tun, und die Menschen, denen wir begegnen, wirklich präsent sein, und aus diesem Geist und mit dieser Intention dient alles, was wir tun, dem Ganzen.

Zeit und Stress bei der Arbeit

Die meisten von uns wissen, wie man an seinem Arbeitsplatz effektiv arbeitet, aber die wenigsten wissen, wie die Arbeit effektiv für uns arbeiten kann. Wir fühlen uns von dem Druck, unter dem wir arbeiten, versklavt, so als sei Stress etwas, das wir aushalten müssten. Eigentlich macht man sich den Druck selbst; er wird als Stress nach außen projiziert und wir geben der Umwelt dafür die Schuld, doch wir tun uns das selbst an, indem wir unseren inneren Antrieb ignorieren, der den Druck erzeugt. Wenn wir diesen Schmerz genauer betrachten, sehen wir, dass er von psychischen Problemen verursacht wird, etwa dem Verlangen, gemocht und respektiert zu werden, oder dem Wunsch vollkommen zu sein. Gehen wir noch mehr in die Tiefe, so erkennen wir, dass der Ursprung dieses Verlangens ein Gefühl von Unzulänglichkeit ist. Wir versuchen, unsere vermeintlichen Mängel durch Überkompensation zu überwinden, indem wir uns selbst unter Druck setzen.

Wenn wir begreifen, dass Stress auf etwas in uns selbst hinweist, und ihm bei seinem Einsetzen gestatten, uns zum Ursprung des Schmerzes zu führen, dann können wir vom Stress tatsächlich etwas über uns lernen und unsere Arbeit arbeitet dann für uns. Das Stressgefühl kann uns zu dem Schmerz, wir selbst zu sein, führen. Wie bereits in den vorhergehenden Kapiteln erwähnt, haben wir dann die Gelegenheit, durch unsere Ichempfindung hindurchzugehen und zu einem tieferen Verständnis unserer wahren Natur zu gelangen. Bei der Erfahrung von Stress ist der entscheidende Punkt, dass wir den Schmerz erforschen, statt ihn nach außen zu projizieren und aus dem Schmerz heraus zu reagieren.

Wir werden uns nun die Probleme von Stress genauer ansehen und dabei über die psychologische Komponente unserer Beziehung zur Zeit hinausgehen. In welchem Zusammenhang stehen Zeit und Stress und wie wird die Zeit an sich im Geist geschaffen? Wir werden sehen, wie gründlich wir uns selbst indoktriniert haben, daran zu glauben, Zeit sei ein äußeres Ereignis, das uns widerfahre. Sobald wir einmal an die Zeit glauben, werden wir die mit dem Sparen oder Verschwenden dieses Gutes einhergehenden Emotionen haben, und daraus resultiert dann Stress.

Das Aufteilen der Zeit

Widerstand verlangsamt die Zeit. Unser Geist schielt über das Jetzt hinaus zur verheißenen Entspannung, nachdem der Arbeitstag beendet ist. Da unser Geist nach vorn Ausschau hält, leidet unsere gegenwärtige Arbeit darunter. In diesem Augenblick haben wir unser Leben aufgegeben, indem wir uns von der Realität entfernt haben. Wir haben uns in die Fantasie verloren, zu Hause anzukommen, die Stille des Abends zu genießen, uns beim Zeitunglesen zu entspannen, also einen Zeitraum zu genießen, in dem die Zeit für uns arbeitet. Auch wenn der Traum unerreichbar ist, verbinden sich Gefühle mit den Gedanken und ein emotionaler Überrest bleibt bestehen, der bestätigt, wie deplatziert wir uns an unserem Arbeitsplatz fühlen.

Wir realisieren nicht, welchen Preis unser Körper und unser Geist für solche Träume zahlen müssen. Es entsteht nämlich ein von Stress verursachter Bruch zwischen der heraufbeschworenen Fantasie und der vor uns liegenden Arbeit. Emotional sind wir zwischen zwei verschiedenen Zeitschienen in der Schwebe und nicht in der Lage, ganz ins Jetzt zurückzukommen. Dies verursacht noch größere Anspannung während der Arbeitsstunden, weil das Engagement unserer Energie in die beiden Szenarios „Zuhause" und „Arbeit" aufgespalten wird.

Der Stress resultiert aus dem Versuch des Geistes, die Zeit physisch aufzuteilen. Wir haben unser Leben in einzelne Zeitschienen eingeteilt: Arbeitszeit, allein verbrachte Zeit, Familienzeit, Pendelzeit, Schlafenszeit und so weiter. Im Laufe des Tages gerät ein Intervall oft in Konflikt mit einem anderen, aber wir versuchen zu vermeiden, dass sie sich gegenseitig ins Gehege kommen, indem wir strenge Grenzen und Unterteilungen setzen. Wir versuchen die Zeit, die wir allein oder mit der Familie verbringen möchten, vor einer Invasion durch andere Zeitschienen zu schützen, und sind verärgert, wenn während des Abendessens ein Anruf vom Arbeitsplatz kommt, wenn ein nichts ahnendes Familienmitglied uns stört, wenn wir allein sein und meditieren wollen, oder wenn unsere Bahn Verspätung hat und wir deshalb unpünktlich sein müssen.

Unsere Stimmungen und Haltungen ändern sich mit dem Zeitrahmen, in dem wir uns gerade befinden, und wir werden in diesen unterschiedlichen Zeitsegmenten praktisch zu vollkommen anderen Menschen. Wir gehen mit unserer Familie freundlicher um als mit den Menschen am Arbeitsplatz, wir sind ruhiger in der Meditation als mit unserer Familie. Es gelingt uns nur teilweise, diese einzelnen Lebensbereiche physisch voneinander getrennt zu halten, und die Anspannung, die ihre Überlappung mit sich bringt, fordert ihren Preis auf allen Ebenen. Doch das wahre Leck liegt auf der mentalen Ebene: Während unserer Freizeit wandert der Geist zu der auf unserem Schreibtisch verbliebenen Arbeit, während der Arbeit wandert er zurück zur Familie, und unser Schlaf wird durch die Sorgen aus allen anderen Zeiträumen gestört. Dieser Carryover- oder Übertragungseffekt kann zu einer Belastung werden, die sich auf alle Lebensbereiche auswirkt.

Wenn wir die Beziehung in jeder Zeitperiode erforschen, lernen wir, dass die Ichempfindung Aversion oder Anziehung in jeden Zeitraum hineinträgt. Wir ringen auf der mentalen Ebene darum, die einzelnen Segmente zu verkürzen oder zu verlängern, obwohl die Länge der einzelnen Zeitperiode zumeist vorbestimmt ist. Dies hat Stress zur Folge. Was wäre, wenn wir den Fokus änderten und alles zu „unserer Zeit" machten? Unserer Zeit am Arbeitsplatz, unserer Zeit zu Hause, unserer Zeit des Pendelns und so weiter? Die Zeit würde anfangen, für uns zu arbeiten, die Intervalle stünden nicht mehr im Konflikt miteinander und nichts würde uns mehr davon abhalten, uns mit uns selbst zu verbinden.

Aus dieser Perspektive gesehen, nährt uns „unsere Zeit", weil sie die Spaltung in uns eliminiert. Wenn wir nicht mehr darauf warten, dass etwas zu Ende geht, oder versuchen, es zu verlängern, werden wir in diesem Geschehen lebendig und teilen unser Leben nicht mehr in getrennte Existenzen auf. Wir können jegliche Neigung, physisch vor etwas zurückzuweichen oder mental den Fokus zu verlieren, zum Anlass nehmen, uns zu entspannen und uns mit dem Augenblick zu verbinden, also zu dem zurückzukommen, was bereits da ist. „Unsere Zeit" wird zu einer Zeit, die vereinigte Realität wahrzunehmen. Selbst wenn wir nicht in einem Job unserer Wahl tätig sind, können wir doch in dem, was wir tun, ganz sein. Wir können mit jeder Arbeit zurechtkommen, indem wir uns weigern, uns im Geiste von ihr zu distanzieren.

Dies ist jedoch nur dann möglich, wenn wir aufhören, die Zeit zu externalisieren. Die Zeit wurde wie alle Objekte außerhalb der Ichempfindung platziert – als etwas, das uns zustößt. Um diese Spaltung zu überwinden, lassen wir die Anspannung zwischen der Zeit und uns fallen. Statt gegen die Zeit anzugehen, leben wir in ihr. Wenn wir uns weigern, die Zeit zu einer äußeren Kraft oder einem Objekt zu machen, stellt sie kein Hindernis mehr dar; die Aufteilungen sind verschwunden und wir vereinen uns wieder mit der Zeit. Wenn die Zeit wieder ganz wird, dann heilt sie und wir heilen in ihr.

Es ist hilfreich, sich daran zu erinnern, dass alles außerhalb der Unmittelbarkeit des Jetzt unwirklich ist; auch die Zeit wird unwirklich, wenn sie nicht bewusst als Gedanke, der hier und jetzt geschieht, verstanden wird. Das Zeitgefühl entsteht und wird nach außen projiziert, wenn wir das, was die Zeit bringt, wünschen oder fürchten. Wir verfolgen unsere Wünsche und Ängste innerhalb der Zeit. Wir erschaffen Zeit, indem wir uns einen anderen Augenblick als das Jetzt vorstellen und dann dem Objekt unserer Imagination nachjagen, als hätte es dieselbe Wirklichkeit wie das Jetzt. Aber die Wirklichkeit enthält keine Zeit; wir erzeugen sie, damit das Leben unseren vorgeschriebenen Bedürfnissen entspricht, durch unser Denken. Die Ichempfindung erscheint gleichzeitig mit dem Zeitreisenden. Sobald wir uns durch unser Denken von dem „Anderen" abgesondert haben, wird die Zeit zu unserem Freund oder Feind, je nach der Situation. Wenn sie sich gegen uns wendet, bekommen wir Angst, werden angespannt, hektisch, frenetisch und unausweichlich gestresst.

Zeit und Unvollständigkeit

Nichts kann vom Ganzen getrennt werden, ohne dass das Ganze in die multiplen Himmel und Höllen des Lebens zersplittert. Leben, Zeit und Ichempfindung sind alle ein und dasselbe Ereignis, und spirituelles Wachstum eliminiert die imaginären Grenzen, die zu der Wahrnehmung führen, dass die Zeit uns widerfährt. Wenn wir vollkommen im Augenblick ruhen, widerfährt „uns" nichts, weil der Augenblick keine Grenzen kennt, die „uns" in erster Linie definieren. Es kommt alles wieder zusammen.

Es gibt eine anhaltende Frage, die aus den Tiefen unseres Herzens steigt, wenn wir uns mit der Zeit im Einklang befinden. Was ist nicht begrenzt durch Zeit, Raum und Umstände? Was bleibt von all diesem Aufruhr und Stress unberührt? Natürlich ist unsere Beziehung zur Arbeit oft problematisch und bedarf unserer Aufmerksamkeit, aber die dysfunktionalen Bereiche in unserem Leben zu heilen, ist nicht die ganze spirituelle Geschichte. Bringen wir die gestressten Bereiche in Ordnung, so setzt das psychische Energie frei, die eine andere Wahrnehmung möglich macht. Aber wahre Freiheit liegt nicht im Rahmen dieses Heimwerker-Ansatzes zur Lösung unserer Probleme.

Solange wir in Begriffen von Zeit denken, ist diese neue Wahrnehmung blockiert. Die Annahme, wir bräuchten mehr Zeit, um unsere spirituelle Reise zu vollenden, oder dass etwas fehle und wir mehr Zeit bräuchten, um es zu finden, erzeugt das Gefühl, dass wir von der Zeit getrennt sind und dass ein Mehr an Zeit unsere Schwierigkeiten lösen wird. Dieser egoische Gebrauch von Zeit ist ein Versuch, den spirituellen Weg zu „meinem" Vorteil zu verzerren, wodurch er unmöglich vollendet werden kann.

Unser Verständnis davon, was es bedeutet, vollständig zu sein, kann sich radikal wandeln. Wir handeln nur zu bereitwillig aus „Gefühlen der Unvollständigkeit" heraus. Wir fühlen uns bei beinahe allem, was wir tun, die Arbeit eingeschlossen, mangelhaft. Dieses Gefühl beherrscht einen Großteil unseres Handelns und unseres Lebens. Dieses schlichte Gefühl legt uns nahe, es sei notwendig, etwas zu unternehmen, etwas hinzuzufügen oder etwas wegzunehmen. Die eigentliche Verwirrung entsteht jedoch, weil dieses Gefühl sich mit der Story von unserer eigenen Unzulänglichkeit vermischt. Da wir die Vorstellung unserer Unzulänglichkeit für wahr halten, leben wir aus der Annahme heraus, wir müssten noch etwas erreichen. Sollten wir nicht die Wahrheit dieser Annahme an sich infrage stellen, bevor wir immer weiter in dem Glauben leben, es sei tatsächlich etwas zerbrochen und bedürfe der Reparatur?

Wenn wir das Gefühl der Unzulänglichkeit an und für sich, ohne unsere Geschichte, untersuchen, wird es uns nicht mehr zu weiteren Aktionen motivieren. Es ist leer und absolut erledigt. Da das Gefühl der Unzulänglichkeit einen Großteil unserer spirituellen Praxis steuert, kann diese eine Einsicht unser Leben und unseren spirituellen Weg ein für allemal verändern. Wenn Sie das nächste Mal eine spirituelle Methode üben, achten Sie darauf, ob die Methode darauf angelegt ist, dass noch etwas zu verändern oder zu korrigieren nötig sei. Wenn wir von der Wahrheit des Unzulänglichkeitsgefühls ausgehen, ist die Annahme, dass etwas nicht in Ordnung sei und der Korrektur bedürfe, die vorherrschende Sichtweise. In diesem Moment wird die Zeit geschaffen, die Zeit, die notwendig ist, unser Problem der Unzulänglichkeit zu überwinden.

Das einzige Werkzeug, das der Dimension der Zeit zur Verfügung steht, ist „mehr" Zeit, und so braucht sie mehr Zeit, um die Probleme innerhalb der Zeit zu lösen. Wir laufen immer wieder im Kreis, wenn wir die Zeit dazu benutzen wollen, die Probleme zu lösen, die sie selbst erzeugt hat. Was wäre, wenn wir nicht von der Logik dieser Sichtweise ausgingen und stattdessen einfach aufhörten, überhaupt etwas an unserem Geisteszustand ändern zu wollen? Wir würden entdecken, dass es nichts an irgendetwas – einschließlich des vorherrschenden Gefühls der Unzulänglichkeit – auszusetzen gibt, denn das Gefühl, es sei etwas nicht in Ordnung, ist lediglich ein Gefühl und erfordert kein weiteres Handeln. Die Zeit würde von allein ein Ende finden, weil sie nicht länger gebraucht würde.

Bewusstsein ist das gemeinsame Element zwischen Zeit und dem Zeitlosen, und wir entdecken die Freiheit, wenn das Bewusstsein von der Zeit befreit wird. Durch unser Bedürfnis, den Ausgang des Laufes der Ereignisse zu kontrollieren, bringen wir immer wieder Zeit in unser Leben ein. Unser Bewusstsein von allen Formen der Ichkontrolle und damit auch von Zeit zu befreien ist der Weg zum Erwachen. Im nächsten Kapitel werden wir untersuchen, wie sich unsere Praxis von einem vom Ich kontrollierten Unternehmen hin zu grenzenloser Leere entwickeln kann. Es ist wie bei einem Geist, den wir aus der Flasche gelassen haben: Ist die Präsenz einmal unserer Kontrolle entschlüpft, lässt sie sich niemals wieder in den begrenzten Raum und die enge Zeit des Ich hineinquetschen.

11

Das Bewusstsein von der Kontrolle des Ich befreien

Vollkommenheit wird nicht dann erreicht, wenn nichts mehr hinzuzufügen bleibt, sondern wenn man nichts mehr wegnehmen kann.

– Antoine de Saint-Exupéry

Die wohl faszinierendste Tatsache in der Biologie und möglicherweise in der gesamten Wissenschaft ist nicht, dass vor 3,8 Milliarden Jahren das Leben auf diesem Planeten begonnen hat, sondern die Tatsache, dass es nur einmal begann und all die einzigartigen Ausdrucksformen des Lebens eine evolutionäre Folge aus diesem ursprünglichen Anfang sind. Wir sind genetisch mit Tieren verknüpft, die aussehen wie Schimpansen und 98 Prozent des menschlichen genetischen Codes besitzen, aber auch mit Pflanzen, die 50 Prozent unseres Genpools mit uns teilen. Als sich die genetischen Anlagen entwickelten, entfaltete jede Spezies Überlebens- und Fortpflanzungsmuster, die genau ihrer jeweiligen Umgebung angepasst waren. Diese Adaptionen brachten, wie es im *Daodejing* heißt, die „zehntausend" Ausdrucksformen des Lebens hervor, aber der Werdegang jeder einzelnen Form von Bakterien, Pflanzen und Tieren ist ausnahmslos durch das gemeinsame Erbe eines kurzen Augenblicks in der Zeit miteinander verbunden.

In diesem kurzen Moment nahm das Reine Bewusstsein[37] die Form eines speziellen Bewusstseins an, und obgleich sich dieses Bewusstsein innerhalb jeder Spezies des Tierreichs anpasste und weiterentwickelte, war das Reine Bewusstsein der gemeinsame Nenner all der verschiedenen Adaptionen. Auch wenn das Reine Bewusstsein bereits vor den Formen, die es annahm, vorhanden war, gab das Leben dem Bewusstsein eine Weise, sich innerhalb spezifischer Organismen zu manifestieren, und die Fähigkeit, sich darin selbst zu erkennen.

Wenn wir durch unsere Augen hinausblicken, sieht das Leben sich selbst in der Form, und wenn wir den Blick zurückwenden auf das, was sieht, dann sehen wir das Grundbewusstsein, das bereits vor dem Auftauchen der Form bestand. Die Formen sind die Gestalten und Farben der Erscheinungen vor uns, die sich ständig ändern und der Umgebung anpassen. Das Grundbewusstsein, das die Formen sieht, verändert sich selbst nicht und ist seit „anfangloser Zeit"[38] unverändert geblieben.

Vor ungefähr 13,5 Milliarden Jahren manifestierte sich nach Auffassung der modernen Physik unser Universum mit dem Urknall (Big Bang) unmittelbar aus dem Nichts. Dies war der Augenblick, in dem Nichts zu Etwas wurde und jegliche Form ins Bewusstsein hinein explodierte. Wie auch immer wir die Geschichte unseres Ursprungs ausgestalten mögen, es ist offensichtlich, dass alles einen gemeinsamen Ursprung hat sowie einen gemeinsamen Moment, in dem wir alle zusammen in demselben einzigartigen und einheitlichen Ausdruck des Lebens waren.

So wie sich unterschiedliche tierische Lebensformen zu verschiedenen Spezies herausbildeten, so waren auch innerhalb jeder Spezies Adaptionen zur Anpassung an die Umweltbedingungen vonnöten. Eine dieser Anpassungen innerhalb der menschlichen Spezies war die Entwicklung der Befähigung zu subjektiver Erfahrung, die uns ein Gefühl der Schicklichkeit und eines Platzes innerhalb einer Gemeinschaft schenkte. Schon bald entwickelte sich diese subjektive Erfahrung zu dem irrigen Gefühl einer Ich-Identität, und mit dem Auftreten einer Ichempfindung begannen wir das aus dem Blick zu verlieren, was wir gemeinsam haben, und konzentrierten uns stattdessen auf das, was an jedem Mitglied unserer Gemeinschaft einzigartig und anders war.

Wie der erste Augenblick des Lebens auf der Erde zeigt, haben wir weitaus mehr mit allem Leben gemeinsam, als unsere individuelle Erscheinung vermuten lässt, und doch ist es eben diese Erscheinung, zu der die meisten von uns Zuflucht suchen. Je mehr wir uns auf das konzentrieren, worin wir uns von anderen unterscheiden, desto stärker ist unser Gefühl der Ich-Identität, aber desto weniger nehmen wir wahr, was wir kollektiv mit jeder anderen Ausdrucksform des Lebens gemeinsam haben.

Die Ichempfindung betont Erscheinungen als die vorherrschende Weise, durch die sie mit der Welt in Beziehung tritt, sodass sie Stärke in ihrer individuellen Darstellung sammeln kann, indem sie in ihrem exklusiven Stil, Intellekt, der Gestalt und dem Charakter Schutz sucht. Die Ichempfindung muss ständig andere bewerten und beurteilen, um ihre eigene Besonderheit innerhalb ihrer eigenen Spezies aufrechtzuerhalten, innerhalb derer das bloße Aussehen nicht solch starke Variationen aufweist. Wir wollen etwas „Besonderes" und doch nicht zu „andersartig" sein. Wenn wir auf allzu vertraute Weise auftreten, wird man uns „durchschnittlich und gewöhnlich" nennen, und wenn wir zu ausgefallen auftreten, werden wir als „absonderlich oder verschroben" bezeichnet. Als Erscheinung tanzen wir auf Messers Schneide zwischen Akzeptierbarkeit und Einzigartigkeit.

Wir betonen das Erscheinungsbild, um uns als Individuum für besonders wichtig oder schön halten zu können, um über den Durchschnittsmenschen zu stehen. Wenn wir sicherstellen können, dass die Aufmerksamkeit der anderen an unserer äußeren Erscheinung hängen bleibt, wird ihr Blick nicht bis in die unerkennbare und uns allen gemeinsame Leere unter der Haut durchdringen. Dies wird deutlich, wenn wir uns die Titelseiten von Zeitschriften ansehen, die ein Idealbild des menschlichen Körpers akzentuieren. Durch das Hervorheben der physischen Schönheit zeigt unsere Gesellschaft deutlich, welche große Angst wir vor unserem wahren Erbe des Einsseins haben.

Trotz des unablässigen Kampfes um die Hervorhebung unserer individuellen Eigenschaften besitzen nur wenige von uns ein echtes Gefühl dafür, was sie da eigentlich beschützen. Wir haben viele Anschauungen über uns selbst, aber nur wenig aus direkter Erfahrung entspringendes Wissen um das, was wir wirklich sind. Spirituelle Praxis versucht durch die Welt der Erscheinungen hindurchzugehen und in direkter Erfahrung zu erforschen, was der Mensch ist, wobei die uns innewohnende Einheit, aus der sich die Ichempfindung entwickelt hat, wiederentdeckt wird.

Diese Einheit wird wahrnehmbar, wenn die Ichempfindung als substanzlos erkannt wird. Dann lenkt die Praxis das Bewusstsein auf die grundlegende Leere aller Dinge, da wir nun verstehen, was der Geist ist und wie er die Realität gestaltet. Unsere leere Natur zu erkennen ist eine Sache, sie zu verwirklichen und in ihr zu ruhen eine andere. Der Buddha ermutigt uns, so wie er es getan hat, in völliger Leere und dadurch im Einssein zu verweilen.[39]

Weniger Tun und mehr Sein

Im sechsten Jahrhundert rief Hongren, der fünfte Patriarch des Zen in China, seine Schüler zusammen und forderte sie auf, einen Vers zu schreiben, der ihr Verständnis des Dharma zum Ausdruck bringen sollte. Er sagte, er würde sie lesen und denjenigen zu seinem Dharma-Nachfolger machen, dessen Vers die größte Tiefe aufwiese.

Die Schüler kehrten in ihre Zellen zurück und einigten sich darauf, Shenxiu, ihrem Mönchsvorsteher, die Aufgabe zu überlassen, einen Vers zu verfassen. Doch obwohl Shenxiu in den Sûtras bewandert war, war er nicht erleuchtet und die Anweisung des Meisters stürzte ihn in große Bedrängnis. Um Mitternacht entwarf er seinen Vers und schrieb ihn vor dem Raum des Meisters an eine Wand:

> Der Leib, das ist der Bodhi-Baum,
> Der Geist, er gleicht dem Ständer-Spiegel.
> Wisch ihn denn immer wieder rein,
> Lass keinen Staub sich darauf sammeln![40]

Am nächsten Morgen las der Meister den Vers und war nicht beeindruckt. Mittlerweile hatte Huineng, ein armer Küchengehilfe, von dem Wettstreit gehört und bot seinen eigenen Vers an, den er auf die gegenüberliegende Wand schrieb:

Im Grund gibt es keinen Bodhi-Baum,
noch gibt es Spiegel und Gestell.
Da ist ursprünglich kein (einziges) Ding –
Wo heftet sich Staub denn hin?[IV]

Meister Hongren war sehr von diesem Vers beeindruckt, fürchtete aber, die anderen Mönche könnten diesem Mönch niederen Ranges aus Eifersucht etwas antun, wenn er ihm das Patriarchat übertrüge, und so übertrug er in der kommenden Nacht die Dharma-Nachfolge während einer geheimen Zeremonie in seinem Raum auf Huineng und wies ihn an, sofort das Kloster zu verlassen und sich verborgen zu halten, bis er in Sicherheit wäre.

Im Laufe der Jahre sind diese Zeilen zum Ausdruck zweier divergenter buddhistischer Schulen geworden: der Schule der plötzlichen Erleuchtung und der Schule der allmählichen Verwirklichung. Sie repräsentieren nicht nur strittige philosophische Standpunkte, sondern auch Meinungsverschiedenheiten darüber, was der Buddha gelehrt hat. Die Schule der allmählichen Verwirklichung verwendet die Achtsamkeit auf systematische Weise, um alle Makel des Geistes zu eliminieren. Im *Samyutta Nikaya* spricht Buddha von den Vier großen Bemühungen, die einerseits darin bestehen, schädliche geistige Eigenschaften aufzugeben, und andererseits förderliche geistige Eigenschaften zu kultivieren. Er sagt: „Und was, ihr Mönche, ist Weises Bemühen? Es gibt den Fall, da ein Mönch das Verlangen, Bemühung und Beharrlichkeit aktiviert und seine Absicht aufbietet und aufrechterhält, um: 1. nicht-förderliche Eigenschaften, die noch nicht aufgetaucht sind, nicht entstehen zu lassen; 2. nicht-förderliche Eigenschaften, die bereits aufgetaucht sind, aufzugeben; 3. förderliche Eigenschaften, die noch nicht aufgetaucht sind, entstehen zu lassen; 4. förderliche Eigenschaften, die bereits aufgetaucht sind, zu bewahren und weiter zu kultivieren."[V]

Die Schule plötzlicher Erleuchtung spottet über solche geistige Manipulation und behauptet, man brauche überhaupt nichts zu tun, um irgendetwas zu eliminieren oder zu kultivieren, weil es der Geist sei, der den Objekten einen Wert zuschreibe und daher jedem Objekt an sich keinerlei Wert oder Mangel an Wert inhärent sei. Indem man diese dem Geist innewohnende Leere beobachte, würde man alle Dinge, wie sie aus der Vollkommenheit des Augenblicks aufsteigen, als von Natur aus rein erkennen.

Anstatt diese zwei Positionen als unterschiedliche und unversöhnliche Sichtweisen anzusehen, wollen wir sie als eine Evolution des Verständnisses betrachten und uns nicht in philosophischen Debatten verlieren. Vielleicht sind diese Standpunkte keine Entweder-oder-Oppositionen, sondern werden von Weisheit zu einer integralen Praxis zusammengeführt, in der jede Position ihren rechtmäßigen Platz in der Gesamtheit des Erwachens einnimmt.

In weiten Teilen des Buddhismus geht es darum, uns von unserer Ausrichtung auf die Erscheinungen abzubringen, indem die Vergänglichkeit und Begrenztheit der Form offenbart wird. Sobald wir nicht mehr festhalten und zur Ruhe kommen, nehmen wir die Welt ganz anders wahr. Wir nutzen die Achtsamkeit dann als Hilfe, um das Fasziniertsein von den Erscheinungen aufzulösen und immer mehr zu einer direkten Erfahrung dessen zu gelangen, was wir wirklich sind. Die meisten von uns tragen noch für lange Zeit ihren konditionierten Geist in diesen Prozess hinein. Wir kommentieren und beurteilen unsere Fähigkeit, Erfahrungen gegenüber achtsam zu sein, und realisieren niemals, dass wir damit unsere Abhängigkeit von den Phänomenen weiter verstärken. Da ein Urteilen anzeigt, dass wir uns in die Form verloren haben, ist dieser Ich-Kommentar ein Hinweis darauf, dass wir Achtsamkeit mit der falschen Sicht verwenden. Statt uns in Stille zu verknüpfen, unterteilen wir die Welt weiter durch das Urteilen.

Achtsamkeit ist die Fähigkeit, den Unterschied zwischen Denken und dem Tatsächlichen zu erkennen, das manchmal als direktes Wissen um das, was auftritt, definiert wird. Der Glaube, dass ich „hier drinnen" bin und die Welt „da draußen" ist, ist eine subjektive Wahrheit, eine Anpassung des Bewusstseins über viele Tausend Jahre; es ist kein objektives Faktum. Achtsamkeit besitzt das Potenzial, objektiv zu sehen, solange sie nicht von persönlichem Denken kontaminiert ist. Wird Achtsamkeit jedoch durch selbstbezogene Gedanken gesehen, dann verwechseln wir leicht das Geschwätz unseres Geistes mit dem, was beobachtet wird. Wir können das Tatsächliche nicht mehr von unserem konfusen Denken unterscheiden und sind nicht in der Lage zu erkennen, wie viel von dem, was wir sehen, unsere Projektion ist.

Durch wiederholte Übung von Achtsamkeit wird uns der Geist vertrauter und erscheint weniger bedrohlich, und wir beginnen die verschiedenen auftretenden Geisteszustände entspannter zu sehen. Die Entspannung gestattet es der Achtsamkeit wiederum, die subtilen, reaktiven Bereiche von Schmerz, wo sich das Denken zu einer festen Identität verdichtet hat, klarer zu erkennen. Unsere Reaktion zeigt an, wo die Ichempfindung verletzlich ist und sich gegen eine wahrgenommene Bedrohung verteidigt. Achtsamkeit teilt uns mit, dass es nichts zu fürchten gibt, und beginnt diese fälschliche Identität zu durchschauen. Sie offenbart, dass wir aus dem unpersönlichen Prozess des Geistes heraus ein persönliches „Ich" konstruiert haben, und wir lernen durch wiederholten Kontakt, dass der Geist nicht „Ich" oder „mein" ist. Indem Achtsamkeit diese versteckten Bereiche aufspürt, wird der Geist weniger verkrampft und offener und empfänglicher. Die einzelnen Beobachtungen werden weniger durch Denken kommentiert und in der inneren Landschaft beginnt eine stille Aufmerksamkeit vorzuherrschen.

Durch diese Praxis wird ein „Beobachter" als Empfänger aller Erfahrungen eingesetzt. Dieser Beobachter von Erfahrungen ist der letzte Überrest der Identifizierung mit den subtilen Gedankenformen, aber diese Befähigung zur subjektiven Erfahrung wurde im Verlauf unserer Evolutionsgeschichte durch eine machtvolle Konditionierung in uns eingeprägt. Der Beobachter bildet sich weiterhin um unsere nun verfeinerten Meinungen herum und taucht immer dann auf, wenn wir gegenüber dem, was geschieht, einen Standpunkt einnehmen. Es ist das „Ich", das die Erfahrung von Achtsamkeit macht.

Die Präsenz des Beobachters weist darauf hin, dass das Bewusstsein jetzt den Geist ansieht, statt durch den Geist zu sehen. Das ist ein Unterschied wie der zwischen dem Betrachten einer Brille mit roten Gläsern als Objekt an sich und dem Aufsetzen der Brille und dem Sehen durch ihre Gläser, wodurch die Welt rot eingefärbt wird. Bisher hat das Bewusstsein durch den Geist geblickt. Jetzt beginnt es sich vom Geist zu trennen und ihn zu seinem Objekt zu machen. Es findet heraus, wie der Geist funktioniert, anstatt sich mit seinen Darbietungen zu identifizieren. Die Tatsache, dass das Bewusstsein ein objektiver Beobachter des Geistes sein kann, bedeutet, dass dies kein mentaler Prozess ist und deshalb nicht dem Geist entspringt.

Der Wert des Beobachters besteht darin, dass die Ichempfindung die empirischen Gründe zu erkennen beginnt, weshalb es sein Bedürfnis nach Kontrolle und Kontraktion um Erfahrungen herum loslassen kann. Das Ich entspannt sich und nimmt sich weniger ernst. Durch entspannte Aufmerksamkeit sieht sich die Achtsamkeit immer weniger dazu veranlasst, an die Gedanken des Geistes zu glauben, und sie beginnt sich über das Gefühl, dass da „jemand" beobachtet, hinaus auszudehnen, was die Ichempfindung jetzt gelassen zulässt.

Diese langsame Transformation manifestiert sich in unserem Leben durch verminderte Reaktivität. Am Anfang unserer Praxis übersehen die meisten von uns ihre im Laufe des Tages ablaufenden Reaktionsmuster und erkennen deren Auftreten nur im Nachhinein, lange nachdem das Muster abgeklungen ist. Allmählich, in dem Maße, in dem der Beobachter sich daran gewöhnt, diese emotionalen Ausbrüche direkt zu erfahren, und weniger Widerstand bei ihrem Auftreten zeigt, werden diese Muster immer schneller erkannt. Der Beobachter begreift nun die leere Natur einer Emotion und weiß, dass er mehr Optionen besitzt, wenn er nicht reagiert. Mit der Zeit wird der Beobachter bereits im ersten Augenblick einer Reaktion darauf aufmerksam und lässt sofort das Bedürfnis los, die Situation zu kontrollieren. Er fühlt sich nun auch ohne die in der Vergangenheit gebildeten Verteidigungsmechanismen sicher und willigt freundlich ein, der Achtsamkeit die Vorherrschaft zu überlassen.

Während dieser früheren Stadien der Praxis ist es hilfreich, die einzelnen Geisteszustände, die den Beobachter subtil definieren, mit unterscheidender Weisheit zu betrachten. Obwohl der Beobachter sich durch zunehmendes Begreifen von der Identifikation mit dem Geist reinigt, zeigt allein die Gegenwart des Beobachters an, dass diese Aufgabe noch nicht erledigt ist. Wir sind noch immer höchst empfänglich für Stimmungen, Erwartungen und unsere Geschichte von Erfüllung. Geisteszustände besitzen noch immer enorme Kontrolle über unsere Energie und schwächen unsere Beharrlichkeit; sie bedürfen unserer Aufmerksamkeit, Demut und unseres Verständnisses. An diesem Punkt warnt uns der Buddha, wir sollten Geisteszustände kultivieren, die für mentale Stabilität und Vertrauen förderlich sind, und solche loslassen, die uns weiter isolieren und unser noch leicht erschütterbares Vertrauen entmutigen.

Statt diese Zustände als förderlich oder nicht-förderlich, heilsam oder unheilsam zu bezeichnen, könnte es besser sein, sie als verknüpft oder nichtverknüpft anzusehen. Dies hält den Beobachter im Einklang mit Weiser Sicht. „Verbinde dich mit allem, aber glaube nichts", ist eine gute Faustregel für diese Phase. Den Worten unserer Story zu glauben ist nicht sinnvoll, weil sie die eingegrenzte Wahrnehmung der Erfahrung enthalten (die durch die Brille wahrgenommene rot gefärbte Welt). Die Begriffe können nicht hinter ihre Bedeutung und die persönlichen Implikationen sehen und enthalten die dieser Geschichte inhärente Nicht-Verknüpftheit. Sich mit dem Geisteszustand zu verbinden und die Worte loszulassen gestattet dem Geist, seine Integrität und Ganzheit wiederzuerlangen.

Die Transparenz verbundener Geisteszustände ist viel einfacher zu erkennen als die Transparenz nichtverbundener Zustände. Wenn Sie das nächste Mal wütend sind, beobachten Sie, wie die Wut die Wahrnehmung ihrer eigenen Leerheit blockiert. Der Meditierende muss schließlich beweisen, dass alle Geistes-Zustände gleichermaßen leer sind, aber der wütende Mensch ist zu sehr auf seine Selbstgerechtigkeit fixiert, als dass er überhaupt daran interessiert wäre, die Natur des Geistes zu erforschen. An einem bestimmten Punkt werden viele von uns zerknirscht die Wut anerkennen und versuchen, sie durch eine andere Eigenschaft auszugleichen, wie etwa liebende Güte. Es kann jedoch problematisch sein, wenn unsere Praxis darin besteht, einen Geisteszustand einfach außer Kraft zu setzen, statt seine Natur zu erforschen. Auch wenn das Außerkraftsetzen einer schwierigen Emotion uns Abstand von dem Trauma, das diese Reaktion ausgelöst hat, schenken kann, zeigt es uns nicht die Leere dieses Geisteszustands. Dieses mentale Ausgleichen kann sich zu einer eigenen Praxis mit eigenem Zweck und Ziel entwickeln und leicht unsere gesamte spirituelle Aufmerksamkeit in Anspruch nehmen.

Wir können leichter mit Geisteszuständen umgehen und sie als das erkennen, was sie sind, wenn wir die Sprache, die ihre Haltung stützt und ihre Stimmung rechtfertigt, fallen lassen. Worte werden in dieser Übungsphase weniger relevant und werden als unvollständige Wahrnehmung angesehen; infolgedessen beginnt unsere persönliche Geschichte aus Mangel an Interesse auseinanderzufallen. Die Aufmerksamkeit ist gewöhnlich in unserer persönlichen Geschichte gefangen und daher von Gedanken wie „ich", „mir" und „mein" geprägt, doch es kommt zu einer klaren Offenbarung, wenn „unsere" Gedanken im Bewusstsein gehört werden, so als würde jemand zu uns sprechen. Indem wir das Denken objektiv ohne einen Denker beobachten, beginnen wir die subjektive Erfahrung des denkenden „Ich" zu durchschauen. Wenn wir uns nicht in die beobachtete Erfahrung des Hörens unserer Gedanken hineinbegeben, was sofort ein neues Gefühl von Identität erzeugt, dann gibt es lediglich das Wissen darum, dass Gedanken aufsteigen. Gedanken versuchen sich um jemanden oder um etwas herum zu gruppieren, was ihnen aber letztlich nicht gelingt, weil es in der Stille des Geistes nichts mehr gibt, worum sie sich verdichten könnten.

Der Unterschied zwischen Präsentsein und Präsenz ist die Einführung einer Person in das Bewusstsein. Wenn das Bewusstsein von der „beobachtenden" Person befreit wird, wird deutlich, dass es dem Leben selbst immanent ist. Wenn Achtsamkeit mit einem persönlichen Motiv wie etwa Selbstverbesserung benutzt wird, wird sie zu einer Aufgabe und Pflicht dieses Menschen und kann nicht mehr als natürliches Phänomen betrachtet werden. Achtsamkeit wird zu etwas Weiterem, das „wir" zu tun haben, und da unser Leben ja bereits vollgepackt genug ist, geschieht es nur allzu leicht, dass wir diese zusätzliche Arbeit vernachlässigen.

Am Beginn der Schulung in Einsichtsmeditation steht zumeist die Anweisung „Sei achtsam". Der größte Teil unseres spirituellen Bemühens richtet sich auf den Versuch, uns den ganzen Tag lang daran zu erinnern, achtsam zu sein. Das Thema von Erinnern und Vergessen ist während der ersten Jahre der Praxis unser ständiger Begleiter. Mir kommt das Bild einer Pumpe in den Sinn. Das Bemühen, das nötig ist, um achtsam zu sein, ist wie die Anstrengung, Wasser zu pumpen: Wenn wir uns nicht mehr bemühen zu pumpen, fließt auch kein Wasser mehr. Diese Notwendigkeit ständiger Bemühung kann sehr frustrierend sein, denn es ist uns nicht möglich, uns ununterbrochen zu erinnern. Auch wenn dies eine schwierige Einsicht ist, ist es im Grunde eine wichtige Entdeckung, wenn wir beabsichtigen, nicht mehr die Übung „zu machen", sondern an der Freiheit im Bewusstsein teilhaben wollen.

Wir beginnen zu erkennen, wie sehr dieses Bemühen fehl am Platze ist, wenn wir beobachten, wie die Ichempfindung in dem Ringen um die Aufrechterhaltung der Achtsamkeit aufsteigt. Je mehr wir uns bemühen, desto vergesslicher werden wir, und das liegt, wie bereits erwähnt, daran, dass sich die Ichempfindung um das Bemühen herum kristallisiert. Die Ichempfindung entsteht genau aus dem Bemühen, die Achtsamkeit aufrechtzuerhalten. Und da die Ichempfindung die Verkörperung der Abwesenheit von Bewusstheit ist, ist Vergessen unvermeidbar, wenn wir stärker versuchen, bewusst zu sein.

Das Bemühen, ständig achtsam zu sein, unterminiert die primäre Absicht der Verknüpftheit, da die Motivierung zur Achtsamkeit individueller Natur ist, und dies kann niemals von Erfolg gekrönt sein, denn es gibt kein getrenntes „Ich". Wenn „ich" darum ringe, ins Hier und Jetzt einzutreten, dann wird das Hier und Jetzt zu einem Projekt, in dem eigentlich das „Ich" das wirkliche Projekt ist. Zwar ist der „Ich"-Zustand die unnatürliche Komponente, aber vom Standpunkt der verdrehten Logik der Ichempfindung her, wird der Augenblick zum Problem und bedarf „meiner" Bemühungen, ihn zu erfassen. Dieser innere Widerspruch des Versuchs, in etwas einzutreten, in dem wir uns schon längst befinden, schränkt den Zugang zum Hier und Jetzt ein und entfernt uns von dem, was auf natürliche Weise bereits hier ist. Eine authentische spirituelle Praxis beginnt, diese Wahrnehmung umzukehren, indem sie beim Natürlichen verweilt und das Künstliche verwirft.

Uns als etwas zu betrachten, das außerhalb des Augenblicks steht und hineinwill, bedeutet, unsere Praxis mit falscher Sichtweise, falscher Absicht und falschem Bemühen auszuüben. Wenn wir uns verknüpfen wollen, müssen wir uns entspannen und das erkennen, was vorhanden ist, bevor wir die Anschauung geschaffen haben, wir befänden uns außerhalb von etwas. Es dämmert uns, dass wir machtlos sind, die Verknüpfung herzustellen, weil unsere Bemühung uns nur von unserem angestrebten Ziel entfernt. Wir existieren als ein Gedanke, dem geglaubt wird, und es liegt nicht in der Macht eines Gedankens, Bewusstsein zu kontrollieren. Ist dies einmal realisiert, *dann hören wir auf zu versuchen, achtsam zu sein, und entspannen uns in das Bewusstsein, das vor dem Gedanken da war, und üben nicht eine Achtsamkeit, die vom Denken angetrieben wird.* Das eine ist zeitlich begrenzt, das andere ist ewig.

Wir hören auf, Achtsamkeit zu „machen", um voll an dem teilzuhaben, was Achtsamkeit eigentlich anstreben wollte, nämlich eine völlige ruhende Gegenwärtigkeit zuzulassen. Achtsamkeit ist eine Methode, um diese Gegenwärtigkeit sowohl zu fördern als sie auch zu reduzieren. Sie kann den Beobachtenden und das Beobachtete aufrechterhalten und in der Grätsche auf dem Zaun zwischen diesen beiden hocken. Achtsamkeit versucht beides zu haben: Einerseits proklamiert sie die volle Teilhabe am Augenblick, doch andererseits wendet sie einen todsicheren Plan an, sich herauszuhalten, wenn sich die Erfahrung als etwas beängstigend entpuppt. Der Beobachter oder Zuschauer ist der Teil unseres Geistes, der wissen möchte, wohin ihn das alles führen mag; er ist der zurückhaltende und kontrollierte Teil, der „für alle Fälle" einen Fluchtweg bereithält. Achtsamkeit kann das uns von der Evolution eingeprägte Beharren auf einer subjektiven Erfahrung unterstützen. Auf einer bestimmten Ebene des Verständnisses von Praxis ist das ganz in Ordnung, aber wir werden schon bald dessen überdrüssig, uns immer zurückzuhalten. Der Beobachtende und das Beobachtete müssen letztlich zu einer einzigen ruhenden Präsenz zusammenschmelzen, wenn es spirituelle Verwirklichung geben soll.

Achtsamkeit, die untrennbar vom Achtfachen Weg ist

Der Buddha hat niemals einen Schritt wie etwa Achtsamkeit vor allen anderen angepriesen oder einen Schritt aus dem ganzen Achtfachen Weg herausgelöst, sondern eher dazu ermutigt, Achtsamkeit innerhalb des Achtfachen Wegs zu benutzen, wobei jeder Schritt den nächsten ergänzt und vervollständigt, bis Freiheit verwirklicht ist.[41] Er lehrte keine Achtsamkeit und Konzentration um ihrer selbst willen, sondern als Bestandteile eines Systems zum Erwachen. Er sagt: „Achtsamkeit wird in dem Maße aufgebaut, in dem sie für bloßes Wissen nötig ist, und [der Yogi] ruht unabhängig, ohne an irgendetwas in der Welt festzuhalten."[42]

Wann immer wir einen Aspekt des Achtfachen Pfades unabhängig von den anderen praktizieren, laufen wir Gefahr, diesen Aspekt zu verzerren, indem wir mehr aus ihm machen, als er ist. Einen Aspekt wie Samâdhi oder Achtsamkeit zu nehmen und ihn ausschließlich zu praktizieren, schafft ein Ungleichgewicht und eine eigene Vorliebe. Wir haben es bereits in einem früheren Kapitel erwähnt: Immer wenn wir zur Kultivierung eines spezifischen Geisteszustands tendieren, erzeugen wir einen Schatteneffekt, indem der entgegengesetzte Geisteszustand dementsprechend abgelehnt wird. Sind die beiden erst einmal getrennt, können sie nicht wieder miteinander versöhnt werden. Im Falle der Achtsamkeit ist die Gedankenverlorenheit dieser entgegengesetzten Geisteszustand, und im Falle von Samâdhi ist der entgegengesetzte Zustand der unkonzentrierte Geist.

Sobald wir unsere Willenskraft unserer primären Absicht überantworten, erwacht der Achtfache Pfad zum Leben. Dies ist das Zusammenfließen von Achtsamkeit, Sicht, Bemühen, Absicht, Stetigkeit des Geistes (Samâdhi), Lebensunterhalt, Rede und Handeln. Unseren Willen zu überantworten ist das, was Achtsamkeit in Weise Achtsamkeit wandelt, Sicht in Weise Sicht, Bemühen in Weises Bemühen und so weiter. Wie in einem Hologramm umfasst jeder Teil den gesamten Pfad und trägt gleichzeitig zu den anderen Teilen bei, um das Ganze immer klarer werden zu lassen. Wir erkennen die allen Schritten in ihrem gleichzeitigen Zusammenwirken innewohnende Wahrheit. Jetzt ist die Sicht der Verknüpftheit durch die ruhige und stetige Linse des Bewusstseins sichtbar, und die Linse ist nicht mehr durch Ich-Identifikation getrübt. Bemühen erscheint als die Bereitschaft, nicht von dem abzugehen, was auch immer auftaucht und die Linse zu trüben scheint, Absicht manifestiert sich als Vertrauen in das Unbekannte, und Handeln, Rede und Lebensunterhalt wagen sich kühn voran in das Getümmel.

Achtsamkeit ist die Eröffnungssalve, der erste Versuch, das Leben wieder zu sich zurückzubringen, aber sie kann die Ichempfindung lange Zeit mit sich herumtragen. Wir können die Ursache für die Trennung nicht mit in die Vereinigung hineintragen und erwarten, dabei erfolgreich zu sein. Die Ichempfindung wird hingegeben, um Zugang zum Bewusstsein zu finden, und indem wir aus uns hinauswachsen und uns dem Leben überantworten, wachsen wir über die Achtsamkeit hinaus ins Bewusstsein.

Einen konzentrierten Geist zu haben, der frei von Gedanken ist, scheint der wahre Grund zu sein, weshalb wir praktizieren. In Wirklichkeit ist er das jedoch nicht; er ist ein geschicktes Mittel zum Zweck. Wir üben, der Selbsttäuschung zu entkommen und zur Weisen Sicht zu gelangen. Der Buddha sagt immer und immer wieder, dass wir praktizieren, um „vollkommen bewusst zu sein ... nachdem wir unsere Begierde abgelegt haben".[43] Mit anderen Worten: Wir praktizieren nicht, um etwas zu erlangen, auch keinen stetigen oder gedankenfreien Geist.

Sobald wir ein Projekt aus unserer Praxis machen, beurteilen wir unweigerlich unseren Fortschritt und bewerten bestimmte Zustände als Hindernisse und andere als Hilfen auf dem Weg zum Ziel. Es waren jedoch ebensolche Vorlieben und Abneigungen, die zu der Konfusion hinsichtlich unserer wahren Natur geführt haben, und dieses Ungleichgewicht ist es, das der Achtfache Pfad, wenn er als Ganzes praktiziert wird, korrigieren soll. Wir können nur erkennen, was wir sind, wenn wir im Einklang mit diesem Ziel üben. Verwirrung entsteht, wenn wir glauben, dass die Erscheinung von etwas dessen Wahrheit repräsentiert, und der Achtfache Pfad sollte das Bewusstsein jenseits der Zuneigung zu und Ablehnung von Erscheinungen zur Erkenntnis der Substanzlosigkeit des Ich führen. Dadurch werden wir wieder in den ursprünglichen Zustand vor dem Big Bang versetzt. Kurz gesagt macht die spirituelle Praxis den unbewussten Jemand zu einem bewussten Niemand.

Letzten Endes versuchen wir nicht, uns daran zu erinnern, bewusst zu sein, sondern wir versuchen, den Gedanken zu durchschauen, der glaubt, dass etwas vergessen wurde. Alle konditionierten Probleme werden vom Bewusstsein getragen, auch der Zustand des Vergessens. Wenn wir die Annahme „Ich habe vergessen" durchstoßen, öffnet sich der Gedanke des Vergessens über sich selbst hinaus zum Bewusstsein. Da alle Dinge aus einer Substanz bestehen, sind alle Dinge im Bewusstsein enthalten. Es ist nur ihre Erscheinung, die uns irreführt. Vergessenheit ist eine Vorstellung, die der Wachheit gegenübergestellt wird, aber Vergessenheit ist ebenfalls Wachheit und muss nur als solche anerkannt werden, um innerhalb des Bewusstseins voll aufzublühen. Es ist also das Bewusstsein, das die Vereinigung aller Dinge darstellt. Diese Wahrheit zu vergessen bedeutet, sich in unserer 3,8 Milliarden Jahre langen Geschichte von Getrenntheit und Teilung zu verlieren.

Wir sind herausgefordert, wachsam zu sein und durch Weise Sicht auf dem Weg zu bleiben, indem wir stets an das Grundprinzip aus dem ersten Kapitel dieses Buches denken: „Wir" besitzen keinen Geist, der Geist hat vielmehr durch die Art und Weise, auf die er die Wirklichkeit wahrnimmt, das Gefühl von „Du" und „Ich" geschaffen. Das „Ich" ist also Teil der mentalen Funktionen des Geistes. Die Gedanken des

Geistes und die Ichempfindung sind nicht zwei unterschiedliche Ereignisse. Wir existieren nur, weil der Geist uns in die Existenz denkt. Auf das Denken des Geistes so zu reagieren, als seien wir getrennt, heißt, in die Irre zu gehen.

Letztlich besteht die Praxis darin zu verstehen, dass der Geist niemals ein Problem darstellt, ganz gleich, was auftreten mag. Die Ichempfindung hört außerhalb des Geistes auf zu existieren, wenn sie das Bedürfnis hat fallen lassen, etwas am Geist ändern zu müssen. Wenn die Anspannung losgelassen wird, ist die Totalität evident. Wir haben uns dem natürlichen Zustand von Ganzheit widersetzt, indem wir darauf bestanden haben, Totalität müsse eine bestimmte vorgeschriebene Erscheinungsform annehmen – eine Form, die vom „Ich" bestimmt wird. Wir glauben, der Geist der Ganzheit müsse aussehen wie die Zehn Pâramitâs (oder Vollkommenheiten) oder die glatte Reifung der Sieben Faktoren der Erleuchtung. *Er sieht tatsächlich so aus, aber nur solange wir ihn nicht ansehen.* Der ungeteilte Geist besitzt seine eigene ihm innewohnende Vollkommenheit, aber sobald wir anfangen, den Geist wahrzunehmen, teilt er sich in unvollkommene Dualität.

Das, was den ganzen Geist trägt und enthält, ist kein mentales Konstrukt. Das mental aufgebaute „Ich" des Geistes kann nichts enthalten; es kann lediglich sein Urteil über das, was es sieht, abgeben, aber es kann das, was es sieht, nicht tragen. Und nur wenn etwas getragen, umfangen und erhoben wird, wird es geliebt. Wie der Ozean, der die Kontinente umgibt, umfängt das Bewusstsein alle mentalen Gebilde. Der Buddha sagt: „Alle Dinge sind vom Bewusstsein beherrscht."[44] Die Praxis besteht darin, den Geist so zu lieben, bis er keine konkurrierende Alternative mehr zu seiner eigenen Stützung aufbietet.

Allerdings sind die Versuche des Geistes, sich durch eine Reihe von Verkleidungen aufrechtzuerhalten, beinahe ebenso subtil wie das Bewusstsein, das dieses Bemühen beobachtet. Wir können durch die vielfältigen Weisen, auf die die Ichempfindung die Eigenschaft der Leere zu imitieren versucht, aufs Glatteis geführt werden. Das „Ich" kann alles mit seinem Besitzanspruch greifen. Liebe zum Beispiel kann so erhaben und transpersonal aussehen, aber wenn wir beginnen, ihrer als Geisteszustand zu frönen, werden wir feststellen, dass eine Ichvorstellung aufsteigt. „Oh", denken wir durchtrieben, „wie liebevoll ich doch werde!"

217

Wie können wir den Unterschied zwischen wahrer Leere und ihren Trugbildern erkennen? Wie können wir erkennen, ob der Geist auf Trennung oder auf Verknüpftheit hinarbeitet? Die Täuschung des Geistes ist so subtil, dass wir sie mit der Venusfliegenfalle vergleichen können, einer Pflanze, die den Insekten ein Festmahl an Nektar verheißt, sie in ihr Inneres lockt und dann plötzlich alle Ausgänge schließt und so den Tod des Insekts besiegelt. Wir werden alle mit dem konfrontiert, was wir auf unserem spirituellen Weg zur Verwirklichung wirklich wollen, und unser Verlangen verkleidet sich häufig als das Ziel, nach dem wir so verzweifelt streben.

12

Die Fälschung der Ichlosigkeit

Was halb ist, wird ganz werden.
Was krumm ist, wird gerade werden.
Was leer ist, wird voll werden.

— *Laozi, Daodejing*

EIN STÄNDIG WIEDERKEHRENDES Thema dieses Buches ist, die Versuche des Geistes zu entlarven, spirituelle Vorherrschaft über das Herz zu erlangen. Das „Ich" führt überzeugende Argumente für seinen Anspruch auf Führerschaft an, indem es misst, was es besitzt, ausklügelt, was es benötigt, einen Plan entwirft und auf sein Ziel zumarschiert. Es weiß genau, wohin es geht, was ihm noch fehlt und wie es zu dem gewünschten Ergebnis gelangt, alles in quantitativ bestimmbaren Begriffen. Aber wenn der Geist niemals dort war, wohin er geht, wie kann er dann eine Vorstellung davon haben, wie man dorthin gelangt, oder gar, wie das „Dorthingelangen" aussieht? Der Geist besitzt eine Landkarte seines Heils, aber alle Karten haben eine abstrakte Form und mit der Zeit schenken wir allem anderen als der Weisheit, die aus direkter Erfahrung entspringt, immer weniger Glauben.

Spirituelle Arbeit ist viel einfacher, als der Geist sie darstellt. Wir machen ein ernsthaftes und komplexes Projekt daraus, obwohl sie nur ein Spaziergang im Park und so nah wie der Gang selbst ist. Wir schlendern einfach nur gemächlich umher, umgeben von frischer Luft und Sonnenschein, und sehen, was es zu sehen gibt. Das Leben wartet darauf, dass wir müde werden, unser Heil mental weiter vor uns herzuschieben, damit es uns in der Unmittelbarkeit des Jetzt das schenken kann, was wir so verzweifelt suchen.

Das größte Hindernis für mein eigenes Wachstum war, dass ich immer wusste, wohin ich ging, und das zweitgrößte Hindernis waren die Strategien, die ich verwendete, um dorthin zu gelangen. Ich arbeitete gewissenhaft in meiner Mönchszelle und fühlte mich dabei verwirklicht und war stolz auf meine Leistungen. Gelegentlich ging ich zur Vorderseite des Klosters, um mit Ajahn Buddhadassa über meine Fortschritte zu sprechen. Er pflegte zu fragen, warum ich nicht „natürliches Gewahrsein" praktizierte, und sagte dann: „Ruhe einfach in dem, was bereits hier ist. Was nicht hier ist, lohnt sich nicht zu verfolgen."

Spirituelle Arbeit ist eine natürliche Entfaltung des Herzens. Die Ichempfindung kann diesen Prozess stören, aber nicht viel Hilfe bieten. Wir mischen uns ein, indem wir das vermeiden, was erkannt werden müsste, indem wir trotz der Belege für das Gegenteil unsere falschen Anschauungen weiterverfolgen und indem wir die spirituelle Reise zu einem mentalen Projekt machen. Wir machen aus einem einfachen Spaziergang im Park einen komplizierten Gang auf dem Mond, für den wir Jahrzehnte der Vorbereitung und Schulung benötigen.

Solange der Geist die Verantwortung für die spirituelle Reise behält, wird er den Prozess unendlich komplizieren und in die Länge ziehen. Er arbeitet für seine eigene Ideologie, nicht für die wahre Absicht des Herzens. Der Geist übergibt dem Herzen erst dann das Zepter, wenn wir aufrichtig genug sein können zuzugeben, dass unsere alten Muster nicht mehr funktionieren, dass uns die Kontrolle aus den Händen gleitet und wir keine Ausweichstrategien mehr haben. Wir müssen unser Leben nicht irgendeinem spirituellen Ideal anpassen; wir müssen uns nur eingestehen, dass unsere Bemühungen fehlgeschlagen sind, und dann weitergehen.

Die Herzensqualitäten (Liebe, Mitgefühl, Geduld, Großzügigkeit, Fürsorge, Freundlichkeit usw.) werden erst in der Ichlosigkeit entdeckt, und diese Attribute erscheinen auf natürliche Weise, wenn der Geist die

Kontrolle abgibt und aufhört, ihr Erscheinen erzwingen zu wollen. Sie sind im wahrsten Sinne keine vom Geist geschaffenen Züge, die man kultivieren und fördern kann, sondern sie entstehen als spontaner Ausdruck des Bewusstseins selbst und besitzen daher kein Gegenteil. Aus dieser Perspektive ist Großzügigkeit nicht das Gegenteil von Egoismus oder Freundlichkeit das Gegenteil von Grausamkeit.

Der Geist versucht die Herrschaft über das Herz zu beanspruchen, indem er diese Eigenschaften entwickelt und sich selbst gratuliert, wie gut er das kann. Und er entscheidet, auf welche Weiser er noch mehr davon bekommen wird. Er beginnt aus einer natürlichen Entfaltung ein kultiviertes Chaos zu machen, und er kann nur von seinen spirituellen Aufgaben befreit werden, wenn das Bewusstsein direkt wahrnimmt, dass der Geist nicht in der Lage ist, diese natürlichen Qualitäten des Herzens zu verwirklichen. Der Geist versucht, das Herz durch seine Bemühungen zu erreichen, aber er kann nicht im Herzen verweilen. Uns dämmert allmählich, dass wir (der Geist) uns nicht selbst erretten können. Es ist ernüchternd für das Ego anzuerkennen, dass Freiheit jenseits seiner Kontrolle liegt, aber solange es das nicht tut, bleibt uns nur der Blick von außen auf die Befreiung.

Schließlich verzweifeln wir daran, dass unsere in der Vergangenheit angewendeten Methoden so unwirksam sind. Der Verlust persönlichen Einflusses wird oft von Verzweiflung begleitet, die auftritt, kurz bevor wir die Notwendigkeit erkennen, unsere konditionierte Vergangenheit loszulassen. Verzweiflung kann darauf hinweisen, dass wir ein überholtes System angewendet haben, das einer baldigen Revision bedarf. Wenn wir auf die Verzweiflung hören, ohne an ihre irrige Begleitmusik der persönlichen Inkompetenz zu glauben, können wir sie als authentische spirituelle Einsicht erkennen und unseren Kurs korrigieren.

Viele von uns haben eine Reihe von Erfahrungen des Erwachens gemacht, doch mit der Zeit ist unser konditioniertes Bewusstsein wieder in den Vordergrund getreten. Die Möglichkeit, dass das Erwachen eine lebendige Realität sein könnte, wird wieder von unserer normalen und gewöhnlichen Realität der Getrenntheit zurückgedrängt. Es kann sehr beunruhigend sein, wenn das „Ich" der Getrenntheit wieder zurückkehrt, und so wollen wir wissen, wie wir das Erwachen stabilisieren können, sodass wir niemals wieder in die Isolation zurückfallen. Wir suchen eine Antwort darauf, wie wir diesen Zustand beständig machen können: „Wie bleibe ich wach, wie bleibe ich liebevoll, geduldig, freundlich und so weiter?"

Ich höre diesen Refrain häufig auf Klausuren, wenn die Yogis sich darauf vorbereiten, nach Hause zurückzukehren und möchten, dass das Gewahrsein und die Sensibilität, die sie gewonnen haben, weiter bestehen bleiben. Sie haben vielleicht eine Erfahrung des Erwachens gemacht, die ihr Leben vollkommen und ihre Perspektive von „Ich und andere" radikal verändert hat, aber die Frage, die sie stellen, ist meistens dieselbe: „Was kann ich tun, damit dies andauert?"

Diese Frage ist Ausdruck eines Versuchs, Kontrolle über unser Erwachen zu erlangen, aber Erwachen entsteht ja gerade bei Abwesenheit von mentaler Kontrolle. Die Frage, wie man diese Erfahrung andauern lassen kann, entstammt dem Bedürfnis, unser Wachstum zu systematisieren und unseren spirituellen Fortschritt zu lenken, und sie unterwirft unser Herz der Führung des „Ich". Das „Ich", das diese Frage stellt, kann das nicht bewerkstelligen, aber es braucht einen längeren persönlichen Kampf, bevor wir uns dieser Tatsache überantworten; vielleicht ist es dieser Kampf, der die wichtigste Bewusstseinskrise bildet, der wir uns in unserer spirituellen Praxis gegenübersehen.

„Wie kann ich dies andauern lassen?" ist eine Frage, die aus der falschen Dimension des Bewusstseins kommt. Es ist eine horizontale Frage über die vertikale Dimension und die beiden Sichtweisen sind nicht kompatibel. In der Frage ist bereits die Annahme eines „Ich" gegeben, und dies stellt sicher, dass das Erwachen nicht andauern wird. Wir müssen zuerst die Annahme herausreißen, dann wird das Erwachen hervorquellen. Erwachen ist nichts, das wir gewinnen oder aufrechterhalten, sondern es ist, wenn der Geist seine Herrschaft loslässt und sich ins Herz fallen lässt.

Haben wir die Begrenztheit unserer mentalen Fähigkeiten erst einmal direkt erkannt, haben wir diese absolute Tatsache einmal vollkommen verstanden, verdaut und sie, ohne noch etwas zu haben, worauf wir uns stützen können, internalisiert, dann und erst dann wird sich das Erwachen stabilisieren, werden wir Liebe in ihrer Gesamtheit erkennen, dann wird Freundlichkeit vorherrschen und die Getrenntheit wird ein Ende finden. Die Neigung des Geistes zu versuchen, den Zustand von irgendetwas aufrechtzuerhalten und zu stabilisieren, muss ein Ende haben, bevor es dazu kommen kann. Ist dies einmal verstanden, beginnt die Macht des Willens innerhalb aller Aspekte geistiger und körperlicher Aktionen still für sich zu erodieren.

Fälschungen des Geistes

Das Herz ist Bewusstsein und der Geist ist unsere Weise, die Welt begrifflich um dieses Bewusstsein herum zu gestalten. Der Geist erfasst die Welt in Begriffen von „Ich und andere" und hat dann Gedanken und Emotionen, die diese Konfiguration zu bestätigen scheinen. Der Geist versucht die Welt funktional und sicher zu machen, indem er ihr das besorgt, was sie nicht hat, und er benutzt zu diesem Zweck die Ichempfindung. Das Ich ist ein Instrument des Geistes und wird vom Geist verwendet, um jedes wahrgenommene Ungleichgewicht zu korrigieren.

Seit undenklichen Zeiten hat der Geist die Angelegenheiten des Herzens neu übersetzt, indem er Verwirklichung in der vom Denken geschaffenen geteilten Welt gesucht hat. Er bringt uns in eine Zwickmühle zwischen dem, was wir sind, und dem, was wir sein sollen, wobei er sich vorstellt, dass wir unweigerlich zurückfallen werden, wenn wir nicht darum ringen, voranzukommen. Aus der Perspektive des Geistes bedeutet Erwachen etwas, was jemandem geschieht. Solange wir dieser Sprache Glauben schenken, sucht dieser „Jemand" vergeblich nach der richtigen Mischung von Zutaten, Umgebungen, Lehrern, Techniken und Geisteszuständen, damit das Erwachen geschehen kann. Und wenn es zu einem Erwachen kommt, macht der Geist dennoch weiter und denkt, er habe einen Fehler gemacht. Der Geist kann seine Strategien nicht ändern, denn er kennt nur eine einzige Vorgehensweise; nur wenn wir das Bedürfnis, etwas Gesondertes zu sein, loslassen, kann seine Bewegung zum Stillstand gebracht werden.

Spirituelle Reife nimmt von dem „Ich" des Erwachens Abstand, was aber nicht bedeutet, dass dieses seine Zelte abbricht und sein spirituelles Projekt aufgibt. Das „Ich" kommt immer und immer wieder und versucht das Herz zu überzeugen, Energie in seine Ziele zu investieren. Mit der Zeit werden wir sehr sensibel für das Auftreten des „Ich" und den energetischen Wandel, der sich durch die psychische, verbale und körperliche Ausdrucksweise, die es dem Herzen aufzwingt, einstellt.

Wenn wir unseren Gedanken Glauben schenken, behindern wir die Botschaft des Herzens vom Einssein. Der Geist blockiert das Herz durch die Worte der Getrenntheit. Die Sprache des Geistes scheint darauf hinzuweisen, dass sich die natürlichen Eigenschaften des Herzens außerhalb von uns befinden und erworben werden müssen, und sobald sie erworben worden sind, müssen sie kultiviert und weiterentwickelt werden. Der Geist kann sich auf diese Eigenschaften nur als emotionale Obertöne beziehen; er versteht, dass alle Emotionen instabil sind, und vertraut nicht darauf, dass ihnen etwas Konsistentes innewohnen könnte. Daher macht der Geist sich auf, Bewusstsein, Liebe, Geduld und Großzügigkeit zu erlangen und sich schließlich durch deren Kultivierung selbst zu erwecken.

Je mehr der Geist denkt, desto weniger Einfluss hat das Herz. Der Geist konditioniert uns dazu, uns hinter seinen Worten zu verstecken, bis das verbegrifflichte Leben, das er uns anbietet, zu unserer pseudoauthentischen Welt wird und wir glauben, die abstrakte Welt sei die echte. Das Herz hat uns nicht verlassen, aber wir haben unsere Aufmerksamkeit auf den Geist ausgerichtet, und wenn das Herz überhaupt zu hören ist, dann eher als ein dumpfes Hintergrundgeräusch, das intellektuell keinen Sinn macht. Unsere Kultur ist tatsächlich dermaßen vom Geist beherrscht, dass sie häufig den kleinen Anteil des Herzens, der durchdringen kann, als kitschig und rührselig verachtet.

Liebe, die aus dem Herzen kommt, ist genauso wenig eine bloße Emotion, wie man Bewusstsein als ein Gefühl beschreiben kann. Sie mag eine begleitende emotionale Note besitzen, aber wenn die reine Liebe aus dem Herzen durch den Lärm des Geistes gebrochen wird, wird das Gefühl vorrangig und alles andere geht verloren. Das Gefühl ist dann an ein Objekt gebunden, was die konkrete Abhängigkeit der Emotion von einer/einem Geliebten möglich macht, und schon bald hat der Geist das natürliche Auftauchen von Liebe als Emotion der Verhaftung an einen Menschen oder an ein Objekt zweckentfremdet. Der nächste Schritt ist, an dem Menschen, dem die Emotion zugeschrieben wird, festzuhalten, damit wir ständig Zugang zu unserer Liebe haben. So wie die Fälschung eines guten Kunstwerks ist die Kopie des Geistes von Liebe in ihrem Erscheinungsbild überzeugend, aber nicht authentisch.

Da sich der Geist durch Begriffe bewusst von der Einheit getrennt hat, folgert er, dass er die Liebe durch noch mehr Worte besitzen muss, damit die Einheit zurückkehren kann. Der Geist macht das Herz zu einer Aufgabe und macht sich dann daran, diese Aufgabe zu erfüllen, indem er abschätzt, wie nahe er dem Idealzustand der von ihm verfolgten Liebe kommt. Wir fragen uns: „Bin ich freundlich, liebevoll und großzügig genug?" „Nein", sagt der Geist. Wir antworten: „Wenn nicht, dann muss ich noch mehr daran arbeiten."

All dieses Objektivieren, Distanzieren und Aufgabenstellen schafft eine Menge an Konfusion und Konflikten. Der Geist spürt, dass Liebe zu unvorhersagbar ist, um sie zu kontrollieren, und um diese Schwierigkeit zu überwinden, setzt er seine Nachbildung von Liebe in Form von Gerechtigkeit ein. Er stellt Gesetze der Fairness auf, die dafür sorgen sollen, dass die Leute miteinander zurechtkommen, und diese Gesetze werden zu den Standards für ein akzeptables und liebevolles Verhalten. Die spontane Fürsorge des Herzens ist nun innerhalb kultureller Gesetze eingesperrt, die uns dazu bringen sollen, das zu tun, was das Herz von sich aus getan hätte, wenn man es in Ruhe gelassen hätte. Lassen Sie uns einige weitere Fälschungen des Geistes ansehen, um uns besser mit den energetischen Verzerrungen vertraut zu machen, die auftreten, wenn der Geist die Rolle des Herzens an sich reißt.

Helfen als Fälschung des Dienens

Dienst und die daraus ausstrahlende Eigenschaft des Mitgefühls sind natürliche Reaktionen, wenn unser Herz sich den Bedürfnissen anderer gegenübersieht. Helfen andererseits ist das, was der Geist meint tun zu müssen, wenn er Menschen in Not sieht. Der Unterschied zwischen Dienen und Helfen ist der, dass hinter Ersterem keine Absicht steht; es ist eine unmittelbare Reaktion. Helfen basiert darauf, ein Opfer zu bringen, nicht auf Stärke, und ist mit einem Motiv und Arbeit assoziiert. Die dahinterstehende Absicht ist, dass die helfende Person sich angesichts des Missverhältnisses, das zwischen ihr und der Person, der geholfen wird, besteht, besser fühlen kann. Die Belohnung für die helfende Person ist das Mitleid, das sie für die Benachteiligten empfindet, und die soziale Empörtheit, die sie angesichts der Ungerechtigkeiten des Lebens empfindet.

Ich habe einmal Mutter Teresas Heim für Sterbende in Kalkutta besucht, wo es lange Reihen von Holzbetten mit sterbenden Patienten Seite an Seite gab. Die Sterbenden hatten es warm und sauber und in dem schlichten Raum wirkten viele pflegende Nonnen und Freiwillige. Eine der Nonnen wischte gerade Erbrochenes vom Boden auf. Als sie damit fertig war, nahm ich sie beiseite und fragte sie, was sie in ihrer Arbeit stütze. Sie sah mich an und fragte „Welche Arbeit?" Ich wollte gerade antworten „Sie stehen hier und wischen Erbrochenes auf und fragen ‚Welche Arbeit?'", als ich ihre Augen sah – sie waren so klar und leuchtend. Ich dachte bei mir: „Diese Frau ist lebendig." Sie schien meine anfängliche Reaktion zu verstehen und sagte: „Wenn Sie die Windeln ihres Kindes wechseln, ist das etwa Arbeit?" Ich wusste, sie erzählte mir lediglich, wie es für sie war. Beschämt nickte ich einfach nur.

Jennifer arbeitete als Kellnerin, während sie auf dem College war. Sie mochte die Arbeit nicht und beklagte sich häufig darüber. Eines Tages sprachen Jennifer und ich über ihre Arbeit und ich fragte sie, was sie denn nach dem Abschluss des Colleges machen wolle. Jennifer sagte, sie interessiere sich dafür, in einem Pflegeberuf zu arbeiten. Wir mussten beide lachen, denn es war sofort offensichtlich, dass Kellnern im Grunde ein Pflegeberuf ist. Wir sprachen darüber, wie man für Gäste sorgen kann. In den folgenden zwei Wochen versuchte Jennifer ihr Herz mit in die Arbeit einzubringen, indem sie in Augenkontakt ging und aus einer Verbundenheit mit ihren Chefs heraus arbeitete, indem sie eher das Essen servierte, als dass sie Bestellungen abarbeitete. Sie sagte, es habe die Wahrnehmung ihrer Arbeit völlig verändert.

Wenn wir die Hindernisse für Interaktion ausräumen, reagiert das Herz. Was für den einen Menschen Arbeit ist, ist für den anderen Dienst. Den Unterschied macht, wo die Aktion ihren Sitz hat, im Herzen oder im Geist. Als ich mit Sterbenden gearbeitet habe, fragten mich die Leute ständig, wie ich eine solche Arbeit machen könne. Ich konnte sie machen, weil mich der Sterbeprozess faszinierte. Er nährte mich und ich sprang morgens aus dem Bett, um weiterforschen zu können. Die Arbeit war keine Last oder Plackerei.

Wenn unsere Handlungen dem helfenden Geist entspringen, können wir unbewusst eine Botschaft der Unzulänglichkeit übermitteln, die jene, denen wir helfen, herabsetzt. Wenn wir Menschen auf eine bestimmte Beziehung festlegen, können wir ihnen die Möglichkeit verweigern, über das Bedürfnis nach unserer Hilfe hinauszuwachsen, sodass eine gegenseitige Abhängigkeit entsteht. Wenn unsere eigenen Bedürfnisse so eng mit der Hilfssituation verknüpft sind, wird die Beziehung zwischen Helfendem und Geholfenem sehr konfus. Je mehr wir geben, desto mehr brauchen wir es zu geben. Der Mensch, dem geholfen wird, muss bedürftig bleiben, da unser Selbstwertgefühl durch unseren Dienst an ihm aufgebaut wird. Wahre Intimität und Verknüpftheit sind unmöglich, und Entmutigung und Burn-out werden schließlich unvermeidlich.

Es ist unser Geist, der die Ungleichheit des anderen wahrnimmt, und nicht unser Herz. Unser Herz offenbart durch das Band der Fürsorge, was wir gemeinsam haben. Liebe setzt keine Grenzen und fällt keine Urteile. Wenn wir dienen, begegnen und verbinden wir uns durch eine gegenseitige Zuneigung und nicht durch Vergleich und Bewertung. Wir halten uns für glücklich, das tun zu können, was wir tun, weil die Arbeit so beglückend ist. Wir werden genährt, indem wir andere nähren.

In einer tiefen Verbundenheit gibt es gegenseitige Wertschätzung und Wertschätzung ist das Kennzeichen des Herzens. Dienen entspringt der Wahrnehmung, dass wir keine vereinzelten Wesen sind, und die Interaktionen, zu denen es bei unserem Dienen kommt, sind Ausdruck der Wahrheit unserer Unzertrennlichkeit. Die Freude, die wir beim Dienen empfinden, ist die Freude, diese Wahrheit im Inneren zu teilen, und es ist die Freude an unserer gemeinsam erlebten Lebendigkeit.

Nettigkeit als Fälschung von Freundlichkeit

Anstelle des natürlichen Verweilens in der Wärme der Freundlichkeit, die aus dem Herzen stammt, bietet der Geist eine nette oder süßliche Wesensart als Imitation an. Meine Freundin Susan arbeitete einige Jahre lang als Freiwillige in einem Krankenhaus und wurde angewiesen, dass die angemessene Methode im Umgang mit schwierigen Patienten sei, allem, was ihr von diesen Patienten entgegenkam, mit einer ruhigen und zuckersüßen Haltung zu begegnen. Eines Nachmittags rannte Susan mitten in ihrer Schicht auf den Parkplatz hinaus und legte dort ihre Freiwilligentracht ab. Sie erzählte, es hätte sich so viel Unmut hinter ihrer Fassade künstlicher Nettigkeit angesammelt, dass sie einfach nicht mehr so weitermachen konnte.

Nettigkeit ruft den Schatten ihres Gegenteils hervor und Unmut ist unausweichlich. Wenn ein Freund uns anruft und uns bittet, eine Besorgung für ihn zu erledigen, die uns gerade sehr ungelegen kommt, könnten wir seiner Bitte entsprechen, vernachlässigen dann aber, dem Teil unseres Geistes Genüge zu tun, dem es widerstrebt, diesen Gefallen zu tun, und der sich durch diese Bitte unter Druck gesetzt fühlt. Unmut beginnt zu schwären, und wir können bei der nächsten unschuldigen Anfrage dieses oder eines anderen Freundes in die Luft gehen. Wenn wir uns selbst aus Pflichtgefühl oder aus Idealismus überfordern, tragen wir dem konkurrierenden Geisteszustand nicht Rechnung, der nicht an diesem Akt der Selbstaufopferung beteiligt sein möchte.

Im Untergrund von Nettigkeit liegt gewöhnlich ein psychischer Schmerz und sie ist häufig Ausdruck einer bestimmten Motivation und vorgefasster Absichten. Wir wollen etwas von jemandem, also sind wir nett zu ihm oder ihr. Das kann etwas so Unschuldiges sein wie das Bedürfnis, gemocht zu werden, oder etwas so Berechnendes wie der Versuch, sich diesen Menschen zu verpflichten, indem man ihm Hilfe anbietet. In jedem Fall wird die Verbindung nicht ohne Hintergedanken hergestellt und hat nichts von Natürlichkeit; sie wird mental herbeigeführt, ist also nicht authentisch.

Man muss sowohl Unmut als auch Altruismus zulassen und sie miteinander koexistieren lassen, um echte Freundlichkeit entdecken zu können. Es gibt keinen Zugang zum Herzen, wenn ein Teil des Geistes im Konflikt mit einem anderen steht. Ein Akt der Freundlichkeit ist ein Handeln aus der Verknüpftheit heraus, aus klarer Sicht und klarem Verständnis, und keine Mühe. Freundlichkeit besitzt eine ihr innewohnende Qualität, die verfügbar wird, wenn die Ichempfindung nicht unseren ständigen Bezugsrahmen bildet. Freundlichkeit liegt innerhalb des Bewusstseins, das die Gesamtheit des Geistes trägt; sie hat kein Gegenteil und kann keinen Schatten werfen.

Da Freundlichkeit nicht mental fabriziert werden kann, müssen wir es ihr gestatten, uns zu finden. Wie alle Herzensqualitäten ist Freundlichkeit nichts Erzwungenes. Sie kann durch die Schlichtheit des Herzens erreicht werden, indem man langsamer wird und der unmittelbaren Situation erlaubt, auf uns einzuwirken, indem wir still sind und nicht auf den ersten Einspruch unserer Konditionierung hin agieren. Indem wir uns vertikale Fragen stellen wie: „Wo bleibt das Herz bei diesem erzwungenem Ideal?" oder „Was verbindet diesen Augenblick mit Präsenz?", können wir beginnen, uns hinter den Schwierigkeiten der Freundlichkeit anzunähern.

Ernsthaftigkeit als Fälschung von Aufrichtigkeit

Wie bereits in den vorhergehenden Kapiteln erwähnt, ist Aufrichtigkeit eine Manifestation des Herzens, wenn es von der Herrschaft des Ich befreit ist. Das Herz besitzt eine bestechende Eigenschaft, nämlich eine leidenschaftliche Ehrlichkeit gegenüber seinen Interaktionen. Es wird nicht von der Leidenschaft einer aufsteigenden Emotion bewegt, sondern stimmt sich sanft und beharrlich ein auf das, was vonnöten ist, ohne leichtsinnig oder exzessiv zu sein. Aufrichtigkeit entstammt der Entschlossenheit der Liebe, der Entschiedenheit von Mitgefühl und der intensiven Ausrichtung des Interesses.

Es gibt eine Geschichte von Mutter Teresa, die diese ehrliche und leidenschaftliche Ruhe der Aufrichtigkeit veranschaulicht. Sie versuchte 1980 Flüchtlingskinder aus Beirut zu evakuieren, die in dem Krieg zwischen Christen und Moslems verletzt worden waren. Sie betete für einen Waffenstillstand für den nächsten Tag, an dem die Lkw-Transporter eintreffen sollten, um die Kinder umzusiedeln. Der sie begleitende Priester empfahl Mutter Teresa, Gott mehr Zeit für das Aushandeln eines Waffenstillstands zu geben. Mutter Teresa diskutierte nicht mit dem Priester, sondern blieb beharrlich und zielstrebig in ihrer Entschlossenheit. Sie wusste, dass die Kinder keinen weiteren Aufschub mehr verkraften würden und dass ihre Verletzungen der sofortigen medizinischen Versorgung bedurften. Also sagte sie dem Priester, Gott brauche nicht mehr Zeit. Mutter Teresas fokussierte Aufrichtigkeit schien das Universum mit ihrer entschlossenen Absicht in Einklang zu bringen, und am nächsten hörte der Beschuss auf wundersame Weise auf und die Flüchtlinge konnten aus der Stadt gebracht werden.

Aufrichtigkeit wird kompromittiert, wenn wir sekundäre Absichten verfolgen, und Aufrichtigkeit wandelt sich zu Ernsthaftigkeit, wenn sich der Geist um ein Verlangen herum verdichtet. Unser Geist entdeckt sehr schnell, dass wir in unserem spirituellen Unterfangen sehr ernsthaft sein können, ohne uns allzu sehr zu engagieren. Aufrichtigkeit wird durch Ernsthaftigkeit ersetzt, weil wir so die Kontrolle wahren und dennoch von der Echtheit unseres Ansatzes überzeugt sein können. „Es ist mir damit ernst", sagen wir – und meinen, ich möchte damit nicht spielen und will die vor mir liegende Aufgabe anpacken. Wir sind ernsthaft dabei, wenn es darum geht, eine Lösung zu finden, aber nicht, wenn es darum geht, das Problem zu verstehen. Wir sind ernsthaft dabei, wenn es um Enthüllungen, Entdeckungen oder Gewinne geht, nicht aber, wenn es um Begegnungen oder Verbindungen geht. Der ernsthafte Geist ist gewillt, sich durch die Widrigkeiten des Lebens zu schleppen, aber es geht ihm nicht ernsthaft darum, sich selbst ein Ende zu machen.

Aufrichtigkeit geht über nichts hinweg; sie ist das Herz, das mit Liebe reagiert. Da alles in seiner Essenz Liebe ist, warum sollte etwas übergangen werden – und um wohin zu gelangen? Aufrichtigkeit arbeitet ohne Unterlass daran, das Unbewusste zu erwecken, indem sie alle schmerzlichen Bereiche heilender Aufmerksamkeit aussetzt. Wir schreiten durch das Tor der Wertschätzung von der Ernsthaftigkeit zur Aufrichtigkeit voran. Wir können den ernsthaften Geist loslassen und zum aufrichtigen Herzen zurückkehren, indem wir das würdigen, was gerade geschieht. Wenn wir unseren Geist ruhig werden lassen und uns erlauben, mit neuen Augen zu sehen, dann entsteht Wertschätzung. Wenn wir mit weichen und sanften Augen beobachten, wird die Routine in das Außergewöhnliche transformiert. Der Baum, die Blume und der Himmel öffnen ihre heilige Existenz, und das Herz blüht in spontaner Wertschätzung auf und geht weit über den ernsthaften Geist hinaus.

Toleranz als Fälschung von Offenheit

Der Buddha bringt ganz deutlich zum Ausdruck, dass seine Lehre keine weitere religiöse Sichtweise oder Perspektive ist. So sagt er zu Malunkyaputta: „Wann habe ich jemals gesagt, diese spekulativen Ansichten seien wahr? Die Ansicht, dass die Welt ewig oder nicht ewig ist, die Ansicht, dass die Welt endlich oder unendlich ist, die Ansicht, dass die Seele dasselbe ist wie der Körper, oder die Ansicht, dass die Seele eine Sache und der Körper eine andere Sache ist, die Ansicht, dass der Buddha nach dem Tode weiterexistiert oder nicht nach dem Tod weiterexistiert. Darüber mache ich keine Aussagen, weil diese nicht förderlich sind und nicht zu den Grundlagen eines spirituellen Lebens gehören."[45]

Das Herz ist nicht für oder gegen etwas gerichtet und ist für alles offen, wobei es keinem Weg im Gegensatz zu einem anderen Vorschub leistet, sondern frei von Ansichten und Meinungen reagiert. Der Geist imitiert diese vollkommene Offenheit des Herzens durch eine Haltung der Toleranz. Toleranz ist ein Kontinuum von weniger zu mehr. Der Geist ist nicht fähig, eine unvoreingenommene Perspektive einzunehmen, weil die Ichempfindung jede Betrachtung beurteilt und abwägt. Er meint, auf eine bestimmte Weise empfinden zu müssen, und versucht die konkurrierende Sichtweise auszuschließen oder zu leugnen. In seinem Versuch, tolerant zu sein, ist der Geist sehr intolerant.

Wir müssen vorsichtig sein, dass soziale Gepflogenheiten und „politische Korrektheit" uns nicht davon abhalten, eine angenommene Wahrheit zu hinterfragen, weil bestimmte Gedanken als inakzeptabel gelten. Vorurteile zum Beispiel werden nicht dadurch ausgeräumt, dass man sich weigert, sie auszusprechen, sondern durch das Hinterfragen der Annahmen, auf denen diese Vorurteile aufbauen. Da alle Annahmen lediglich einen Standpunkt darstellen, kann ein Vorurteil nicht aufrechterhalten werden, wenn es von einem offenen Herzen sorgfältig erforscht wurde.

Sichtweisen sind erstarrte Perspektiven, die vom Fluss des Lebens abgetrennt und aufrechterhalten werden, um mentale Sicherheit in einer häufig verwirrenden Welt aufzubauen. Sie stärken die Ichempfindung, indem sie definieren, was „ich" glaube und was „ich" nicht glaube. Dies verleiht dem so befangenen „Ich" eine genaue Definition. Das Ziel des „Ich" ist es, deutlich abgegrenzt zu bleiben, und Offenheit würde nicht die Präzision einer klar gezogenen Linie ermöglichen und uns zu homogen und unspezifisch machen. Das „Ich" des Geistes ist nicht so sehr daran interessiert, unvoreingenommen zu sein; es versucht lieber, tolerant zu sein, weil dieses Bemühen um Toleranz das Ich innerhalb der Mauern eines edlen Anliegens verbarrikadiert.

Viele von uns hegen über lange Zeiträume aufgebaute Vorurteile und setzen sie niemals dem Licht der Befragung aus. Wir mögen vielleicht intellektuell wissen, dass sie nicht wahr sind, aber emotional stehen wir noch immer unter ihrer Überzeugungskraft. Daher halten wir den Deckel über unserer emotionalen Intelligenz geschlossen und hoffen, diese kontrahierten Gefühle werden einfach verschwinden. Aber tun sie das? Was, wenn wir die Beschränktheit unserer Sichtweise zugäben und das ganze Thema mit Aufrichtigkeit erforschten? Diese Bereitschaft ist das offene Herz in Aktion und sie führt den toleranten Geist in das offene Herz hinüber.

Vorurteile stehen nicht in Einklang mit unserer primären Absicht und wir werden sie gründlich hinterfragen müssen, um voranzukommen. Ein solches Infragestellen kann uns verletzlich für die Repressalien einer Gesellschaft machen, die noch in ihrer erzwungenen Toleranz gefangen ist. Allein schon in der Öffentlichkeit zuzugeben, dass wir Vorurteile haben, kann uns in den Ruf der Feindseligkeit oder Unsachlichkeit bringen. Aber wir müssen ja kein öffentliches Statement abgeben; wir brauchen unsere Sichtweisen und Ansichten nur uns selbst gegenüber offen zu erforschen.

Das Aufblühen des Herzens

Der Geist versucht seit jeher, das Herz zu imitieren, indem er uns mit unserem Fortschritt zufrieden sein lässt. Wenn der Geist erkennt, dass es uns um die wahre Zufriedenheit des Herzens geht, bietet er kultivierte Annäherungswerte als Ersatz an. Der Grund, weshalb es so wichtig ist, diese Fälschungen so schnell zu entziffern ist, dass dieser Ersatz das Herz auf einen sekundären Rang verweist und den Geist in den Vordergrund rückt.

Mit der Zeit wird deutlich, wann der Geist einen Ersatz heraufbeschwört. Der Geist besitzt eine andere Resonanz und Energie als das Herz und hält die Welt in der Perspektive von „Ich und andere". Das Herz nimmt das Leben nicht dualistisch wahr, und wenn diese Sicht der Getrenntheit aufkommt, können wir uns die Frage stellen: „Ist dies das Herz oder der Geist?" Um die Natur der Liebe zu verstehen, lassen Sie allen Widerstand gegenüber der Liebe los, indem Sie die angebotenen Alternativen durchschauen und die natürliche Ausrichtung des Herzens auf die Realität wieder herstellen.

Die Liste der Maskeraden des Geistes ließe sich endlos fortsetzen: Mitgefühl wird zu Mitleid degradiert, Gleichmut zu Gleichgültigkeit, Geduld zu Warten, Hingabe zu Engagement, Zufriedenheit zu Stressminderung, Erfüllung zu Besitzanspruch, Unerschütterlichkeit zu Starrköpfigkeit und so weiter. Es geht nicht darum, diese Erscheinungsformen zu missbilligen, sondern ihre Herkunft zu hinterfragen. Und wenn sie sich vom Geist herleiten, zu erkennen, wonach der Geist fragt. Welches sind die Motivationen und Absichten dahinter? Nur allzu leicht unterliegen wir den angenehmen und einschmeichelnden Qualitäten dieser Geisteszustände und zögern, ihren Bann durch prägnante Fragen zu brechen.

Es geht dabei nicht um eine intellektuelle Untersuchung, sondern um die direkte Erfahrung von Ängsten und Begehren, die die Liebe des Herzens in die Schwindler des Geistes zerfallen lassen. Diese Befragung wird in und durch unseren persönlichen Schmerz führen, sie wird Bereiche von Kontrolle und Eigensinn, Narzissmus und Anspruchsdenken, Kontraktion und Kummer bloßlegen. Kurzum, sie wird uns alles zeigen, was nicht Liebe ist. Der Buddha sagt: „Nimmst du das Falsche für das Wirkliche und das Wirkliche für das Falsche, leidest du an einem Leben der Falschheit, aber wenn du das Falsche als das Falsche erkennst und das Wirkliche als das Wirkliche, lebst du im vollkommenen Wirklichen."[46]

Die Liebe des Herzens findet sich, wenn man alles loslässt, was nicht Liebe ist. Alle mentalen Hochstapler müssen abgelehnt werden, damit die Liebe des Herzens erblühen kann. Liebe bedarf der rigorosen Prüfung einer kompromisslosen Untersuchung, um sich selbst treu zu bleiben. Wenn wir von der Liebe etwas wollen, wird das, was wir wollen, Priorität vor der Liebe bekommen. Wenn wir etwas aus der Liebe machen wollen, werden wir die Liebe in der Form verlieren, die sie repräsentieren soll, und leeren Idolen huldigen. Liebe lässt uns mit nichts außer ihr selbst allein, und in diesem Nichts geschieht es, dass sie aufblüht.

Es gibt eine weitere essenzielle Komponente, die es uns gestattet, den Unterschied zwischen wahrer Ichlosigkeit und ihren Nachahmungen zu unterscheiden, und das ist ein ruhiger Geist.

13

Der ruhige Geist

Sage mir, worauf du achtest, und ich sage dir, wer du bist.

– José Ortega y Gasset

DIE CHARAKTERENTWICKLUNG hat ihren Platz in der spirituellen Praxis und der Buddha spricht häufig über die charakterliche Entwicklung. Er beschreibt, wie ein ausgereifter und gut entwickelter Charakter unter anderen Eigenschaften für Sicherheit und das Geschenk des Nicht-Verletzens von anderen sorgt, indem er uns erlaubt, ein freundliches, nicht urteilendes und warmherziges Gefäß des Zuhörens und der Fürsorge zu sein. Aber Charakterbildung sorgt wirklich für sich selbst, wenn wir uns in die Gesamtheit des Achtfachen Pfades fallen lassen.

Vielleicht wollte der Buddha, dass seine Lehren viele Jahrhunderte überdauerten, und war sich bewusst, dass der Dharma nur weiterleben würde, wenn die vollkommene ethische Sicherheit seiner Darlegung gewährleistet war. Der Buddha bot diesen Schutzschild innerhalb seiner Lehre, indem er viel von dem Firlefanz der spirituellen Traditionen seiner Tage ausräumte. Er erlaubte es seinen Nachfolgern nicht, spirituelle Tricks oder Wunder zu vollbringen, mit erlangten Zuständen oder Ebenen des Erwachens zu prahlen oder ihre Praxis an das Charisma eines Lehrers oder spirituellen Textes zu heften. Stattdessen machte er spirituelle Verwirklichung als natürliche Entwicklung für jedermann erreichbar und gründete seine Lehren auf ethisches Verhalten und Integrität.

Ein Faktor, der große Auswirkungen auf den Charakter hat, ist Samâdhi oder die Stabilität des Geistes. Aufgrund seines energetischen Effekts auf andere Menschen ist der Samâdhi ein Geisteszustand, der leicht andere ausnutzen oder aber als Grundlage für Integrität benutzt werden kann. Der Buddha lehrte Samâdhi aber nur im Zusammenhang mit Weisheit und ethischem Verhalten.[47] Wenn er im Einklang mit dem Achtfachen Pfad praktiziert wird, liefert der Samâdhi die für die spirituelle Verwirklichung nötige Stabilität des Geistes.

Ein stabiler Geist ist still, und aus dieser Stille heraus beobachtet er die Bewegung des Lebens. Wenn diese Ruhe mit der primären Absicht einhergeht, wissen wir, wenn das Ich in Erscheinung tritt, sofort darum. Diese erkennende Qualität ist dem Bewusstsein selbst innewohnend und muss nicht geschult werden. Wenn ich meine Hand zwischen Sie und das, was Sie beobachten, hielte, wüssten Sie sofort, dass da gerade etwas geschehen ist. Dieses Erkennen ist kein Produkt des Denkens, sondern eines des direkten Sehens. Wir müssen einfach nur ausreichend still sein, damit wir dieses reinere Erkennen nicht mit den Geschichten des Geistes verwechseln.

Es gibt geistige Faktoren, die die gesammelte Aufmerksamkeit des Geistes fördern und eine mentale Grundlage für die Akzeptanz emotionaler und psychischer Zustände liefern. Ohne Stabilität springt der Geist von einem Gedanken zum nächsten, so wie ein Mensch von einem Holm eines Barren zum anderen überwechselt, solange seine Füße nicht den Boden berühren. Wir beginnen, indem wir die Konzentration auf ein bestimmtes Objekt kultivieren, und lernen durch dieses systematische Training, das Festhalten an den Holmen der Gedanken zu lösen und uns auf den Boden der Realität fallen zu lassen. Anfangs macht man sich gewisse Gedanken, was unseren Fall auffangen wird, wenn wir nicht an den einzelnen Gedanken festhalten. Allmählich lernen wir, auf den Raum zu vertrauen, der alle Gedanken als Grund trägt. *Dieses entspannte Vertrauen ist Samâdhi.*

Der Raum, der das Denken trägt, war immer gegenwärtig, aber wir spüren ihn nicht, solange wir nach jedem neuen Konzept haschen. Die

Kultivierung der Sammlung hat auf den Raum an sich keinerlei Auswirkung; sie erlaubt dem Geist lediglich, sich aus der Identifikation mit dem Denken herauszulösen. Wenn wir uns ansehen, was geschieht, wenn der Geist das Gefühl für den Raum verliert und in einen Gedanken eingebettet wird, erkennen wir, dass im Grunde nichts wirklich geschieht. Ein Gedanke ist nichts an und für sich; er ist nur eine Vorstellung, nur Worte, die durch den Geist ziehen. Wenn ein Gedanke in den Raum des Geistes aufgenommen und jedem Wort ermöglicht wird, ein Ende zu finden, ohne irgendwohin zu weisen, dann löst sich der Gedanke im Raum auf. Ein Gedanke besitzt keine legitime Realität, außer der Macht, die der Geist der Vorstellung verleiht. Lassen Sie die Vorstellung los, kehrt alles in den Raum zurück.

Dies bedeutet, dass die vom denkenden Geist geschaffene Realität keine Substanz besitzt, was manche Traditionen Leere *(sunnatâ,* skrt. shûnyatâ) oder Illusion *(mâyâ)* nennen. Der Buddha drückt dies folgendermaßen aus: „Die große weite Welt mit ihren Königen und Menschen wird von manchen als wahr angesehen, doch wenn Menschen der Weisheit sie ansehen, erkennen sie ihre Unwirklichkeit."[48] Doch wie auch immer man die Leere nennen mag, bedeutet dies lediglich, dass durch Gedanken gelebtes Leben nicht das ist, was es zu sein scheint, und wir müssen um diese Tatsache wissen. Der Buddha fährt fort: „In der Welt ... wird Substanz in dem gesehen, was substanzlos ist. [Solche Menschen] sind an ihr psychophysisches Dasein gebunden, sodass sie glauben, es gäbe eine Substanz, eine Realität in ihnen."[49] Spirituelle Praxis besteht darin, zwischen der absoluten Wirklichkeit und der vom Geist eingesetzten Realität zu unterscheiden, und für die meisten Menschen ist ein stabiler Geist, der sich auf Samâdhi gründet, wesentlich für diese Aufgabe.

Verfolgen wir diese Linie der Untersuchung etwas weiter, so können wir fragen: „Warum sieht es so aus, als würde sich alles durch etwas bewegen, sei es ein Gedanke durch den Raum oder ein Mensch durch seine Lebenserfahrung? Wenn alles dieselbe Essenz ist, was könnte sich dann überhaupt bewegen?" Wenn wir zu der Analogie mit den parallelen Holmen zurückkehren, scheint der Geist von einer Vorstellung zur nächsten zu wandern, so wie ein Mensch von einem Holm zum anderen turnt. Tatsächlich hält der Geist an einem Holm fest, lässt ihn dann los und greift nach dem nächsten. Diese Bewegung von einer Vorstellung zur nächsten erzeugt den Eindruck eines Lebens im Übergang; aber tatsächlich bewegt sich überhaupt nichts.

Wenn vollkommene Ruhe herrscht und es keinerlei mentale Bewegung gibt, spürt das Bewusstsein das, was sich nicht bewegen kann und sich niemals bewegt hat, die absolute Wirklichkeit, aus der alle relative Realität aufsteigt. Ein Lehrer nennt dies die „Gleißende Dunkelheit". Der Buddha spricht darüber in dem folgenden Abschnitt: „Es gibt einen Zustand, in dem es keine Form mehr gibt. Dies ist ein Zustand ohne gewöhnliche Wahrnehmung und ohne verzerrte Wahrnehmung und ohne einen Mangel an Wahrnehmung und ohne Aufheben der Wahrnehmung. Er ist Wahrnehmung, Bewusstsein, das die Quelle aller grundlegenden Hindernisse darstellt."[50] Da die Gleißende Dunkelheit die Essenz aller Dinge ist, kann sie niemals durch den Geist erkannt werden; sie kann erfahren werden, aber nicht von den Sinnen. Wenn wir vollkommen still sind, spürt der Körpergeist etwas, das jenseits von ihm selbst liegt; er erahnt etwas Dunkles und Mysteriöses, aus dem alles entsteht.

Die Gleißende Dunkelheit zu spüren verändert alles. Zuvor schien das Leben aus dem „Ich" zu kommen; alles geschah „mir" und „ich" war der Brennpunkt und der Urheber der Erfahrung. Nun wird die Ichempfindung als eine Emanation aus etwas viel Größerem gesehen. Alles, wovon wir angenommen hatten, es sei das Leben, einschließlich Körper und Geist, werden von Augenblick zu Augenblick von diesem „Anderen" geboren. Erwachen ist die Erfahrung dieses Gestalt/Hintergrund-Wechsels. Wir erwachen zum Ursprung jeglicher Form und empfinden uns gleichzeitig als Teil seiner kreativen Reaktion.

Die Analogie einer Seifenblase ist zumindest teilweise zutreffend. Wenn die Ichempfindung der Film der Seifenblase ist, der nur ein Molekül dick ist, und unter der Oberfläche des Films ist unendliche Weite, dann tritt alles Leben, wie wir es kennen, auf diesem sehr feinen Film auf. Der Film enthält alle Farben und Schattierungen, die auf der Oberfläche der Seifenblase Erscheinungsbilder formen, aber wenn wir unseren Fokus auf die Erscheinungsbilder des Films lösen, beginnen wir die Weite wahrzunehmen. Wir erkennen uns aus der Perspektive von etwas Größerem, beinahe wie ein Bild, durch das die Weite hindurchscheint.

Der Buddha kommentiert: „Doch was auch immer das Phänomen sein mag, durch das sie ihre Ich-Identität zu bestätigen gedenken, es erweist sich als vergänglich. Es wird falsch, denn das, was nur einen Augenblick andauert, ist trügerisch. Der Zustand, der ohne Täuschung ist, ist Nibbâna: Das ist es, was der Weise als wirklich erkennt. Mit dieser Einsicht in die Wirklichkeit endet der Hunger: Erlöschen, totale Stille."[51]

Samâdhi und der interessierte Geist

Samâdhi bildet die Grundlage für Beobachtung, und von dieser Plattform aus kann das Bewusstsein zu verstehen beginnen, wie sich das Leben um die Ichempfindung herum zusammenzieht und die Welt formt, wie wir sie kennen, und es kann dann nach einer Lösung für das Leiden forschen, das daraus entsteht. Die Erkenntnis ist am klarsten, wenn aus der Stille heraus beobachtet wird, weil sich dann keine ablenkenden Gedanken einmischen. Je stiller wir werden, desto klarer sehen wir und desto tiefer ist die Durchdringung. Dieses entfesselte Bewusstsein ist ein ganz leerer Geist, der in der Lage ist, die Erscheinungen zu durchschauen und die Gleißende Dunkelheit zu spüren.

Es gibt sowohl eine konventionelle als auch eine unkonventionelle Annäherung an den Samâdhi. Bei der konventionellen Methode übt der Geist einspitzige Konzentration, indem er immer wieder zu einem neutralen Objekt wie dem Atem oder einer Körperempfindung zurückkehrt. Mit der Zeit lernt der Geist, seine Aufmerksamkeit längere Zeit auf das Objekt gerichtet zu halten. Nachdem sich unsere Aufmerksamkeit in ihrer Ausrichtung auf das anfängliche Objekt ausreichend stabilisiert hat, wird das Objekt fallen gelassen und der Geist lernt, eine stabile Position innerhalb einer Aufmerksamkeit von Augenblick zu Augenblick zu behalten, indem er unvoreingenommen aller Dinge gewahr ist, die aufsteigen. Schließlich wird die Aufmerksamkeit im Raum des Geistes selbst stabilisiert, ohne sich weiter darum zu kümmern, was innerhalb dieses Raums im Besonderen aufsteigt. Eine stabile Aufmerksamkeit im Raum des Geistes ist Samâdhi. Die unkonventionelle Methode, die wir später erörtern werden, gelangt zu demselben Ergebnis, ohne eine Technik anzuwenden.

Eine Komponente dieser stabilen Aufmerksamkeit ist die Entwicklung von Vertrauen. Vertrauen zeichnet sich durch eine entspannte Haltung gegenüber den Darbietungen des Geistes aus. Der vertrauensvolle Geist ist ohne Verteidigung und souverän inmitten der ganzen Palette mentaler Phänomene und hat keine Angst mehr vor dem, was der Geist enthält. Der vertrauensvolle Geist begreift, dass das Leben nicht durch das Denken charakterisiert wird, und bleibt unabhängig und stabil, während Gedanken durch den Geist strömen.

Wie bereits zuvor erwähnt, gründet sich Samâdhi auch auf ethisches Verhalten, das aus der Weisen Sicht der Verknüpftheit entspringt. Ein harmonischer und stiller Geist erkennt das Einssein. Ein ethisches Leben befreit den Geist von Paranoia und davor, angstvoll über die Schulter zu blicken, ob man auch nicht entdeckt würde. Die Abwesenheit von Angst schränkt die Anzahl von Gedanken erheblich ein und gestattet dem Geist, ruhig und gefestigt zu werden. Wenn Zweifel aufkommen, werden sie leicht losgelassen, weil der stille Geist Zuversicht unterstützt und sich nicht auf die emotionale Intelligenz von Geisteszuständen stützt. Ist der Geist einmal gut in dieser Stille verankert, öffnet er sich der furchtlosen Beobachtung.

Eine andere den Samâdhi unterstützende Komponente, die oft übersehen wird, ist ein Verständnis für das Bedürfnis nach der Verwirklichung eines ruhigen Geistes. Wir schaffen diese Stabilität nicht, weil es in einem Text geschrieben steht oder weil jemand, den wir bewundern, uns gesagt hat, es sei wichtig; wir tun dies, weil wir das Bedürfnis danach verspüren. Dies ist äußerst wichtig, weil der gesammelte Geist durch diese wesentliche Motivation gestärkt wird. Die Ausrichtung unserer Energie wird von unserer Absicht und unserem Ziel beherrscht, und wir stabilisieren den Geist unserem eigenen Bedürfnis entsprechend.

Unsere Motivation zur Verwirklichung von Samâdhi nimmt zu, wenn wir spüren, welche Möglichkeiten die Früchte unserer Praxis enthalten. Je deutlicher wir die Verknüpftheit des Lebens spüren, desto mehr wollen wir verstehen, was uns von allem anderen zu trennen scheint, und desto mehr erkennen wir die Notwendigkeit, unseren Geist zu beruhigen. Der entscheidende Faktor ist nämlich, dass unsere Praxis durch die direkte Wahrnehmung der Verknüpftheit genährt wird, und die meisten Menschen benötigen für diese Wahrnehmung einen ruhigen Geist. Samâdhi wird nun im Rahmen des gesamten Achtfachen Pfades benutzt, unterstützt von Weiser Sicht, Weiser Absicht und Weisem Bemühen.

Die Stabilisierung von Samâdhi wird auch durch ein Verständnis der ersten beiden Edlen Wahrheiten des Buddhismus gefördert.[52] Diese Wahrheiten konstatieren, dass wir unser Unbefriedigtsein dadurch selbst schaffen, dass wir den falschen Wahrnehmungen des Geistes Glauben schenken. Einer der Gründe, weshalb unsere Kultur sich so tief in das Denken verrannt hat, ist, dass wir nicht begreifen, dass unser Leiden durch das Denken geschaffen wird. Wäre uns das bewusst, würde unser Geist sich mit der Schärfe eines Laserstrahls darauf ausrichten zu erkennen, wie wir unseres Elends Schmied sind. Die Menschen würden den Buddhismus unmittelbar verstehen und Aufmerksamkeit würde ihr Leben regieren.

Sobald wir erkennen, wie hoffnungslos wir im Denken verloren sind, und wahrnehmen, wie sehr wir durch dieses Denken kontrahiert sind, sorgt Samâdhi für sich selbst. Die Entschlossenheit des Herzens formiert sich zu einer klaren primären Absicht und wird unerschütterlich in ihrer Entschlusskraft. Wir erkennen die radikale Verantwortlichkeit für all unsere Projektionen und übernehmen die volle Verantwortung für unseren Geist. Der Buddha charakterisiert diese Leidenschaft im *Dhammapada:* „Den ruhelosen, erregten Geist, der schwer zu schützen und schwer zu kontrollieren ist, begradigt der Weise wie ein Pfeilmacher den Schaft eines Pfeils."[53]

Diese entscheidende Entschlossenheit des Herzens ist die anfängliche Grundlage für den Samâdhi und führt uns zu dem unkonventionellen Ansatz seiner Entstehung. Samâdhi folgt dem Interesse, wie das Interesse der Absicht folgt. Wenn unsere Absicht rein und aufrichtig ist, wird ein von Herzen kommendes Interesse geweckt. Der Buddha sagt: „Alle Dinge sind im Interesse verwurzelt. Alle Dinge werden aus der Aufmerksamkeit geboren."[54] Wenn unser Interesse geweckt ist, sind wir still absorbiert und vollkommen im Einklang mit dem gegenwärtigen Augenblick. Dies ist der Samâdhi-Geist, der mehr auf unseren natürlichen Neigungen aufbaut als auf formeller Praxis. Unkonventioneller Samâdhi besitzt den Vorzug, sich frei von einer bestimmten Methode zu entwickeln und daher im Alltagsleben gefördert zu werden. Ich habe viele Menschen kennengelernt, deren Geist sich außerhalb einer formellen Disziplin oder Schulung beruhigt hat, indem sie sich völlig ihren Interessen überantwortet haben.

Meine erste Hospiz-Direktorin war eine Frau von großer Gelassenheit und Konzentration. In ihrem Leben hatte sie viele Tragödien erlebt, wozu auch der plötzliche Tod ihres Kindes gehörte. Es war ihr angesammelter Kummer, der sie ins Hospiz geführt hatte, und es ging ihr voller Liebe und Leidenschaft um ein Verständnis des Todes. Obgleich sie davon angetrieben wurde, ihren eigenen Schmerz zu verstehen, war sie von diesem Schmerz nicht überwältigt und entkräftet, sondern nutzte ihn dazu, sich auf den Schmerz, den sie bei anderen Menschen fand, zu konzentrieren. Wenn sie jemanden begleitete, der im Sterben lag oder Kummer hatte, war sie in diesem Augenblick mit voller Aufmerksamkeit präsent und ihre Umgebung wurde durch ihre Stille transformiert.

Ich war gerade nach Jahren buddhistischer Praxis aus Asien zurückkehrt, und da ich ihr Potenzial spürte, drängte ich sie törichterweise, an einer Klausur in Sitzmeditation teilzunehmen. Sie folgte meinem Vorschlag, hatte aber große Schwierigkeiten, sich auf den Atem zu konzentrieren. Das überraschte mich, da ich sie als einen Menschen mit einem stabilen und harmonischen Geist kannte. Sie sagte, sie habe kein Interesse an ihrem Atem, und fragte sich, wozu diese Übung gut sein solle. Ich versuchte ihr zu erklären, was der Buddha über Samâdhi als wesentlicher Faktor für die Verwirklichung des Einsseins des Geistes gelehrt hatte. Sie sagte: „Das habe ich schon bei jedem Menschen mit Schmerzen, dem ich begegne." Ich realisierte in diesem Moment, was mein thailändischer Lehrer Ajahn Buddhadassa mir jahrelang beizubringen versucht hatte, nämlich dass eine stabile Aufmerksamkeit auch natürlich entwickelt werden kann, ohne längere Klausuren oder Isolation von anderen.

Im Kapitel über Weisen Lebensunterhalt wurde dieses Thema bereits in Hinsicht auf den Arbeitsplatz untersucht, und beim Zusammenhang von Interesse und Samâdhi haben wir es mit etwas Ähnlichem zu tun. Unser natürlicher Samâdhi wird durch unser Interesse geweckt. Interesse kann eine Vielfalt von Formen und Ausdrucksweisen annehmen, aber lassen Sie uns die Aufmerksamkeit auf einen speziellen Bereich des Interesses richten, unseren persönlichen Schmerz. Im Laufe der Jahre ist mir aufgefallen, dass viele Menschen aus helfenden Berufen, wie Psychologen, Sozialarbeiter und Psychiater, aufgrund eigener ungelöster psychologischer Probleme zu ihrem Beruf kommen und dass sie ihren Beruf benutzen, um sich selbst zu verstehen. Dies war auch bei mir der Grund, mich auf das Feld von Tod und Sterben zu begeben. Mich interessierte das Thema, weil ich es noch nicht wirklich verstanden hatte. Wenn diese Professionellen ihren Schmerz nicht nach außen projizieren, können sie die Qualität der therapeutischen Beziehung durch ihr Interesse am Leiden, das sie mit den Patienten teilen, steigern.

Natürlicher Samâdhi steht im Überfluss zur Verfügung, wenn unsere Energie gesammelt und mit der primären Absicht unseres Herzens in Einklang ist. Die Energie, die zur Erforschung des Schmerzes, zur Beendigung unserer persönlichen Geschichte und zur Befreiung des kontrahierten Geistes benötigt wird, ist beträchtlich, aber es gibt keine interessantere und freudvollere Arbeit. Das Herz enthält alle zur Vollendung dieser Aufgabe notwendige Energie, aber nur wenn unsere Aufmerksamkeit nicht durch unsere Verteidigungsmechanismen zersplittert ist. Die Energie und das Interesse werden durch radikale Verantwortlichkeit konsolidiert, indem wir die völlige Verantwortung für unsere Gedanken und Emotionen übernehmen.

Den denkenden Geist und den Emotionskörper erwecken

Eine zentrale Wahrheit der spirituellen Praxis ist, dass wir durch die Vergangenheit hindurchgehen müssen, um zur Gegenwart zu gelangen. Das bedeutet nicht, dass wir unsere Kindheit wiedererleben oder analysieren müssen, sondern heißt, dass wir mit den Überresten unserer Konditionierung aus der Vergangenheit konfrontiert werden, wenn sich unsere Aufmerksamkeit im Hier und Jetzt stabilisiert. Die Vergangenheit ist der unbewusste Geist, und an einem bestimmten Punkt erkennen wir die Notwendigkeit, uns mit einer ruhigen und interessierten Aufmerksamkeit in die unbewussten Bereiche unseres Lebens zu begeben.

Erwachen heißt, jene Bereiche dieser vergangenen Konditionierung aufzudecken und zu erforschen, in denen die Ichempfindung innerhalb eines Musters, Gedankens oder einer Emotion festgelegt bleibt. Der

243

denkende Geist und der Emotionskörper waren seit undenklichen Zeiten durch Schmerz und Unwissenheit kontrahiert, und beide müssen vollkommen dem Licht des Bewusstseins geöffnet werden. Durch die stetige Aufmerksamkeit von Samâdhi steigen wir aus dem angehäuften individuellen, familiären und kollektiven Schmerz aus und treten in eine alles umfangende Präsenz ein.

Aus dem Denken zu erwachen ist wie ein Erwachen aus dem traumartigen Schleier, der die Realität verhüllt. Wir erwachen zu der Natur des Denkens und lassen die falschen Wahrnehmungen los, die dadurch entstehen, dass wir das Leben durch Begriffe betrachten. Gedanken halten uns in einem Kontinuum von Zeit fest, das uns in der dualistischen Welt des „Ich und andere" gefangen hält. Das Streben nach Lust und das Vermeiden von Schmerz, das Bereuen des Gestern und das Hoffen auf das Morgen bilden die Grundlage für unsere mentale Orientierung in der horizontalen Dimension, werden jedoch nur durch unser Denken aufrechterhalten. Sobald wir das Denken als das erkennen, was es ist, werden die Dimensionen von Zeit und Raum in die Unendlichkeit losgelassen und dehnen sich aus wie Luft in einem Vakuum. Und eine neue Dimension öffnet sich, die nicht mehr auf eine lineare Entwicklung aus der Vergangenheit durch die Gegenwart in die Zukunft beschränkt ist. In dieser Dimension wird die Gegenwart allumfassend und die Erfahrung der Zeit wird als ein innerhalb der Realität des Jetzt aufsteigendes Denken gelebt.

Wenn der Geist seinen Widerstand gegen die Stille aufgibt, fließt die Zeit frei von Messungen und das Leben wird nicht mehr um das Thema „Ich" herum organisiert. Die Zeit dehnt sich nicht aus und wird zu etwas anderem; sie läuft einfach nicht weiter und „wir" hören auf, durch sie hindurchzugehen. Die Ichempfindung wird durch Zeit und Aneignung gebildet – Zeit, um zu begehren und zu fürchten, Zeit zu vollenden oder zu eliminieren. Fragen wie: „Wie weit bin ich von meinem Ziel entfernt, wie weit muss ich noch gehen, wann wird dies vorüber sein?", sind Ausdruck einer linearen Beziehung zu Zeit und Raum und fallen mit der Ausdehnung des Jetzt fort.

Diese Maß-Nahmen lassen vermuten, dass die Ichempfindung im Zentrum all dieser Sinnesdaten steht, dass Erfahrungen zu „mir" kommen, so wie die Speichen auf die Nabe eines Rades zulaufen. Was aber geschieht mit dem Umfang, wenn das Zentrum eines Kreises entfernt wird? Der Umfang wird durch das Zentrum definiert und durch seine Entfernung eliminiert, und an seiner Stelle öffnet sich ein weiter unermesslicher Raum. So etwas geschieht auch, wenn das „Ich"-Zentrum still ist, die Sinnesdaten werden dann nicht von „Jemandem" empfangen. Dies lässt das zusammenbrechen, was „mich" umfangen hat, und das Unendliche ist erreichbar.

Viele Menschen brauchen Zeit oder vielmehr Freizeit für dieses Erwachen. Eine Zeit lang in einer Umgebung zu leben, die relativ reizarm und frei von Verantwortungen ist, ermöglicht eine fortgesetzte, beharrliche Erkundung. Es ist schwieriger, doch nicht unmöglich, die Natur der Gedanken inmitten eines turbulenten Alltags zu erforschen. Ein Leben ist deshalb turbulent, weil es voller Reaktionen auf Gedanken ist. Daher stellt es eine Herausforderung dar, inmitten dieser Reaktionen zu leben und gleichzeitig zu versuchen, die Natur genau dieser Gedanken zu erkunden.

Dies ist die Herausforderung für den Laienbuddhisten, dessen Leben häufig von Reizen überflutet ist. Doch selbst in unserem hyperaktiven Leben gibt es geeignete Momente zur Erkundung. Wir können immer unsere Reaktionsmuster hinterfragen und erforschen, wenn uns der Schmerz und die Kontraktion, die aus ihnen entstehen, interessieren. Je mehr unser Interesse geweckt ist, desto stärker konzentrieren wir uns auf die Ursachen unseres Unbefriedigtseins, und desto mehr Samâdhi steht zur weiteren Erkundung zur Verfügung.

Selbst in einem ausgefüllten und aktiven Leben gibt es viele Gelegenheiten für eine stille Untersuchung unseres Geistes. Zeiten, in denen wir allein sind, kommen häufiger vor, als wir glauben mögen, besonders wenn wir bedenken, wie oft wir allein sind, wenn wir uns anziehen, baden, auf die Toilette gehen, meditieren, Auto fahren und so weiter. Verwenden wir diese Zeiten nur um deren Funktionen willen, oder können wir eine zielgerichtete Erkundung durchführen, während wir diese Funktionen ausführen? Es ist wichtig, unsere spirituellen Absichten in unser tägliches Leben einfließen zu lassen, oder aber die Energie dieser Absichten bleibt auf Ebenen des Wunschdenkens.

Den Emotionskörper zu erwecken ist oft eine andere Aufgabe, als den denkenden Geist zu erwecken. Wir besitzen wahrscheinlich tief verwurzelte emotionale Muster, die nicht einfach ihren Griff lockern, nur weil der denkende Geist als das erkannt worden ist, was er ist. Unser Emotionskörper besitzt seine eigene Intelligenz, die häufig von der Weisheit unseres Geistes getrennt ist, und emotionale Weisheit entwickelt sich in einem anderen Tempo. Es ist so, als hätten der denkende Geist und emotionale Gedanken zwei verschiedene Kriterien des Loslassens, beide mit ihrer eigenen Logik und ihrem eigenen Daseinsgrund. Ist der denkende Geist einmal verstanden, sind diese emotionalen Muster meist leichter zu erkennen, aber wenn kein Interesse daran besteht, den in diesen Mustern enthaltenden Schmerz zu verstehen, ist es unwahrscheinlich, dass sie geklärt werden, und wir bleiben an unsere emotionale Geschichte gebunden.

Jeder von uns trägt emotionale Rückstände und Narben aus seinem Leben mit sich herum. Diese Muster haben sich eingeordnet in eine persönliche Story und stecken voller Verteidigungsmechanismen und blitzschneller Reaktionen. Innerhalb eines Wimpernschlages speisen sich Gedanken aus der bestehenden Geschichte, reagieren Verteidigungsmechanismen und erzeugen eine emotionale Reaktion, die wiederum weiteres Denken verursacht und die emotionale Intensität erhöht. Dieser Kreislauf läuft immer wieder ab, mit blitzartiger Geschwindigkeit und mit überzeugenden Rationalisierungen, die alle um unsere Geschichte zentriert sind. Hinter dieser Geschichte und ihren emotionalen Auswirkungen lauert der Schmerz unserer persönlichen Annahmen, die sich oft während unserer ganz frühen Jahre eingelagert haben und einer gründlichen Erforschung bedürfen, wenn wir aus dieser Tretmühle ausbrechen wollen.

Diese Reaktionen des Emotionskörpers können sowohl grober als auch sehr subtiler Natur sein. Mit welcher Widerstandskraft sie sich behaupten, hängt davon ab, ob wir bereits eine lange Geschichte mit ihnen haben und ob sie aus einem lang anhaltenden Familienmuster stammen. Je tiefer sie in der Psyche vergraben sind und je heftiger das Drama ihres Beginns ist, desto hartnäckiger sind sie. Intensive Meditation hat oft nur begrenzten Zugang zu diesen Mustern, und ich habe viele Meditierende erlebt, bei denen eine Komponente ihres emotionalen Reaktionsschemas unverändert erhalten blieb, selbst wenn sie Leere erreichten. Wie alle geschickten Mittel kann Meditation genau denjenigen Problemen ausweichen, die sie eigentlich angehen sollte, bis wir das Interesse und den Mut haben, aufs Neue hinzusehen.

Den Emotionskörper zu befreien erfordert eine andere Ebene der Absicht als das Befreien des Geistes von Gedanken. Es braucht die Bereitschaft, den Schmerz unseres Lebens zu spüren. Eine Grundhaltung, wie etwa Angst, kann sich um unser Leben aus frühen Kindheitserfahrungen herum gebildet haben. Sie wird zu unserer psychischen Haltung und legt die Grundlage für unsere Wahrnehmung. Wir sehen andere und uns selbst aus dieser Haltung heraus. Sie bildet nicht nur den Bezugsrahmen für die Wahrnehmung unseres Lebens, sondern ist so tief verwurzelt, dass sie völlig unbemerkt bleibt. Die Verteidigungsmechanismen sind an ihrer Umgrenzung aufgestellt und das Bewusstsein wird niemals eingeladen, sich auf eine andere Perspektive einzulassen.

Anders als das Denken ist der Emotionskörper ein zu erweckender Bereich, der besser durch die ganze Palette der Aktivitäten im Leben zu verstehen ist als in der Einsamkeit. Emotionale Muster steigen oft durch die Interaktion mit anderen Menschen auf und man bekommt inmitten einer Beziehung viel leichter Zugang zu ihnen. Ein an Beziehungen reiches Leben kann diese Tendenzen häufig auf eine Weise ans Licht bringen, die in einem zurückgezogenen Leben nicht realisierbar ist. Ob diese Reaktionsmuster die Unterdrückung durch unsere Vergangenheit weiter verstärken oder das Herz befreien, hängt davon ab, ob wir die Absicht haben, diese tief verwurzelten Emotionen zur Selbsterkenntnis zu nutzen.

Unsere Absicht, den Emotionskörper zu befreien, wird immer wieder auf die Probe gestellt werden, während wir kopfüber in den Schmerz unseres Lebens hineinrennen. Angesichts der Intensität dieses Schmerzes ist es nicht verwunderlich, dass wir in einem Aspekt des Lebens so frei sein und in einem anderen so feststecken können. Der Geist ist darauf konditioniert, das zu vermeiden, was er fürchtet, und kann sein gesamtes Leben in der Struktur von Vermeidung leben, auch wenn er der Freiheit zugeneigt ist. Es ist durchaus möglich, teilweise erweckt zu sein und dennoch weiter ein emotionales Muster zu vermeiden und von dieser Warte aus überzeugt zu sein, wir seien frei.

Es gut, sich daran zu erinnern, dass der mentale und der emotionale Körper sich für den Schmerz ihrer Annahmen öffnen müssen, und keine Annahme kann umgangen werden, indem man ihre Leere annimmt. Wir können Praktiken wie den Samâdhi benutzen, um uns energetisch über die Ebene des persönlichen Schmerzes zu erheben, ohne uns je direkt mit ihm befasst zu haben. Wenn wir vermeiden, uns den Schmerz zu Eigen zu machen, bewahrt uns das davor, uns mit seinen persönlichen Konsequenzen auseinanderzusetzen. Jeder von uns muss so lange in seiner angenommenen Realität leben, bis er aufhört, an diese Realität zu glauben. Bis wir sie als unwahr erkennen, wird unsere Realität sowohl den Schmerz unserer Vermeidung als auch den unserer Annahmen enthalten. Vermeidung kann nur so lange fortgesetzt werden, bis das Herz uns – so viel wir auch schreien und um uns schlagen mögen – in diese unterdrückten Bereiche schleppt, wo der Schmerz darauf wartet, verstanden zu werden.

Ein weiterer potenzieller Missbrauch von Samâdhi, der einen ganzen Stil von Praxis kennzeichnet, ist das Streben nach immer subtilerer Beobachtung. In dem Maße, in dem der Geist – meist durch eine längere Übung in Zurückgezogenheit – größere Konzentrationskraft entwickelt und ruhiger wird, durchschaut er Erfahrungen beinahe auf einer molekularen Ebene. Wie ein Schüler, der zum ersten Mal die Macht eines Mikroskops entdeckt, können wir diese Ebene an Feinheit äußerst verlockend finden. Die ganze Welt sieht aus dieser Perspektive völlig anders aus, und wir mögen beginnen zu glauben, dass authentische spirituelle Praxis aus der Erforschung dieser feinen Ebenen besteht. An dieser Stelle sollten wir uns daran erinnern, dass es bei wahrer Praxis darum geht, aus der Selbsttäuschung auszubrechen, und dass die Ichempfindung sich in den subtilen Bereichen ebenso festsetzen kann wie in den gröberen Bereichen. Die Natur des Ich zu verstehen, erfordert nicht mehr „Auflösungsvermögen", als uns zur Verfügung steht, wenn wir unser Alltagsleben aufmerksam beobachten.

Eine Emotion, die besonderer Aufmerksamkeit bedarf, ist die Angst. Angst ist die Trumpfkarte des Emotionskörpers, und der Geist ist sehr schnell bereit, diese Karte auszuspielen, wenn er sich bedroht fühlt. In einer Hinsicht ist dem Geist gedient, wenn wir Angst haben, weil die Ichempfindung niemals stärker oder deutlicher definiert ist, als wenn sie in den Fängen der Angst steckt – und je mehr sie sich abgrenzen kann, desto besser. Wir können im gegenwärtigen Augenblick verweilen, das Leben so annehmen, wie es gerade kommt, und plötzlich von Angst befallen werden. Der Augenblick wird aufgesplittert zwischen dem „Ja" des Präsentseins und dem „Nein" der Flucht aus Angst. Angst spielt sich auf zellulärer Ebene ab und ist sehr schwer von der damit verbundenen Story zu trennen.

Die Aufgabe von Angst ist es, uns aus dem Augenblick herauszuheben, weil das Jetzt als unsicher wahrgenommen wird, und uns in die Zukunft zu tragen, wo Sicherheit erlangt werden kann. Der Adrenalinschub, die Kakofonie alarmierter innerer Stimmen und die erhöhte Erregung sind alle auf die Absicherung einer geschützten und beschützten Zukunft ausgerichtet und entfernen uns vom Hier und Jetzt. Biologisch gesehen ist Angst ein Schutzmechanismus, aber wir haben daraus mehr gemacht, als evolutionär beabsichtigt war.

Angst ist außerdem zu einer sekundären Emotion hinter vielen primären Emotionen geworden. Wir können lernen, Angst vor jeder Emotion zu haben, wenn wir Beklemmung mit ihrem Aufsteigen assoziieren. Wir mögen beispielsweise in der Vergangenheit ungeschickt reagiert haben, wenn Zorn aufgetreten ist, und wenn er wieder auftaucht, haben wir Angst, er könne außer Kontrolle geraten. In diesem Augenblick sind wir sowohl wütend als auch ängstlich, wütend zu sein, und haben es mit zwei machtvollen Emotionen zu tun, die uns gleichzeitig überkommen. Oder wir haben eine schwierige Zeit mit einer Depression gehabt, und Angst lauert hinter dem Auftauchen von Depression; sie kompliziert deren Erscheinungsbild und unsere Reaktionen.

Angst hat gelernt, die Ichempfindung mit dem Organismus gleichzusetzen, und tritt auf, wenn eines von beiden bedroht wird. Für die Angst stellt jeder Versuch, aus der Täuschung des Ich auszubrechen, eine feindliche Handlung dar. Da die spirituelle Praxis der Ichempfindung an den Kragen geht, ist offensichtlich, dass Angst eine den gesamten Weg begleitende Emotion ist. Die Angst sticht besonders dann hervor, wenn die Ichempfindung in das Jetzt eintritt, denn das Jetzt beginnt, alle Getrenntheit wegzuschmelzen, und dies kann eine existenzielle Krise hervorrufen.

Angst löst einen allgemeinen Alarm aus, wenn wir uns dem Hier und Jetzt nähern, und dieser Alarm nimmt an Intensität zu, wenn die Ichempfindung an Bedeutung verliert. Angst kann sich in den Schrecken des Nichtseins wandeln. Dieser Schrecken fühlt sich wie etwas ganz Elementares an, aber er ist immer noch Angst und arbeitet wie alle Angst, indem er das Denken in eine Erwartungshaltung hinsichtlich der Zukunft manövriert. Wenn wir erkennen, dass Angst nicht die Wahrheit, sondern nur eine projizierte Realität ist, die sich aus einer starken narrativen Reaktion auf den gegenwärtigen Augenblick zusammensetzt, kann uns das helfen, durch die Angst hindurchzusteuern.

Mit einiger Übung nehmen wir eine „Komme, was wolle"-Haltung gegenüber der Angst ein. Aus der Angst etwas Reales zu machen würde uns in den Glauben an den denkenden Geist und den Emotionskörper zurückfallen lassen. Wir tun einfach nichts mit der oder gegen die Angst. Dieses Nichttun zeigt uns die Leerheit der Angst und bringt uns in das Jetzt, wo sie sich nicht halten kann und sich auflöst. Mit dem Schmelzen der Angst verliert der Geist den letzten Rest der ihn unterstützenden Macht, und das Jetzt tritt voll in Erscheinung.

14

Die Auflösung des Paradoxes

Selig sind die, die bereits waren, bevor sie wurden.

– JESUS *im Thomasevangelium*

IM PHYSIKKURS unserer Schule wurden zwei übliche Experimente durchgeführt, die eindeutig zeigen sollten, ob Licht eine Welle oder ein Teilchen ist. Der Lehrer sagte uns, nach den bekannten physikalischen Gesetzen sei es unmöglich, dass das Licht beides sei. Das eine Experiment zeigte deutlich, dass Licht aus Teilchen besteht, und das andere gleichermaßen zuverlässige Experiment zeigte unwiderlegbar, dass Licht eine Welle ist. Der Lehrer sagte uns, diese beiden paradoxen Ergebnisse ließen sich nicht miteinander vereinbaren, auch wenn die Wahrheit beider zu beweisen sei.

Ein anderes Beispiel für das der Realität innewohnende Paradox zeigt sich, wenn Wissenschaftler zwei paarige Elektronen, von denen eines einen Spin im Uhrzeigersinn, das andere einen Spin gegen den Uhrzeigersinn besitzt, durch eine sehr große Entfernung voneinander trennen. Wenn die Experimentierenden den Spin eines der Elektronen ändern, verändert das andere seinen Spin ebenfalls augenblicklich. Dies geschieht nicht mit einer durch die Lichtgeschwindigkeit vorgegebenen Verzögerung, was bedeuten würde, dass eines der Elektronen mit dem anderen kommuniziert, sondern unmittelbar, als wären die beiden ein und dasselbe Teilchen. Doch aus der Perspektive des Beobachters gesehen, sind die beiden nicht eins; sie sind unbestreitbar zwei, die viele Kilometer voneinander entfernt sind, sodass eine unmittelbare Veränderung eigentlich unmöglich ist. Solche Eigenheiten im Quantenbereich veranlassten den Physiker und Nobelpreisträger Richard Feynman zu der Aussage: „Niemand versteht Physik."

Wie nimmt der Geist ein Paradox auf, einen unbegreifbaren Satz von Tatsachen, die vollkommen unvereinbar miteinander sind? Im Dharma treten wir in eine Welt von Paradoxen ein, die Welt eines unergründlichen Mysteriums. Wir nehmen die Welt als etwas wahr, das Substanz besitzt und mit Festigkeit und Gewicht ausgestattet ist, und dieses Material kann man messen und damit seine Existenz beweisen. Doch wenn der Geist durch Meditation ruhig wird, können wir die Substanzlosigkeit aller Dinge direkt erfahren. Wie kann etwas Substanzielles, das man durch Messungen verifizieren kann, gleichzeitig substanzlos sein? In einem vorhergehenden Kapitel haben wir über radikale Verantwortlichkeit gesprochen, über die Bereitschaft anzuerkennen, dass alle Projektionen, Emotionen und Vorstellungen aus uns selbst kommen, und das Hauptthema dieses Buches ist die „ichlose", also nicht an sich und aus sich selbst existierende Natur aller Existenz. Wie können völlige Verantwortlichkeit und die Leerheit des Ich nebeneinander bestehen?

Im Laufe unseres Lebens müssen wir Pläne für die Zukunft machen und vergangene Beziehungen würdigen. Gleichzeitig aber gibt es nur das zeitlose Jetzt und vergangene und zukünftige Zeit sind bloße Abstraktionen, die aus dem Jetzt entstehen. Zeit und die Zeitlosigkeit gehören irgendwie zu ein und derselben Wirklichkeit.

Es gibt Augenblicke, in denen wir die absolute Vollkommenheit des Unvollkommenen erkennen, in der nichts verändert werden muss – und doch gibt es in der Welt verhungernde Kinder und endlose Kriege. Wie kann das sein? Wir haben auch gesehen, wie Gedanken und Emotionen unsere Ichempfindung antreiben und definieren, aber wenn wir uns einen Gedanken näher ansehen, ist er immateriell und kann nicht genau beschrieben werden. Was ist ein Gedanke oder eine Emotion; was ist irgendetwas? Niemand kann uns das mit Gewissheit sagen.

Ein Paradox bringt unsere Schaltkreise durcheinander, schafft Verwirrung und fordert unser Vertrauen in die Realität heraus. Der Geist möchte einen Standpunkt beziehen und Gewissheit haben, indem er sagt: „Licht ist eine Welle und ich kann es beweisen." So möchte er alle Zaubertricks auflösen und alle Abweichler fein in die eine wahre Realität hineinpressen.

Und doch erzählt uns die Wissenschaft, dass das Wunderland subatomarer Teilchen eine amorphe Wolke von Möglichkeiten ist, ohne bestimmte Fixpunkte und ohne fest zu umreißende Existenz in der Realität. Die Teilchen sind unmöglich festzunageln und genau zu lokalisieren; ihr Standort kann lediglich durch statistische Wahrscheinlichkeit angegeben werden, nicht aber mit messbarer Gewissheit. Sie können in der Tat nicht kalkuliert werden, weil der Beobachter und die bei der Beobachtung verwendeten Instrumente Teil des gesamten Systems sind, das wir zu messen versuchen.

In der widerspenstigen Welt des ganz Kleinen kann dasselbe Teilchen im selben Augenblick an zwei verschiedenen Stellen sein und plötzlich völlig verschwinden; beide Erscheinungen des Teilchens sind da und zugleich nicht da oder irgendwo dazwischen. In Klausuren, bei denen Samâdhi verfeinert und geschärft wird, kann diese willkürliche und chaotische Aktivität auf der Zellebene direkt erfahren werden, während der Praktizierende durch die begrifflichen Schichten des Geistes hindurchgeht. Das Entstehen und Vergehen einer Empfindung kann mit einer solchen Geschwindigkeit ablaufen, dass dies den Meditierenden veranlasst, die Festigkeit eines jeden Objekts infrage zu stellen. Aber wenn wir durch unsere Augen nach außen blicken, erscheint die Welt der Objekte, die wir kennen, glatt, stetig und sicher. Nichts verschwindet ohne Grund, und alle Dinge folgen dem natürlichen Rhythmus und den herrschenden physikalischen Gesetzen des Universums. Es sieht so aus, als forme das Bewusstsein diese unbestimmten und verschwommenen Gestalten zu festen und vorhersehbaren Objekten. Die ungeordnete Welt des Kleinen scheint durch Gedanken in Schach gehalten zu werden, und unsere Begriffe schaffen die Gewissheit einer Realität, damit das Leben mit einiger Verlässlichkeit gelebt werden kann. Aus der Wolke an Möglichkeiten heraus zwingen unsere Vorstellungen und Schlussfolgerungen diese unvorhersehbaren Teilchen an einen exakten und bestimmbaren Platz und setzen ein Objekt in Beziehung zum anderen. Aufgrund der mentalen Landkarte unseres Bewusstseins können wir mit Gewissheit sagen: „Ja, die Straße, die Sie nehmen müssen, biegt rechts neben der großen Eiche ab."

Um aus dem Chaos eine Weltanschauung zu bilden, müssen wir eine Seite des Paradoxes dazu zwingen, wahr zu sein; metaphorisch gesprochen machen wir in diesem Augenblick des Wählens Licht zu einem Teilchen und es kann dann keine Welle sein. Aber die Wirklichkeit besitzt keine spezielle Konfiguration oder Identität; sie ist verformbar, jeweils abhängig vom Bewusstsein des Beobachters und/oder des kollektiven Bewusstseins der Spezies an diesem Ort. Das Vermögen des Geistes, sich auf eine Konklusion zu fixieren, bestimmt die Form der gerade vor einem liegenden momentanen Realität. Da die Realität von einem Augenblick zum nächsten und von Mensch zu Mensch nicht völlig willkürlich zu sein scheint, trägt das kollektive Bewusstsein die Art und Weise, auf die Realität nach der konditionierten Ansicht der Spezies zu sein hat, und diese Konsensrealität verändert sich, indem sich das kollektive Bewusstsein entwickelt.

Objekte verhalten sich den allgemein akzeptierten Glaubensvorstellungen des kollektiven Bewusstseins entsprechend. Wir mögen fragen: „Wenn das wahr ist, warum kann ich dann nicht die Wände hinaufgehen?" Wir können das nicht, weil wir nicht glauben, es zu können. Wenn eine Glaubensvorstellung innerhalb einer Spezies konditioniert wurde, verhärtet sie sich zu einer kollektiven Gewissheit und lässt die Welt innerhalb dieser Anordnung erstarren. Sie macht das Gesetz nicht unflexibel; sie macht es zur konditionierten Meinung. Wunder können von einem Geist hervorgebracht werden, der nicht mehr innerhalb des kollektiven Bewusstseins fixiert ist und nicht an die festgelegte Natur der Realität glaubt.

Wir können durch eigene Erfahrung verstehen, wie dies funktioniert, indem wir erkennen, wie Sprache unsere Realität formt. Wenn wir Realität durch ein Wort sehen, pressen wir ein unendliches Spektrum an Möglichkeiten in eine spezifische Form, die von diesem Begriff bestimmt wird. Wo es vor der Verwendung des Begriffs eine gewisse Verschwommenheit gab, gibt es jetzt, da wir ein Objekt bei seinem Namen genannt haben – wie etwa „Baum", „Wecker" oder „Thomas" –, eine exakte Definition. Wenn zum Beispiel unser Geist still ist, ist die Ichempfindung vage und unausgeprägt, aber wenn jemand unseren Namen ruft, kommen wir zurück zu einem klaren Gefühl unserer selbst. Sobald der Name die Wahrnehmung beherrscht, wird durch dieses Konzept eine Reihe von veränderlichen Gesetzen aktiviert. Eine Reihe von Gesetzen, die beispielsweise durch das Wort „Ich" ins Leben gerufen werden, sind Alter, Krankheit und Tod. Diese herrschenden Gesetze existierten vor dem Ursprung des Begriffs nicht, weil es da kein „Ich" gab, das sterben kann.

Das „Ich", das jemand geworden ist, wird nun von den Gesetzen der Zeit beherrscht. Diese Gesetze entstehen mit der Benennung meiner selbst, denn wie in den vorhergehenden Kapiteln dargelegt, setzt sich die Ichempfindung aus vergangener und zukünftiger Zeit zusammen. Genau die Gesetze, die erst durch Identifikation mit dem Begriff entstanden sind, herrschen jetzt über mich. Unser Ableben durch Tod und Sterben wurde zu einer Gewissheit, indem wir uns mit einem einzigen Wort identifiziert haben. Aus der Dimension, in der das Wort existiert, wo ein Baum ein Baum, ein Wecker ein Wecker und Thomas Thomas ist, entspringen alle veränderlichen Gesetze, einschließlich des Gesetzes der Vergänglichkeit und der Gesetze von Zeit und Raum.

Gegen das Paradox Stellung beziehen

Das Leben ist von Natur aus paradox und daher nicht darauf ausgerichtet, sich auf eine bestimmte Weise zu manifestieren. In seinem ursprünglichen Zustand ist das Universum ohne Form, ohne Eigenschaften und ohne herrschende Gesetze. Es ist Bewusstsein, das die Formlosigkeit in eine Form bringt. Eine heute vorherrschende wissenschaftliche Theorie ist der Ansicht, dass Materie in ihrem grundlegendsten Ausdruck aus unendlich kleinen vibrierenden Energiesaiten, den sogenannten Strings, besteht. Diese Strings bilden, abhängig von ihrer jeweiligen Schwingungsrate oder „musikalischen Resonanz", verschiedene subatomare Teilchen. Ein String mit einer bestimmten Schwingungsrate bildet ein Proton; ein anderes, das in einer anderen Frequenz schwingt, bildet ein Elektron. Diese Vibrationsrate bestimmt letzten Endes das Element, das erzeugt wird, und schließlich, ob etwas ein Baum oder ein Felsen ist.

Die Stringtheorie, wie dieser Zweig der modernen Physik genannt wird, sagt nichts über die nächste naheliegende Frage: Was bestimmt die Vibration eines jeden Strings? Diese Frage verweist auf die Schnittstelle von Wissenschaft und dem Spirituellen. Obwohl niemand wirklich weiß, was auf dieser Ebene der Realität geschieht, scheint es offensichtlich zu sein, dass die Schwingungsrate durch das Bewusstsein verursacht wird. Das könnte helfen, die physikalische Dynamik zu erklären, durch die Form durch Bewusstsein aus dem Formlosen aufsteigt. Die Stringtheorie mag nicht einmal beweisbar sein, aber intuitiv macht sie Sinn und ist geeignet, den Geist auf das Wunderbare einzustimmen. Wenn der Leser die Geduld aufbringt, der folgenden begrifflichen Darstellung zu folgen, werden wir diese intellektuelle Analogie in den Bereich direkter Erfahrung hinein weiterführen und jegliches Paradox in der letztendlichen Freiheit auflösen.

Ein Paradox ist ein Mysterium, weil die Gesamtheit nicht erkennbar ist. Der Geist wird durch ein Paradox ausgeschlossen und kann keinen Zugang zu ihm finden, was ihn verwirrt macht. Die Existenz des Geistes hängt von der Bildung einer Schlussfolgerung innerhalb des Paradoxes ab, davon, dass er das Leben erkennbar macht, womit er gleichzeitig das Wunderbare ausschließt. Der Geist macht Überstunden, um ein Geheimnis zu lösen und es so schnell wie möglich zu eliminieren. Trotz des Versuchs des Geistes, sich die Verwirrung vom Leibe zu halten, fühlen wir uns doch zu dem Unerkennbaren hingezogen, weil in seinem Mysterium eine tiefe Freude lockt. Es ist wie beim Lesen eines guten Krimis – Freude und Interesse begleiten ein Paradox.

Sobald sich der Geist mit einer Antwort auf das Paradox zufriedengibt (Licht ist eine Welle), entsteht ein Gegensatz zu dieser Antwort (Licht ist ein Teilchen). Weder Partikel noch Welle existierten als solche im Paradox; es war die Vorstellung, die die Realität beider schuf und das eine in Gegensatz zum anderen setzte. Dies wird wohl deutlicher werden, wenn wir zu dem zurückkehren, was wir im zweiten Kapitel über das horizontale und das vertikale Universum gesagt haben. Diese Analogie besagt, dass das entlang der horizontalen Dimension ausgebreitete Universum die Weise ist, wie die meisten von uns üblicherweise die Welt sehen. Wir sind alle hier, voneinander getrennt und von der Zeit beherrscht. Die physikalischen Gesetze und Eigenschaften dieser Realität beherrschen jegliche Wahrnehmung und Bewegung. Es wird deutlich, dass wir uns entschlossen haben, in einer Hälfte des Paradoxen zu leben und die andere Hälfte, die wir das vertikale Universum genannt haben, zu vermeiden.

Das vertikale Universum umwölkt die genaue und definitive Natur unseres horizontalen Universums. Wenn wir einem Universum gegenüber dem anderen den Vorzug geben, bekommen wir, was diese Welt uns bietet, nicht aber die ganze Geschichte. Die Horizontale gibt uns Geist, aber kein Herz, Struktur, aber keine Spontaneität, Erklärung, aber kein Geheimnis, Vorstellung, aber keine Kreativität, und Bestimmung, aber keine Wunder. Wir können nicht beides haben; wenn wir das eine wählen, verlieren wir das andere. Licht ist entweder eine Welle oder ein Teilchen.

Einige Mystiker haften an der Leere und leben philosophisch im vertikalen Universum der Zeitlosigkeit. Diese Menschen hängen an der Vorstellung von Freiheit und versuchen den Fesseln der Zeit mental zu entfliehen und in der Einheit des Einsseins zu leben, weigern sich jedoch, sich dem Einzelmenschen mit seinen Bedürfnissen und Wünschen anzuschließen. Sie ziehen es vor, außerhalb der kulturellen Konditionierung zu leben, und tun individuelles Leiden als Verirrtsein in eine bedeutungslose persönliche Geschichte ab. Sie glauben, sie könnten tun, was sie wollen und mit wem sie wollen, weil Individualität Ignoranz sei, die sich auf eine fehlgeleitete und falsche Wahrnehmung des Ich gründet. Ein kühner Mangel an Einschränkung ist ihre einzige Richtlinie. Aber auch ein solches Leben ist auf eine Hälfte des Paradoxes festgelegt und dazu verurteilt, sich in Rebellion gegen seinen antithetischen Zwilling auszuleben. Beide Universen bestätigen sich selbst durch ihre eigenen Gesetze und negieren ihr Gegenstück auf derselben logischen Grundlage.

Das Verständnis dieser Mystiker von Leerheit basiert oft auf einer authentischen Einsicht. Sie mögen die Formlosigkeit innerhalb der Form (das senkrechte Universum) unmittelbar erkannt haben, und es mag sich anfühlen, als hätten sie die Hand Gottes berührt. Doch diese Einsicht kann schnell zu einer Einstellung und zu einem Haften an einer Vorstellung werden. Sie mögen aus dieser Einsicht verkünden: „Die Welt ist leer. Alles ist Gott. Ich bin eins mit allem." Ihre Schlussfolgerungen sind so überzeugend, weil sie tatsächlich die Natur der Nicht-Dualität geschaut haben, und die steht in so deutlichem Kontrast zu dem, was sie zuvor gekannt haben (das waagerechte Universum). Es ist ihr Haften an dieser Überzeugung, was die Wahrheit zu einer Meinung macht und sie aus dem Paradoxen hinauswirft. Es ist wie bei Michelangelos unvollendeter Statue, die „Erwachender Sklave" genannt wurde und die eine Gestalt darstellt, die darum ringt, sich aus dem Stein zu befreien: Die Wahrheit wird durch die Kraft der Überzeugung in eine Definition gebracht.

Wenn wir uns das Zitat vom Buddha aus dem vorigen Kapitel noch einmal ansehen, fängt es an, in Hinblick auf das Paradox Sinn zu machen. Beachten Sie, dass sich diese Äußerung beinahe wie eine Definition des Paradoxes liest: „Es gibt einen Zustand, in dem es keine Form mehr gibt. Dies ist ein Zustand ohne gewöhnliche Wahrnehmung und ohne verzerrte Wahrnehmung und ohne einen Mangel an Wahrnehmung und ohne Aufheben der Wahrnehmung. Er ist Wahrnehmung, Bewusstsein, das die Quelle aller grundlegenden Hindernisse darstellt."[55] Wenn Wahrnehmung sich um eine Wahrheit, Einsicht, Idee, ein Bild, einen Namen oder jeglichen anderen Ausdruck von Form oder Formlosigkeit formiert, transformiert die Wahrnehmung die Wahrheit in etwas, das sie niemals war. Wahrnehmung isoliert die Wahrheit und lässt sie für sich stehen, indem sie diese Wahrheit aus dem Paradox herauszieht, wo sie innerhalb ihres Gegenteils verweilte. Es ist wichtig, sich in Erinnerung zu rufen, dass nichts allein und aus sich heraus isoliert dastehen kann, weil nichts allein und von irgendetwas abgetrennt ist.

Im Paradox ruhen

Wie leben wir innerhalb des Paradoxes? Wie leben wir mit dem Umstand, dass Licht ein Teilchen und eine Welle ist, mit der Leere des Ich und der Fülle unseres Daseins, mit einer Sehnsucht, etwas zu schaffen, und der Tatsache, dass es nichts zu tun gibt, mit Zeit, Entfernung und Messungen und der Gleißenden Dunkelheit der Zeitlosigkeit? Die meisten von uns haben sich dafür entschieden, eine Hälfte der Wirklichkeit anzunehmen und es der Sprache und den Gesetzen dieser Hälfte zu gestatten, uns im Gegensatz zu unserem Gegenstück zu beherrschen.

Wir haben uns für die Konsensrealität unserer Spezies entschieden, für den Glauben, dass jeder von uns eine tatsächliche und gültige Ichempfindung hat und von den anderen getrennt ist. Wir haben beschlossen, wie seien Teilchen, und haben uns dafür entschieden, unsere Wellennatur außer Acht zu lassen. Wenn wir unsere spirituelle Praxis ausschließlich durch die Ichempfindung praktizieren, sperren wir uns selbst in den Gesetzen und den Wahrheiten des horizontalen Universums ein. Das Universum des „Ich" ist jedoch nur die Hälfte des Paradoxes; Ichlosigkeit ist die andere Hälfte, und die Absicht dieses Buches bestand darin, die Waagschalen wieder ins Gleichgewicht zu bringen und die beiden zusammenzuführen.

Nun lassen wir jedoch Ichlosigkeit, Einsichten, Verwirklichungen und alle mystische Terminologie hinter uns. Wir überlassen unsere spirituellen Traditionen, unsere vernunftmäßigen Erklärungen und Praktiken, wir überlassen den Geist, das Herz und unsere Liebesbeziehung Gott. Dies sind alles Worte, Bilder und Vorstellungen, die aus der optischen Täuschung eines einseitigen Universums gewonnen wurden. Wir sind mit all dem fertig. Wir haben erkannt und verstanden, wie es uns fesselt, und wir sind damit fertig. Aber wie lösen wir die verbleibenden Unstimmigkeiten? Wo gibt es einen Berührungspunkt der getrennten Universen, der in keinem der beiden Bereiche liegt und in dem Widersprüche als ein Ganzes zusammenwohnen und nicht mit Gegenargumenten begegnet werden?

Im Schnittpunkt des senkrechten und des waagerechten Universums liegt die Wirklichkeit dessen, was ist. Dieser Nullpunkt im Schnittpunkt der x- und der y-Achse liegt nicht ausschließlich in einem der beiden Universen oder wird von diesem definiert, sondern er enthält beide. Tatsächlich existiert in der Schnittstelle keines der beiden Universen, aber wir können nicht sagen, dass sie nicht existierten. Hören Sie noch einmal den Buddha, wie er Wahrnehmung weder bestätigt noch negiert. „Dies ist ein Zustand ohne gewöhnliche Wahrnehmung und ohne verzerrte Wahrnehmung und ohne einen Mangel an Wahrnehmung und ohne Aufheben der Wahrnehmung." Ein Punkt hat keine Dimensionen; er gründet sich nicht auf einer Logik, auf Vorstellungen oder Erwartungen und kann nicht mit einem Namen benannt werden. Ein Punkt enthält keine Wahrheit als Orientierung und ist die Essenz von Leere.

Er enthält nichts, ist aber etwas. Wenn wir als Punkt verweilen, werden wir wundersam gegenstandslos.

Wir wollen uns nun den pragmatischen Auswirkungen zuwenden, die dieses Paradox auf die Entdeckung von Freiheit hat, und sehen, wie dies in direktem Zusammenhang mit unserem spirituellem Leben steht. Die beiden gegensätzlichen Ansichten innerhalb des spirituellen Paradoxes sind: 1. die Annahme, alles besäße eine ihm inhärente Realität, oder 2. die Annahme, alles sei leer und illusorisch. Wenn wir alles als real annehmen, wie es der Geist wahrnimmt, ist keine Freiheit möglich, weil sich individuelle Objekte nicht in eine harmonische Beziehung zueinander zwingen lassen. Wenn wir annehmen, alles sei leer, gibt es keinen Reiseweg oder Praxis; das ist alles eine Illusion und wir waren schon immer frei. Innerhalb ihrer gesonderten Bereiche verfügt jede Ansicht über überzeugende Argumente gegen ihr Gegenstück und verifiziert sich innerhalb ihrer eigenen Perspektive selbst.

Um das Gleichnis vom Garten Eden zu verwenden: Ursprünglich wussten wir nichts von einer Getrenntheit, aber die Vorstellung kam auf, dass wir getrennt wären, und sofort manifestierten sich zwei Universen. Aus der Sichtweise der Getrenntheit entstanden die entgegengesetzte Sicht von Freiheit und Einssein sowie das Bedürfnis, in den Garten Eden zurückzukehren. Sobald diese beiden Welten in Erscheinung traten, begann der Mensch darum zu ringen, der einen zu entfliehen und in die andere zu gelangen, und es entstand die Zeit, die benötigt wird, um sich aus einer Welt heraus in die andere hinein zu entwickeln. Wandel, Einschränkung und Kontraktion sind die Eigenschaften, vor denen wir flüchten, und das unendliche zeitlose Mysterium ist das Ziel, auf das wir uns zubewegen. Jetzt stehen die beiden Welten untrennbar einander gegenüber, während im Garten Eden einfach nur das ist, was ist.

Haben wir erst einmal ein Objekt namens Freiheit geschaffen, begrenzen wir uns auf die Hälfte der paradoxen Gleichung. Fesseln treten auf, und wir benötigen Techniken und Lehrer, die uns helfen, dem zu entkommen. Wir denken, Freiheit bestünde darin, von etwas frei zu sein, sei es vom Geist, von Unwissenheit, Verwirrung oder Samsâra[56], und Nirvâna liege am anderen Ende der Straße. Ist diese Realität einmal angenommen, wird das Problem real und wir suchen das Nirvâna in weiter Entfernung von Samsâra. Aber der Buddha sagt, *das Paradox selbst sei Nirvâna*, und sobald die Vorstellungen von Fesseln und Freiheit auftreten, würden wir nicht mehr in der Freiheit ruhen, die wir als ein Leben ohne Konzeptualisierung des jeweiligen Extrems definieren können.

So wie die Vorstellung des Lichts als Teilchen oder Welle, ist die Vorstellung von Freiheit untrennbar von der Vorstellung von Fesseln; sonst werden die beiden unvereinbar. Wenn nichts aus dem Paradox extrahiert wird, gibt es nur die Totalität, nur Bewusstsein, nur das, was ist. Bewusstsein schafft keine Vorstellung, die es zu überwinden gilt, kein Problem, das zu lösen ist, oder eine Lücke zwischen dem, wo wir sind und wo wir sein müssen. Ohne den Begriff der Fesseln gibt es keine Freiheit, die erlangt werden muss.

Es besteht kein Anlass, der Befreiung nachzujagen, weil die selbst geschaffene Vorstellung der Fesseln aufgehoben worden ist. Innerhalb des Paradoxes zu verweilen löst die Spannung zwischen den beiden im Konflikt miteinander stehenden Sichtweisen. Die Ansichten brechen zusammen und es bleibt nur Bewusstsein. Freiheit offenbart sich überall, im Denken, in der Konfusion, in Unwissenheit und in Emotionen. Überall. Da alles eins ist und schon immer gewesen ist, was könnte da Fesseln schaffen? Das Spiel bestand nie darin, sich von der Ichempfindung fort auf Freiheit hin zu bewegen, sondern darin, mit keinem Aspekt des Lebens zu ringen und im Paradox zu ruhen. Der Buddha drückt dies folgendermaßen aus: „Wo es weder Entstehen noch Vergehen gibt, gibt es weder diese Welt noch eine Welt darüber hinaus, noch einen Zustand zwischen ihnen. Dies ist wahrhaftig das Ende des Leidens."[57] Wir müssen gewillt sein, das Spiel zu beenden und es beiseitezulegen; wir müssen gewillt sein, das Falsche als das Falsche zu erkennen, um weitergehen zu können.

Dieses neue Verständnis von Freiheit negiert nicht die Evolution; es stellt sie in einen Zusammenhang. Plötzlich sind die Zehn Pâramitâs[58] oder Vollkommenheiten des Geistes nicht getrennte und unterschiedliche Züge, die kultiviert werden müssen, sondern ganzheitliche und vollständige Komponenten des Bewusstseins, so wie Licht alle Farben des Regenbogens enthält. Praxis ist keine Bewegung von innerer Armut zur Erfüllung, sondern ein reiner und natürlicher Ausdruck von Freiheit. Tägliche Aktivitäten sind Offenbarungen des Wunderbaren und alles wird zu einem Ausdruck von Wunder und Mysterium.

Der buddhistische Laie sitzt dort, wo die Gegensätze aufeinandertreffen, und verweilt an der Schnittstelle der miteinander im Widerstreit stehenden Universen. Der Nullpunkt enthält alle Gegensätze. Da nichts von Freiheit getrennt ist, ist nicht einmal ein Augenblick des Vergessens problematisch. Wir suchen keine Zuflucht vor unserem Leben, wir betrachten das Leben nicht als einschränkend und wir kreieren keine Probleme aus unserem Leben. Unser Leben ist Freiheit.

Wenn die Ichempfindung in Erscheinung tritt, manifestiert sie sich als Widerstand gegen einen Aspekt des Lebens und befindet sich bereits außerhalb des Paradoxes. Das Erscheinen des Ich liegt aber immer noch innerhalb der Vollkommenheit der Totalität, wird aber nicht als solches anerkannt. Wir bekommen dann das Gefühl, wir müssten etwas gegen diesen vermeintlichen Verlust der Vollkommenheit unternehmen und zum Garten Eden zurückkehren, aber jegliche Bewegung, die das Ich macht, verzerrt das Paradox nur noch mehr. Wenn wir den Widerstand ablehnen, versuchen wir, sein Erscheinen durch ein Gegenargument aufzuheben. Wir versuchen, Teilchen von Wellen zu trennen. Wenn wir ihn in Ruhe lassen, folgt keine Auseinandersetzung. Wenn wir nicht auf das Gefühl reagieren, kehrt alles zu seiner essenziellen paradoxen Natur zurück. *Der Selbsttäuschung zu entkommen heißt tatsächlich, die Ichempfindung in Ruhe zu lassen.*

Viele von uns ringen ständig mit ihren Begrenzungen. Wir verstehen Befreiung als Transzendierung unserer Eingrenzung, Transzendierung unserer Wut, Angst und unseres Grolls, als Transzendierung des kleinen „Ich" unseres Lebens. Befreiung und Begrenzung, das kleine „Ich" und das Unendliche, sind jedoch ein und dasselbe. Wenn wir uns als begrenzt wahrnehmen, brauchen wir eine Lehre, um diese Wahrnehmung zu kompensieren und auszugleichen. Die Lehre Buddhas entsteht aus dieser Wahrnehmung der Begrenzung und endet im Paradox der Totalität. Wir haben uns unbewusst dem Paradox widersetzt; jetzt erlauben wir dem Paradox bewusst, uns zu übernehmen. Die ganze Lehre ist ein geschicktes Mittel, sich dem Paradox zu überantworten. Sobald wir es in Ruhe lassen, kann das Bewusstsein zu seinem natürlichen und erwachten Zustand zurückkehren.

Dies ist das Ende der Weisen Sicht und des Achtfachen Pfades. Weise Sicht wurde anfänglich benutzt, um uns auf dem Weg zu halten und uns dann, wenn die Ichempfindung sich Aktionen von Körper, Rede und Geist aneignete, darauf aufmerksam zu machen. Der Achtfache Pfad war eine Kompensation für unser beharrliches Bedürfnis, unsere Wahrnehmung aufzuteilen und Wahrnehmungen zu isolieren, und er glich eine Welt der Fehlwahrnehmungen aus, die aus isolierten Einheiten bestand. Die Wahrheit ist letztlich keine Art und Weise, die Wirklichkeit wahrzunehmen, sondern ein Loslassen aller Standpunkte. Der Achtfache Pfad war niemals darauf angelegt, uns auf eine festgelegte Weise auf die Realität einzustimmen, weil die Realität genauso wenig festgelegt ist, wie wir es sind. Weise Sicht schaltet sich ein als eine Seite der Wahrheit, deren Totalität keine zwei Seiten kennt. Vom Nullpunkt aus gesehen, ist Weise Sicht in keinerlei Weise besser oder weiser als Selbsttäuschung.

Die Reise des Erwachens ist mit der Erkenntnis vollendet, dass sich alles schon immer um sich selbst gekümmert hat. Das Bewusstsein erwacht zu dem Umstand, dass es niemals geschlafen hat noch hätte schlafen können; es hatte nur geglaubt, es befände sich im Schlaf. Absichten, die unser Bemühen antreibende Energie, von denen wir einmal geglaubt haben, das Individuum müsse sie aufbringen, entspringen dem Universalen. Das Leben sucht seine eigene Wachheit. Von einem Ende bis zum anderen war alles das Spiel Gottes. Der Buddha verkündet diese Wahrheit in der folgenden Passage: „Alle Dinge offenbaren Befreiung als ihre Essenz. Alle Dinge verschmelzen mit dem Todlosen. Alle Dinge enden im Nirvâna."[59]

Der vielleicht schwierigste Übergang ist der, im Nullpunkt zu verweilen und die Welt und sich selbst in Ruhe zu lassen. Wir haben so lange praktiziert, mit blitzschnellen Reflexen in unserem Interesse einzugreifen, zu beobachten, zu untersuchen und zu verstehen, was für ein Widerstand auch immer auftreten mag. Die Energie hinter diesem Eingreifen suggeriert, dass etwas nicht in Ordnung ist, wenn diese Geisteszustände, Gedanken oder Einstellungen auftreten. Das letztendliche Begreifen besteht darin, dass es nichts gibt, mit dem etwas nicht stimmt, weil alles dieselbe Essenz besitzt. Nichts kommt von irgendwoher und nichts geht irgendwohin; es ist nur eine momentane Konfiguration, ein

Erscheinen von nur einer Sache, und nichts muss repariert, verändert oder umgewandelt werden, um diese eine Sache zu verbessern. Wenn es nicht mehr den leisesten Drang gibt, das, was ist, auszugleichen, ist alles frei, um zu Null zurückzukehren. Null ist der einzige „Nicht-Ort", an dem dies geschehen kann.

15

Reifes Erwachen

Der Mond ist derselbe alte Mond,
die Blumen sind genau so, wie sie waren.
Doch ich bin zu der Dinghaftigkeit
aller Dinge geworden, die ich sehe!

– SHIDO BUNAN

WIE VERWEILEN WIR im Paradox und funktionieren dennoch im täglichen Leben? Wie manifestieren wir uns nach dem Erwachen im alltäglichen Dasein? In gewisser Weise ist das Erwachen der Anfang des spirituellen Weges, weil unsere Ausrichtung und Absicht von diesem Punkt an klar und unser Zutrauen beständig ist. Das Erwachen leitet den Prozess ein, durch den wir in unseren einzigartigen und unverwechselbaren Lebensausdruck hineinwachsen. Chinul, der Begründer des koreanischen Zen, sprach von „plötzlicher Erleuchtung und kultivierter Weisheit". Dieser Ausdruck soll deutlich machen, dass einerseits das Erwachen das Leben völlig verändert, dass es aber auch danach noch über einen langen Zeitraum tief verwurzelte Charaktermuster und Gewohnheiten gibt, die eines wachsamen Verständnisses bedürfen. Wir erwachen aus dem Alten, damit sich das Neue manifestieren kann. Wenn das Bewusstsein dieser alten Konditionierung nicht direkt Rechnung trägt, wenn sie auftritt, wird unsere Einzigartigkeit blockiert.

Es gibt keine Vorgaben dafür, wie man sich manifestiert; es kommt niemand vom Himmel herab, um uns zu sagen, was zu tun sei, noch gibt es einen Meisterplan, der unser Erwachen begleitet, sondern nur ein merkwürdiges „Nichtwissen", das zu assimilieren wir Zeit brauchen, oft jahrelang. Wir wissen, dass wir uns nicht mehr auf unsere Gewohnheiten verlassen können, sind uns aber nicht sicher, was deren Platz einnehmen wird. Allmählich entstehen Spontaneität und Kreativität aus dem „Nichtwissen" in Aktionen von Körper, Rede und Geist. Das kann eine herausfordernde Zeit sein, und viele Menschen verbleiben lieber im Strom ihrer früheren Konditionierung, als sich dieser Ungewissheit auszusetzen. Wir haben vielleicht ein Loch des Nichtwissens in unser Ego gesprengt, aber häufig bleibt ein Umriss von Angst um das Loch herum übrig und bindet uns an die Vergangenheit. Unsere fortdauernde Aufgabe besteht darin, uns diesem Rest an Angst zu stellen und die Arbeit des Bewusstseins zu Ende zu führen.

Je mehr wir unsere Getrenntheit aufgeben, desto schneller beenden wir die Arbeit, unsere Angst aufzulösen. Muster, die weniger Identifikation enthalten, sind schneller losgelassen, aber letzten Endes müssen wir uns mit den Bereichen konfrontieren, die noch immer an das Ergebnis, Erscheinungsbild oder den Ausdruck unseres persönlichen Schmerzes gebunden sind. Diese Bereiche bedürfen einer großen Nüchternheit und Reife. Wir wissen, dass das Erwachen unseren totalen Einsatz verlangt, aber wir mögen vielleicht immer noch ein bisschen von uns in Reserve behalten. Wir trödeln in der Hoffnung auf eine Gnadenfrist. Die Ichempfindung spielt ihre letzte Karte aus, ihr sehnsüchtiges Bedürfnis nach Nostalgie. Werden wir verschwinden, wie die Spur einer Hand im Wasser, ohne eine Spur unseres Platzes auf Erden zu hinterlassen, ohne ein kleines Denkmal an unser „Ich"?

Unser Vertrauen ist noch nicht voll ausgereift und die Hingabe daher nicht vollkommen – wir müssen noch überzeugt werden, dass uns etwas auffangen wird, wenn wir unsere letzten Verteidigungsmechanismen fallen lassen. Aber es gibt keine Versicherung und wir stehen entweder da und geben vor, jemand zu sein, der wir nicht sind, oder aber wir geben uns ohne irgendeine Garantie hin. Dann rührt sich etwas in unserem Herzen, und wir begreifen, dass wir nicht mehr zurück können. Das Herz beginnt mit der Macht des Verlangens nach der Wahrheit an uns zu zerren, und die letzte Bastion des „Ich" wird losgelassen. Es gibt keinen Druck, sich hinzugeben; niemand verlangt das von uns. Hingabe findet statt aufgrund der zwingenden und unnachgiebigen Natur des Herzens.

Nachdem wir uns hingegeben haben, finden wir uns genau dort wieder, wo wir sind. Alles fällt in sich zusammen und der Augenblick, der so lange herbeigesehnt wurde, ist nichts Besonderes. Die Ichempfindung gibt allmählich ihre spirituelle Dominanz auf und die Welt öffnet ihre Arme, wie eine Mutter für ihr verlorenes Kind. Der Augenblick sowie das „Ich", das darin in Erscheinung tritt, sind ein und dasselbe Ereignis. Es ist nicht mehr sinnvoll, etwas woanders als im Hier und Jetzt zu suchen, weil das Hier und Jetzt alles enthält. Wo wir einst eine besondere Umgebung verlangt haben, um uns spirituell sammeln zu können, öffnet sich jetzt jede Erfahrung zu einer ruhenden Präsenz in unserem Leben. Wir könnten genauso gut sagen, dass wir überall stehen, wie wir sagen können, wie stehen hier – und doch stehen wir paradoxerweise auf diesem Punkt!

Ungeachtet der Frage, wo wir uns in unserer spirituellen Praxis gerade befinden mögen, stellt das Leben eines Laienbuddhisten eine Erweiterung von „diesem Punkt" dar. Inmitten aller täglichen Routine und all dessen, was es praktisch zu tun gibt, wird „dieser Punkt" zu der erdenden Kraft, die alle Bewegungen von Körper, Rede und Geist beherrscht. Im Buddha, Dharma und Sangha Zuflucht zu suchen bedeutet, sich dem hinzugeben, was und wo wir sind, und wenn wir keine gute Beziehung zu den Berührungspunkten haben, haben wir auch keine gute Beziehung zum Leben, weil unser Leben diese Berührungspunkte ist.

Der Laienbuddhismus ist ein direkter Pfad, der uns herausfordert, jedem Augenblick zu seinen eigenen Bedingungen zu begegnen und uns „diesem Punkt" auf Erden hinzugeben, der unser Leben ist, und nur hier Zuflucht zu suchen, indem wir alle Verbindung mit der Zeit abbrechen. Diese Herausforderung kann uns dazu zwingen, uns mit solcher Entschlossenheit an den Augenblick anzupassen, dass die Entschlossenheit selbst das Erwachen ist. Es kann kein Schwanken geben, damit sich die Kräfte des Zweifels nicht wieder einschleichen und Dominanz über die Absicht beanspruchen, und wir müssen jeglichem Zögern direkt begegnen, bis die Essenz des zweifelnden Geistes offenbart ist. Diese Begegnung zwischen Bewusstsein und dem zweifelnden Geist entsteht nicht aus Willenskraft, sondern aus der Liebe des Herzens.

Das Leben hat eine Art und Weise, die verschlossensten Bereiche der Reaktivität zum Vorschein zu bringen, Bereiche, in denen wir die Identifizierung mit unserer Geschichte fortsetzen, aber nach dem Erwachen ist es nicht mehr unsere Absicht, diese Reaktionen zu verändern oder zu eliminieren, sondern einfach dem Bewusstsein zu erlauben, diesen Stadien mit Weisheit zu begegnen und sie mit Weisheit zu durchdringen. Wenn wir bereit sind, uns ganz und gar zu zeigen, kommen diese Reaktionsmuster aus ihrem Versteck. Letzten Endes müssen wir alle Bezugspunkte, die uns vom Gewöhnlichen wegziehen – wie etwa „spirituelle Praxis" –, fallen lassen, damit wir völlig in diesem Gewöhnlichen verweilen können, wo alle Paradoxe aufgelöst sind. Auf dem Marktplatz inmitten aller Aktivität können wir die spirituelle Idealisierung hinter uns lassen, und wir können dem Augenblick begegnen, ohne ihn aus einer verzerrten „spirituellen" Perspektive zu sehen.

Eine Reihe von Jahren verbrachte ich relativ zurückgezogen in Asien und Amerika, sowohl als Laie als auch als Mönch, und während dieses längeren Zeitraums geriet ich in den Ruf, ein ernsthafter Meditierender und potenzieller Lehrer zu sein. An einem bestimmten Punkt war ich nicht mehr in der Lage, mit meinen eigenen Erwartungen und den Projektionen anderer effektiv zu arbeiten, und ich erkannte, dass ich diese Umgebung verlassen musste. Ich fand einen Job in einem weit entfernten Teil des Landes, wo niemand mich kannte. Ich genoss die Tatsache, unbekannt zu sein und dass die Leute mich auf meine alltäglichen menschlichen Fehler aufmerksam machten, die wir alle machen, ohne meinen spirituellen Hintergrund zu berücksichtigen. Ich freute mich über das Verborgensein und erkannte, dass meine spirituelle Gesundheit von der Demut abhing, vollkommen gewöhnlich zu sein.

Die ganze Palette des gewöhnlichen Lebens kann diese relative Anonymität bieten, in der der Geist in seinem Rohzustand zu erkennen ist. Bei zu großen Erwartungshaltungen oder Projektionen kann der Geist leicht seiner Arroganz unterliegen und seine Absicht der Selbstbeobachtung verlieren. Jeder von uns kennt den Punkt, wenn diese Absicht verloren geht und wir uns stattdessen für Eigenlob entscheiden. Wenn wir frei von dem Wunsch sind, einem spirituellen oder philosophischen

Ideal entsprechend zu leben, können der Geist und das Herz zu einer einzigen Essenz verschmelzen.

Die Bereitschaft, sich ohne spirituelle Techniken oder psychologische Verteidigungsmechanismen dem zu stellen, was in Erscheinung tritt, ist ein Ergebnis von Reife und entspringt dem Wissen um die paradoxe Natur der Realität; wir stellen die Beschaffenheit der Realität nicht mehr infrage oder versuchen, den Herausforderungen des Geistes zu entkommen. Das Bedürfnis zu fliehen stammt aus der dualistischen Vorstellung, dass die Realität und „ich" miteinander in Konflikt stehen. Wenn ich aber die Realität *bin*, dann kann es keine Strategie mehr geben, um dem auszuweichen, was in Erscheinung tritt. Reife ist die Bereitschaft, ohne Rechtfertigung oder Entschuldigung auf „diesem Punkt" zu stehen und sich dem Jetzt hinzugeben. Sie ist das Ende eines geteilten und der Anfang eines authentischen Lebens, ohne irgendein Endergebnis oder einen festgelegten Ankunftspunkt. Reife ist das letzte der Ochsenbilder, das den alten, rundlichen und glatzköpfigen Wanderer mit einem Bündel auf der Schulter zeigt, wie er nach seinem Erwachen vom Berg hinabsteigt und auf den Markt in der Stadt geht. Dieses repräsentiert einen vollen Ausdruck des Lebens am Nullpunkt, eine Verkörperung der Tatsache, dass man sein wahres Zuhause in der Welt gefunden hat.[60]

Das Wort „Reife" kann das Ego interessieren, weil sie als eine Eigenschaft erscheint, die unseres Beistandes bedarf, um sie voranzutreiben, aber Reife ist das Endstadium des Wachstums und umfasst alle verfügbare Weisheit. Das Bedürfnis, unser Tempo zu beschleunigen und unsere Entwicklung voranzutreiben, endet mit dem Begreifen, dass innerhalb der Zeitlosigkeit des Jetzt alles sein eigenes Timing besitzt. Timing hat nichts mit uns zu tun, und je weniger wir uns einmischen, desto glatter läuft es. Das Leben ist am Steuer, nicht aber unsere Bemühungen, reif zu werden. Selbst der sporadische Gedanke, „unvollendet" zu sein, erzeugt keine Reaktion, weil er nicht an jemanden oder an etwas gebunden ist und nur wie das Knurren eines leeren Magens ist. Darüber hinaus impliziert „unvollendet" Zeit, Ziel, Kontinuum und jemanden, und wir haben deutlich über all die Überlagerungen von Freiheit hinausgeblickt.

Reife

Der Weg der Reife ist ein weiteres Paradox und er lässt sich nicht auf rationale, widerspruchsfreie Weise durcharbeiten. Die Beschreibungsversuche sind notwendig gegensätzlich und widersprüchlich, da er einerseits ein Reifen des Charakters im Laufe der Zeit beinhaltet und doch erst in der Leerheit des Ich in einer zeitlosen Dimension vollendet wird. Er umfasst sowohl Zeit als auch Zeitlosigkeit, das Unmittelbare als auch das Kultivierte, die einander natürlich widersprechen. Durch Reife lernen wir, sowohl im Endlichen als auch im Unendlichen zu wohnen, ohne eines von ihnen zu einem Problem werden zu lassen. Lassen Sie uns beide Seiten des Paradoxes der Reife ansehen und sie ins rechte Licht rücken.

Viele von uns halten Reife für eine Frage der Zeit, so wie Früchte im Laufe der Zeit an einem Baum reifen. Auch wenn Wachstum durch Lebenserfahrung geschieht, ist Reife keine Frage einfachen Abwartens. Sie ist das Ergebnis sowohl von Bewusstheit als auch von Intention. Wir reifen emotional, spirituell und mental, wenn wir erkennen, wie wertvoll es ist, unsere Augen offen zu halten und aus allen Situationen zu lernen. Wir erkennen den Schaden und den Schmerz, die unsere Worte und Taten anrichten, die persönlichen Implikationen unserer schier endlosen Wünsche, das Verheerende unseres Verhaltens und die Konsequenzen eines ohne Bewusstheit gelebten Lebens. Schließlich steigt ein Gefühl von „Jetzt habe ich genug davon" in unserem Herzen auf. Veränderung von Verhaltensweisen entsteht nicht dadurch, dass wir uns selbst von einer neuen Strategie überzeugen, sondern indem wir unser Herz den durch Unaufmerksamkeit geschaffenen Problemen aussetzen.

Reife erfordert ein Verständnis unserer Verantwortlichkeit als Mensch auf diesem Planeten, und unsere erste Pflicht ist es, einen Charakter zu entwickeln, der die Verknüpftheit verkörpert und so wenig wie möglich Schaden anrichtet. In seinen Unterweisungen an seinen jungen Sohn Râhula sagt der Buddha: „Wenn sich jemand nicht schämt, absichtlich eine Lüge zu erzählen, gibt es nichts Böses, so sage ich dir, das er nicht tun würde. Daher solltest du dich folgendermaßen schulen, Râhula: ‚Ich werde keine absichtliche Lüge erzählen, auch nicht im Scherz.'"[61] Eine solche Charakterbildung baut auf den Herzensqualitäten auf und beginnt, wie bei Râhula, mit einer einfachen Unterscheidung dessen, was schädlich ist und was nicht. Ein Großteil unserer frühen Praxis besteht aus dieser Disziplin. Gedanken und Aktionen werden in Hinsicht auf ihre geschickten oder nicht-geschickten Qualitäten abgewogen, bevor wir sie ausagieren.

In den meisten Situationen ist es gesünder, einen Schritt zurückzutreten, um unsere Absichten einzuschätzen, als sofort zu handeln, denn so treten wir aus dem Bewegungsmoment der Gewohnheit heraus. Die Kehrseite dieses Zurücktretens, um unsere Handlungen zu betrachten, ist, dass wir aus dem Augenblick heraustreten und in die Interpretation dieses Augenblicks durch den Geist eintreten, wobei die Ichempfindung in dieser Lücke des Nachdenkens wieder die Kontrolle übernimmt. In dieser Lücke wägen wir die Worte Buddhas und unsere eigenen ethischen Prinzipien ab, und obwohl dieses Innehalten einem unbedachten und rücksichtslosen Verhalten vorzuziehen ist, ist es keine Freiheit und nur eine partiell reife Reaktion auf die Situation.

In dieser Phase der Praxis glauben wir noch mehr an die Fähigkeiten unseres Geistes, sich moralisch zu verhalten, als an das uns innewohnende Gutsein, das aus dem reinen Präsentsein ausstrahlt. Wir glauben mehr an uns selbst als an das Bewusstsein, und solange wir das tun, werden wir unsere persönliche Kontrolle nicht dem Bewusstsein überantworten. Bewusstsein besitzt seine eigene ihm innewohnende Intelligenz, die nicht freigesetzt werden kann, solange wir uns auf den Intellekt des Geistes berufen. Reife heißt, die Grenzen unserer persönlichen Perspektive zu erkennen und die Kontrolle dem Unendlichen zu übergeben.

In den Lehren Buddhas gibt es zahlreiche Widersprüche und viele haben mit der jeweiligen Einsichtfähigkeit desjenigen zu tun, zu dem er gerade spricht. Er spricht auf der Reifeebene der jeweiligen Person, und was er zu einem Menschen sagt, ist oft unvereinbar mit dem, was er in einem früheren Gespräch mit einem anderen Menschen auf einer anderen Reifeebene gesagt hat. So wie der junge Râhula verstehen auch wir auf unserer gegenwärtigen Weisheitsebene manchmal nur eine Darlegung, bei der es einzig um die moralische Lektion der Situation geht.

Jeder Charakterzug, der ins Extrem getrieben wird, ist schädlich, selbst das Sprechen der Wahrheit. Wohl wissend darum, nimmt der Buddha in Hinsicht auf das Aussprechen der Wahrheit Rücksicht auf das, was für den jeweiligen Menschen angemessen ist: „Weiß der Buddha, dass bestimmte Worte den Tatsachen entsprechen und wahr, aber nicht förderlich und zudem anderen gegenüber unfreundlich sind, dann spricht er sie nicht aus."[62] Hier geht der Buddha über die unmittelbare mentale Landkarte unserer ethischen Schulung hinaus und spricht sich für die Berücksichtigung der jeweiligen Umstände aus.

In dieser Darlegung lässt uns der Buddha die Grauzone des Lebens betreten, wo es keine eindeutigen Anweisungen für das, was zu tun ist, mehr gibt. Diese Lehre war vielleicht für jemanden gedacht, der sich auf einer anderen Reifeebene befand als Râhula, und sie ist ein Ruf nach Bewusstheit über unsere eigenen Bedürfnisse und etablierte Regelwerke hinaus. An dieser Stelle beginnt das Herz, den Geist zu zügeln. Unsere Reife wird nicht mehr von schlichten Moralsätzen bestimmt, die besagen, man dürfe niemals dieses und müsse immer jenes tun. Sie gelangt vielmehr zu einem intuitiven und umfassenden Verständnis der Gesamtheit der Situation. Die Grenzen der Charakterbildung sind hier weniger scharf umrissen.

Als junger Pfadfinder wurde mir gesagt, ich müsse vertrauenswürdig, hilfsbereit, freundlich, höflich, nett, gehorsam, fröhlich, sparsam, tapfer, reinlich und ehrerbietig sein. Mein zwölfjähriger Charakter versagte in Hinsicht auf all diese Eigenschaften kläglich, und die Liste wurde zu einer Aufzählung meiner Unzulänglichkeiten. Ich strengte mich sehr an, diesen Regeln zu entsprechen, aber mein Versagen dabei bereitete den Weg für die Ablehnung meiner selbst. Ich besaß nicht die Reife, um zu verstehen, dass Charakter besser durch Bewusstheit als durch eine Liste von Einschränkungen und Geboten gebildet wird. Und am Ende definierten diese Einschränkungen mein Versagen und ließen keinen Raum für die Freude, zwölf Jahre alt zu sein.

Ein reifes Gefühl für Verantwortung ist ohne exzessive Kontrolle oder steife Selbstverpflichtung, und indem wir unser Herz in den Eigenschaften unseres Charakters atmen lassen, können wir unfestgelegt und ohne an ein rigides System gefesselt leben, was es uns ermöglicht, uns eher durch Liebe als durch Selbstkontrolle zu öffnen. Unseren Charakter zu öffnen bedeutet keine Leugnung unserer Verantwortung gegenüber der Welt; in der Tat würden die meisten von uns Verantwortung in die Definition von Reife mit aufnehmen. Wir verkörpern unsere Inkarnation und sind verantwortlich für unser Leben, indem wir in den Beschränkungen des Begrenzten leben, ohne jedoch von diesen Einschränkungen beeinflusst zu werden.

Wir begegnen jedem Augenblick mit unseren begrenzten Fähigkeiten, ohne defensiv zu sein oder diese Begrenzungen auf andere zu projizieren. Wir begegnen jeder Begrenzung mit Bewusstheit und wissen, wozu wir fähig sind und wozu nicht. Die Beschränkung des Charakters fesselt das Bewusstsein nicht innerhalb des Charakters und schränkt es nicht ein, und auch wenn unsere Fertigkeiten begrenzt sind, bleiben wir innerhalb dieser Einschränkungen frei.

Die Stabilität des Charakters in einem reifen Menschen bedeutet nicht, dass er unfähig ist, sich zu verändern oder anzupassen, sondern impliziert vielmehr Flexibilität und Anpassungsfähigkeit, die eine optimale Reaktion gewährleisten. Ein ruhiger Geist bleibt während eines Bombardements widersprüchlicher Gedanken gesammelt, und ein fester Charakter ruht in sich und ist unabhängig von der Anerkennung und Zustimmung anderer. Wieder einmal wirkt die Realität durch unseren Charakter, aber der Charakter besitzt eine enorme Bandbreite und Tiefe, wenn er nicht an ein Selbstbild gebunden ist. Stabilität ist geistige Gesundheit und sie basiert auf der Integrität des Einsseins, indem sie auf den schöpferischen Impuls des Augenblicks reagiert, niemals jedoch zum Schaden anderer.

Die wichtigste Eigenschaft der Reife ist wohl diese Flexibilität. Ein reifer Mensch ist niemals nur einseitig, und wenn die Situation Härte oder ihr Gegenteil erfordert, tritt der Charakter hervor und nimmt seine Verantwortung wahr. Aus diesem Grund kann ein solcher Mensch vielleicht als widersprüchlich oder launenhaft angesehen werden, obwohl er im Grunde keines von beiden ist, sondern lediglich auf die Gesamtheit des Augenblicks reagiert, ohne von einem Hängen an Konsequenz bestimmt zu sein.

Der Buddha sagt: „Wie wir auch immer eine Tatsache wahrnehmen mögen, die Wahrheit ist eine andere."[63] Und dies könnte seine endgültige Aussage zum Thema der Reife sein. Er scheint uns zu sagen, dass es keine „richtige" mentale Orientierung hinsichtlich der Erfahrung gibt und dass alle Wahrnehmungen nur relativ wahr sind. Er fordert uns auf, alle Vorstellungen fahren zu lassen, die gegensätzliche Ansichten geltend machen. „Die Nichtidentifizierung mit irgendetwas hat der Gesegnete verkündet."[64] Wir sind nun über die Charakterentwicklung hinausgewachsen, über eine mentale Interpretation der Erfahrung, und haben uns in den Mahlstrom des Bewusstseins fallen lassen.

Das Paradox, als Persönlichkeit zu leben und doch ohne Einschränkung, bildet das letzte Kapitel der Reife. Unsere Persönlichkeit wird sich auf eine einzigartige Weise selbst ausrichten, obwohl der Geist und das Herz ohne Ichbezug sind. In der folgenden Passage erkennen wir Buddhas Charakter und Freiheit, seine Form und seine Formlosigkeit. Zu Daniya gewandt, sagt er: „Ich bin niemandes Diener. ... Ich wandere durch die Welt, ohne das Bedürfnis zu dienen."[65] Und dennoch hat sein Charakter paradoxerweise fünfundvierzig Jahre lang unablässig gedient.

Eine reife Beziehung zum Leben sucht nicht mehr nach Perfektion innerhalb der Form; doch von Augenblick zu Augenblick drückt sich der Charakter durch eine anspruchsvolle Aktion von Körper, Rede oder Geist aus. Wenn wir beginnen zu urteilen, werden wir Lob und Tadel finden; eine Handlung wird etwas in die Wege leiten, Standpunkte werden eingenommen, Kriege geführt, manche Menschen ausgeschlossen und andere eingeschlossen. Form ist per definitionem unvollkommen und Manifestationen folgen auf dem Fuße. Es gibt kein Handeln, welches das volle Paradox des Lebens zum Ausdruck bringen kann. Nur der unbegrenzte Herz-Geist umfängt das Paradox und tut dies im klaren Begreifen des Augenblicks.

Das Reifen kennt kein Ende und seine wahre Bedeutung wird in der ruhenden Bewegung des Lebens entdeckt, in der wir jedem Augenblick mit der Verwunderung und dem Interesse einer offenen Frage begegnen. An das Ende eines spirituellen Weges zu denken hieße, an ein Ende von Bewusstsein zu denken, an ein Ende des Lernens und an ein Ende der Liebe. Das Leben kennt kein Ende, aber für das begrenzte Dasein in ihm gibt es ein Ende.

Von Eins zu Null

Die meisten von uns haben die Erfahrung gemacht, an einem Lagerfeuer zu sitzen und zu beobachten, wie der Abend in die Nacht übergeht, während das Feuer niederbrennt. Da der Abend zu Ende geht, schüren wir das bestehende Feuer noch, legen aber nichts mehr nach, um es weiterbrennen zu lassen. Das Feuer brennt zu glühenden Kohlestücken nieder und ist bald nur noch eine schwache Erinnerung an das, was es einmal war. Es ist unglaublich schön, einfach bei der Glut zu sitzen, während die Nacht hereinbricht und die Sterne hervorkommen.

Auf einer gewissen Ebene der Reife verlieren wir den Wunsch, das Feuer unseres Lebens um größerer Intensität und Aufregung willen zu schüren. Wir sitzen geduldig an den glühenden Kohlen des Karma unserer Vergangenheit und begegnen allem, was uns geschieht, mit Bewusstsein, fügen jedoch keine Reaktion mehr hinzu und verstärken so die Überreste unserer Vergangenheit auch nicht mehr. Unser Nichtreagieren stellt sicher, dass wir kein Holz mehr nachlegen und unsere Geschichte nicht fortsetzen. Es gibt keine größere Freude als zu beobachten, wie unser Schmerz und unser Leiden abnehmen und schließlich im Licht des Bewusstseins verlöschen.

Im Buddhismus geht es letzten Endes um das Verweilen im Jetzt, und buddhistische Praxis fördert und kultiviert geschickte Zustände des Geistes, um diesen Zugang leichter zu machen. Es ist ein geradliniger Prozess der Überantwortung, der einsetzt, wenn der Geist still, gelassen und gleichmütig ist, weil diese Zustände entstehen, wo es keinen Widerstand mehr gibt, und sie den bewussten Menschen näher an das Jetzt heranführen. Sie setzen die Absicht, sich hinzugeben, in Gang, da wir die Nachteile eines im Lärm des Geistes gelebten Lebens erkannt haben.

Manche Menschen werden durch die Betonung dieser mentalen Zustände im Buddhismus fehlgeleitet, weil sie diese nicht als geschickte Mittel erkennen, die uns helfen sollen, der Selbsttäuschung zu entkommen, sondern sie eher als Selbstzweck verstehen. Sobald wir ein Bedürfnis haben, etwas zu kultivieren, die mentalen Zustände eingeschlossen, manifestiert sich die Ichempfindung in dieser Vorstellung und verstärkt den Eindruck. Solange wir nicht die Reife besitzen zu erkennen, wie das Ich sich selbst durch Errungenschaften aufbaut, können wir bei unserem spirituellen Unterfangen leicht auf Abwege geraten.

Wir können der Ansicht sein, wir befänden uns irgendwo in einem Kontinuum zwischen Eins und Null. Eins ist die vollkommene Verkörperung des „Ich", das von allen Dingen getrennt ist, und Null ist die Leere und das Unkonditionierte. Die spirituelle Praxis sollte uns von Eins nach Null bringen, aber wie wir in den vorhergehenden Kapiteln gesehen haben, führt sie uns häufig in die entgegengesetzte Richtung, zurück zu Eins. Wir haben erkannt, dass wir nicht die Strategien von Eins benutzen können, um zur Null zu gelangen. Jeder Gedanke und jedes Handeln von Körper, Rede und Geist enthält entweder die Bewegung in Richtung Eins oder in Richtung Null. Wir verfestigen ständig den Zugriff des „Ich" auf die Realität, oder wir lockern ihn. Die Richtung, in die wir gehen, hängt völlig von unserer Beziehung zum Jetzt ab.

Dieses Kontinuum kann man sich auch in zeitlichen Begriffen vorstellen, mit der Null als dem Verweilen im Zeitlosen und der Eins als der festen Verwurzelung in den Vorstellungen von Vergangenheit und Zukunft. Der Buddha fordert uns auf, die Zeit loszulassen, wenn er sagt: „Lasst die Vergangenheit los, lasst die Zukunft los, lasst die Gegenwart los und setzt über zum anderen Ufer des Daseins. Mit der vollkommenen Befreiung des Geistes wird es keine Geburt und keinen Tod mehr für euch geben."[66]

Die Vergangenheit und die Zukunft werden offensichtlich vom Denken geschaffen, da wir alles, was einmal war und was vielleicht sein wird, nur in unserem Nachsinnen finden. Aber wovon spricht der Buddha, wenn er empfiehlt, auch die Gegenwart aufzugeben? Ist denn die spirituelle Praxis nicht auf den gegenwärtigen Augenblick ausgerichtet? Wenn die Gegenwart als ein Zeitintervall zwischen Vergangenheit und Zukunft verstanden wird, wird sie zu einer schmalen Öffnung zwischen den beiden, und wir versuchen uns mittels der spirituellen Methoden in sie hineinzuquetschen. Die reale Gegenwart, die ich Jetzt nenne, ist im Grunde kein Moment in der Zeit. Sie ist kein schmaler Korridor, sondern etwas weit Offenes, das alles umfängt, einschließlich der Gedanken an Vergangenheit und Zukunft. Nichts kann überhaupt außerhalb des Jetzt sein, weil es der einzige Platz ist, an dem Leben in Erscheinung treten kann.

Die Ichempfindung ist vierdimensional; sie umfasst die drei Dimensionen des Raumes sowie eine zusätzliche Dimension der Zeit. Das Ich glaubt an die Wahrheit der Gedanken und die sie begleitende Geschichte von jemandem, der sich durch die Zeit aus der Vergangenheit durch die Gegenwart in die Zukunft bewegt. Das Jetzt besitzt nur die drei

Dimensionen des unendlichen Raumes, weil Zeit nicht in es eindringen kann. Jetzt ist jetzt, nicht früher und nicht später, nur die lebendige Gegenwart, und deshalb ist es zeitlos. Das Jetzt enthält die Vergangenheit, verwechselt diese Gedanken an die Vergangenheit aber nicht mit der Realität. Wenn die Ichempfindung etwas will, glaubt sie mehr an die Wahrheit ihres Wunsches als an das Jetzt, auf dem der Wunsch basiert. Sie verliert die Perspektive, stürzt sich aus dem Jetzt in die Zeit, verfolgt das Objekt ihrer Wahl und leidet schließlich an den Konsequenzen. Indem wir unsere Realität im Jetzt gründen, wird die wahre Perspektive wiedergewonnen und das Leiden beendet.

Für eine vierdimensionale Wesenheit ist es unmöglich, eine dreidimensionale Welt zu betreten; also muss das „Ich" aus der Zeit heraustreten und zulassen, verändert zu werden, wenn es das Kontinuum von Eins nach Null durchwandert. Wenn wir uns auf die Null zubewegen, beginnen wir von den Auswirkungen des Jetzt beeinflusst zu werden. Es ist, als ginge man auf ein Feuer zu: Wir spüren seine Wärme, lange bevor wir die Flammen berühren. In dem Maße, in dem wir uns im Einklang mit Weiser Sicht bewegen und in die Anziehungskraft des Zeitlosen geraten, werden unsere Tagträumereien weniger verlockend und unsere Geschichte weniger fesselnd. Je näher wir dem Jetzt kommen, desto mehr entsteht spontanes Bewusstsein, bis wir schließlich erkennen, dass volles Bewusstsein und Jetzt ein und dasselbe sind.

Wenn wir uns dem Jetzt nähern, verändert sich unser Verständnis dessen, was wir sind, und wir beginnen zu erkennen, dass die Konfiguration vergangener Annahmen, die uns als Person zusammengehalten hat, in Konflikt mit dem Jetzt steht, das keine Annahmen beinhaltet. Wenn wir den Umkreis des Jetzt betreten, müssen wir diese Annahmen und die Bilder, auf denen sie beruhen, aufgeben. Dies erfordert das Loslassen unserer Gedanken, und je mehr uns das gelingt, desto mehr weicht die Zeit vor dem Zeitlosen zurück und desto weniger wird das Bewusstsein im „Ich" von Vergangenheit und Zukunft eingeengt. Der Sog zur Überantwortung aller Ich-Bezüge wird in dem Maße intensiver, in dem wir erkennen, welche Vorzüge es hat, in das Jetzt einzutreten.

Inmitten des absoluten Jetzt liegt das Unkonditionierte, das Ungeborene, Objektloses Gewahrsein oder die Gleißende Dunkelheit, der alles Leben entspringt und die unser gesamtes Dasein gebiert. Wenn wir

Zeit vergegenständlichen und uns aus dem Jetzt herausbewegen, ist der erste Ausdruck des Lebens das „Wissen" im Bewusstsein. Bewusstsein besitzt eine wissende Qualität, das Wissen, dass ein Gedanke oder eine Erfahrung in ihm auftaucht. Dies ist das formlose Jetzt[67], das alle Ereignisse enthält, aber unbeeinflusst von ihnen ist. Die Natur des Geistes, von der in einigen buddhistischen Traditionen gesprochen wird, und das Herz, auf das in diesem Buch hingewiesen wurde, sind das formlose Jetzt. Durch weitere Vergegenständlichung gelangen wir zum Jetzt der Form. Dies sind die Sinneseindrücke, wie sie vom Geist wahrgenommen und von ihm im Augenblick erkannt werden; es ist der Gesang des Vogels, das Streicheln des Windes und das Denken des Geistes.

Wenn wir uns noch weiter vom Absoluten Jetzt entfernen, wird der Geist immer aktiver; er erzeugt die Person, die Bewusstsein hat, und macht sich selbst zum Kontrollzentrum. Der größte Teil unserer Meditation findet im Jetzt der Form statt und die Ichempfindung kann sich gemütlich in der Meditationserfahrung einrichten, wenn die Zeit sich als Denken zu manifestieren beginnt. Wir sagen: „Ich habe diese und jene Meditationserfahrung."

Wenn wir noch weiter vergegenständlichen, wird die Kraft des Geistes exponentiell stärker und unsere persönliche Geschichte wird zur Realität. Dies ist der Bereich des Psychologischen, wo die Ichempfindung die Realität annimmt, über die wir uns nun Gedanken machen. Denken Sie daran, dass nichts von alledem tatsächlich außerhalb des Jetzt geschieht, denn das wäre unmöglich. Das, was tatsächlich passiert, wenn wir auf Eins zugehen, ist, dass wir dem Denken immer größere Glaubwürdigkeit zugestehen. Jeder weitere Schritt weg vom Jetzt vergrößert die Gewissheit unserer Annahme der Getrenntheit.

Gehen wir in die entgegengesetzte Richtung, auf Null zu, dann wird das Bewusstsein es mit jeder dieser Vergegenständlichungen von Gedankenformen zu tun bekommen. Jede wird ihre eigene Logik und fesselnde Wahrheit besitzen, und jede wird den Anschein erwecken, als sei sie die letzte und endgültige Freiheit. Wenn wir auf Null zugehen, werden wir nie wissen, wie der nächste Schritt aussehen wird, außer dass er stiller sein wird als der vorige. Der Weg voran soll angesichts aller Ausdrucksformen der Realität, die das Denken uns vorführt, ruhig und still sein, und durch diese Stille wird jede Vergegenständlichung durchlässig. Stille wird sowohl zum Mittel als auch zum Zweck der Auflösung der vor uns liegenden Täuschung.

Schließlich gelangen wir zum Absoluten Jetzt und wir begreifen in einem Aufwallen von Erwachen, dass man in dies nicht eintreten kann, weil wir zusammen mit allen Dingen bereits darin sind. Wir manifestieren uns als Ausdruck dieser Totalität in einer Form. Da wir in dieser manifesten Welt leben und wirken, können wir dieser Totalität am nächsten kommen, wenn wir im Wissen des formlosen Bewusstseins verweilen, während wir intuitiv die unmittelbare Nähe zum Absoluten Jetzt spüren. Das Bewusstsein leugnet die Form nicht, nimmt sie aber auch nicht an; Form ist einfach da.

Alles ist im Jetzt enthalten, weil das Jetzt die Geburt jeder Manifestation ist. Die Frage, die in diesem Buch gestellt wurde, lautet: Wie weit können wir überhaupt von der Freiheit entfernt sein, wenn die Freiheit Jetzt ist? Wie weit sind wir jetzt vom Jetzt entfernt? Das ist der Abstand, den es zu überwinden gilt, und es ist eine zu kleine Entfernung, als dass das Ich die Führung übernehmen könnte; nur Bewusstsein kann dies bewerkstelligen.

Für eine lange Zeit verbindet die spirituelle Reise Bewusstsein mit dem „Ich", das zu erwachen versucht. Wir versuchen, uns ganz in dem Prozess des Sterbens unseres Ego zu engagieren. Unbewusst versuchen wir, unser Ich in das Erwachen mit hineinzubringen, aber Erwachen ist ja gerade Erwachen aus dem „Ich". Um in das Jetzt eintreten zu können, müssen wir uns selbst verlieren; uns selbst zu verlieren ist das Ende des Leidens. Es ist leichter, dies von Anfang an zu wissen und unsere Praxis zur Null, wie sie in diesem Buch besprochen wurde, hinzuwenden. Auf diese Weise wird die Reise um Vieles einfacher.

Dieser Ansatz befreit uns vor der Übervereinfachung, besondere Techniken und Methoden als Mittel anzuwenden, um bei Null anzukommen. Null ist das, was den Augenblick trägt, nicht das, was wir im Augenblick tun. Bewusstsein bestätigt die Vollkommenheit jeden Augenblicks. Die meisten von uns glauben, die Praxis in unsere täglichen Aktivitäten einzubetten hieße, um die Interaktionen in unserem Leben herum Raum für Alleinsein und Entspannung zu schaffen, damit unser Leben funktioniert. Was es aber wirklich bedeutet ist, unsere auf Freiheit zielende Absicht in jede Aktivität einzubringen, sodass es keine

Trennung zwischen Handeln und Bewusstsein gibt. *Wir leben innerhalb des Handelns, nicht aber dafür, es auszuführen.*

Die meisten von uns leben in dem Gefühl, es stimme irgendetwas nicht mit der vor ihnen liegenden Erfahrung; deshalb füllen sie in dem Versuch, die wahrgenommene Schwierigkeit zu korrigieren, ihr Leben mit mentaler und physischer Aktivität. Aber es kann einfach nicht sein, dass mit unserer Erfahrung etwas nicht stimmt, da alles aus der absoluten Vollständigkeit des Jetzt entsteht. Im Jetzt zu verweilen heißt, in der Anerkennung des ganzen und wunderbaren Mysteriums, das ständig vor uns liegt, zu leben.

Die Frage ist niemals „Wie bringe ich mein Leben zum Laufen?" oder „Wann werde ich Erleuchtung erlangen?", weil alle „Ich"-Fragen einer begrenzten Sichtweise der Wirklichkeit entspringen. Entspannen Sie sich einfach in das, was die Frage stellt, und genießen Sie die Szenerie dieses erstaunlichen Lebens in seinen vielfältigen Manifestationen. Die vor uns liegende Aufgabe besteht darin, aus der Selbsttäuschung hinauszutreten, sonst wird das Ich niemals erfahren, dass es ebendie Wirklichkeit lebt, die es sucht.

O Hauserbauer, du wurdest durchschaut!
Du sollst dieses Haus nicht wieder aufbauen.
Deine Dachsparren sind zerbrochen, dein Firstbalken zerschmettert.
Das Unbedingte ist verwirklicht,
das Ende des Verlangens ist erreicht.[68]

– Buddhas erste Worte nach der Erleuchtung

Endnoten

Abkürzungen der Quellenangaben

A = *Anguttara Nikaya.* Übersetzt nach Nyananponika Thera und Bhikkhu Bodhi, Übers., *Anguttara Nikaya Anthology: An Anthology of Discourses from the Anguttara Nikaya.* Kandy, Sri Lanka (Buddhist Publication Society) 1999.

D = *Digha Nikaya.* Wenn nicht anders angegeben, übersetzt nach Maurice Walshe, Übers., *The Long Discourses of the Buddha: A Translation of the Digha Nikaya,* Somerville, Mass. (Wisdom Publications) 1995).

Dh = *Dhammapada.* Wenn nicht anders angegeben, übersetzt nach Gil Fronsdal, Übers., *The Dhammapada: A New Translation of the Buddhist Classic with Annotations,* Boston (Shambhala) 2006.

M = *Majjhima Nikaya.* Übersetzt nach Bhikkhu Nanamoli und Bhikkhu Bodhi, Übers., *The Middle Length Discourses of the Buddha: A New Translation of the Majjhima Nikaya,* Somerville, Mass. (Wisdom Publications) 1995.

S = *Samyutta Nikaya.* Übersetzt nach Bhikkhu Bodhi, Übers., *The Connected Discourses of the Buddha: A New Translation of the Samyutta Nikaya,* 2 Bände., Somerville, Mass. (Wisdom Publications) 2000.

Sn = *Sutta Nipata.* Übersetzt nach H. Saddhatissa, Übers., *The Sutta-Nipata: A New Translation from the Pali Canon,* New York (RoutledgeCurzon) 1995.

U = *Udana.* Übersetzt nach Nyananponika Thera und Bhikkhu Bodhi, Übers., *Numerical Discourses of the Buddha: An Anthology of Suttas from the Anguttara Nikaya,* Walnut Creek, Calif. (Altamira Press) 1999.

KAPITEL 1: Mit dem Erwachen in Einklang
1   *M* 57

KAPITEL 2: Die Ichempfindung
2   *S* 48.42
3   *Dhammacakkappavattana Sutta* 56:11. Walpola Rahula, *What the Buddha Taught: Revised and Expanded Edition with Texts from the Suttas and Dhammapada,* New York (Grove Press) 1974.
4   *U* 1.10

Kapitel 3: Die Sicht der Verknüpftheit
5   Das erste Buch der Könige 3:16
6   S. 2.77
7   Es gibt aus psychologischer Sicht Zeiten, zu denen wir Grenzen ziehen müssen, indem wir ein starkes Nein aussprechen, um dem Handeln anderer Grenzen zu setzen, etwa in Missbrauchssituationen. Wenn hier von „keine Grenzen" die Rede ist, sind nicht solche dezidiert psychologischen Grenzen gemeint. Eine spirituelle Grenze entsteht durch die Spezifizierung von Dingen, indem wir sie voneinander trennen.

Kapitel 4: Die Verknüpftheit durch den Schmerz der Kontraktion finden
8   *M* 22.38
9   *S* 56.11 „Was ist die Erste Edle Wahrheit des Leidens? Geburt ist Leiden, Altern ist Leiden, Krankheit ist Leiden, Trennung von Geliebtem ist Leiden, etwas nicht zu bekommen, was man haben will, ist Leiden: kurzum, die fünf vom Anhaften beeinflussten Kategorien sind Leiden."
10 Ebenda.
11 *U* 8.1
12 *S* 12.23

Kapitel 5: Das Bekannte hinterfragen
13 *A* 3.65
14 Ebenda.
15 *S* 2.25 „Abhängig von Unwissenheit entstehen karmische Bildekräfte. Abhängig von karmischen Bildekräften entsteht Bewusstsein. Abhängig von Bewusstsein entstehen Name und Form. Abhängig von Name und Form entstehen die sechs Sinne. Abhängig von den sechs Sinnen entsteht Kontakt. Abhängig von Kontakt entsteht Fühlen. Abhängig vom Fühlen entsteht Verlangen. Abhängig vom Verlangen entsteht Ergreifen. Abhängig vom Ergreifen entsteht Werden. Abhängig vom Werden entsteht Geburt. Abhängig von Geburt entstehen Alten und Tod, Kummer, Klagen, Schmerz, Trauer und Verzweiflung. So kommt es zum Entstehen dieser ganzen Masse des Leidens."
16 Die anderen drei Grundlagen sind die Kontemplation des Körpers, Kontemplation der angenehmen, unangenehmen und neutralen „Gefühls"-Färbungen im Leben und die Kontemplation des Geistes.

Kapitel 6: Ichlose Absicht
17 *A* 9.41
18 *M* 14

Kapitel 7: Das nötige Bemühen
19 *Sn* 743-45
20 *M* 113.28
21 *Sn* 736-37
22 *A* 1:17

KAPITEL 8: Von Sprache gefangene Sicht
23 *D* 15.22. T. W. Rhys Davids und C. A. F. Rhys Davids, Übers., *Dialogues of the Buddha*, 4th ed. (Oxford: Pali Text Society, 2002).
24 *M* 19.6
25 Ebenda, 22
26 *S* 5.46
27 Ebenda.
28 *D* 23.25
29 *M* 58

KAPITEL 9: Handeln aus der Leere heraus
30 Nach der Nachdichtung von Stephen Mitchell.
31 *Dh* 16
32 Ebd. 8.
33 *Dh* 19. Thomas Byrom, Übers. (New York: Random House, 1976).

KAPITEL 10: Erwachen durch Lebensunterhalt
34 *S* 45.8
35 *A* 5.177.34
36 Ebenda, 8.54

KAPITEL 11: Das Bewusstsein von der Kontrolle des Ich befreien
37 *M* 121.3
38 Stephan Schuhmacher, Zen, München (Diederichs) 2001, S. 52.
39 Ebenda, S. 56.
40 *S* 45.8
41 Ebenda, 117.34
42 Ebenda, 10.5
43 Ebenda, 118.26
44 *A* 10.107

KAPITEL 12: Die Fälschung der Ichlosigkeit
45 *M* 63.4-10
46 *Dh* 11–12. Ajahn Munindo, *A Dhammapada for Contemplation*, Northumberland, U.K. (Aruna Monastery) 2000.

KAPITEL 13: Der ruhige Geist
47 *M* 44.11
48 *Sn* 755-56
49 Ebenda.
50 Ebenda, 873-74
51 Ebenda 756-58
52 Die Erste Edle Wahrheit ist, dass das Leben Widersprüche und Unbefriedigtsein enthält, und die Zweite Edle Wahrheit ist, dass dieses Unbefriedigtsein durch unsere Zuneigungen und Abneigungen gegenüber der Realität entstehen.

53 *Dh* 33
54 *A* 10.107

KAPITEL 14: Die Auflösung des Paradoxes
55 *Sn* 873-74
56 Nach Thanissaro Bhikkhu: „Samsâra bedeutet wörtlich ‚weiterwandern‘. Viele Menschen halten Samsâra für den buddhistischen Namen des Ortes, an dem wir momentan leben – den Ort, den wir verlassen, wenn wir ins Nirvâna eingehen. Aber in den frühen buddhistischen Texten ist es nicht die Antwort auf die Frage ‚Wo sind wir?‘, sondern auf die Frage ‚Was tun wir?‘. Samsâra ist kein Ort, sondern ein Prozess: die Neigung, immer weiter Welten zu schaffen und dann in sie einzuziehen. Wenn eine Welt auseinander bricht, schaffen wir eine andere und gehen dorthin. Gleichzeitig geraten wir in Konflikt mit anderen Menschen, die ebenfalls ihre eigenen Welten schaffen." Quelle: Thanissaro Bhikkhu, „Samsara" Access to Insight, www. accesstoinsight.org/lib/authors/thanissaro/samsara.html.
57 *U* 8:1
58 Die Zehn Pâramitâs sind die zehn Charaktereigenschaften, die entwickelt werden können, um den Pfad des Erwachens zu unterstützen. Es sind: Großzügigkeit, moralisches Verhalten, Verzicht, Weisheit, Energie, Geduld, Aufrichtigkeit, Entschlossenheit, Liebe und Gleichmut.
59 *A* 10.107

KAPITEL 15: Reifes Erwachen
60 Die Zehn Ochsenbilder gehen zurück auf einen Chan-Meister der Song-Dynastie (1126-1279). Sie sind eine Analogie des spirituellen Weges von den Anfängen bis zur Erleuchtung. Der Ochse symbolisiert die Essenz des Herz-Geistes und der Hirte stellt den nach seiner eigenen Essenz Suchenden dar.
61 *M* 61.7
62 Ebenda 58.
63 Ebenda 113.
64 Ebenda.
65 *Sn* 25
66 *Dh* 348
67 Dies ist nicht das Gleiche wie die formlosen Jhânas (skrt. Dhyânas) oder Stadien der Absorption in tiefer Sammlung. Es ist die leere und substanzlose Eigenschaft allen Lebens.
68 *Dh* 153-54

Hinweise zur Übersetzung

Ein zentraler, in diesem Buch immer wiederkehrender Terminus muss vorab klar definiert werden, nämlich die deutsche Entsprechung zu dem englischen Begriff „mind", der hier mit „Geist" übersetzt ist, da der manchmal verwendete Anglizismus „der Mind" im Deutschen unschön ist.

Im buddhistischen Kontext steht der englische Begriff „mind" für das, was im Sanskrit manas genannt wird, das ist der „denkende Geist", der im weitesten Sinne alle geistigen (mentalen) Fähigkeiten und Aktivitäten, die intellektuelle Funktion des Bewusstseins, umfasst. Mind/manas bedeutet jedoch mehr als „Intellekt" oder „Verstand", wie diese Begriffe im deutschen Sprachgebrauch gewöhnlich verstanden werden. „Bewusstsein" wäre vielleicht eine treffendere Übersetzung – wenn Bewusstsein (skrt. vijñâna) im Buddhismus nicht eine umfassendere Bedeutung hätte und manas nicht nur eine von sechs Arten des Bewusstseins wäre. Mind/manas gilt hier als der sechste „Sinn" neben den im Westen definierten „fünf Sinnen" – ein Sinn, der „geistige Objekte" auffasst, so wie unsere „fünf Sinne" die Objekte von Sehen, Hören, Riechen, Schmecken und Tasten auffassen. Manas gilt dabei als die Basis für alle geistigen Tätigkeiten und hat die Funktion der Kontrolle über die ersten fünf Sinne.

Das englische mind ließe sich, je nach Kontext, als Geist, Verstand, Intellekt, Denken, Sinn, Gemüt, Bewusstsein übersetzen, was jedoch verschleiern würde, dass damit in diesem Buch meistens (wenn auch nicht immer) nur ein Ding, nämlich manas, gemeint ist. In Ermangelung eines deutschen Begriffes für manas und als größter gemeinsamer Nenner für die genannten Bedeutungsnuancen wurde deshalb der deutsche Begriff „Geist" gewählt, der, wie der Leser in Erinnerung behalten sollte, im oben definierten Sinne für die Gesamtheit der geistigen (mentalen) Fähigkeiten und Aktivitäten steht.

Stephan Schuhmacher

Anmerkungen des Übersetzers

I   Der Autor kommt aus der Theravâda-Tradition des Buddhismus und verwendet deshalb bei buddhistischen Termini die Pali-Schreibweise des Urbuddhismus. Da diese Begriffe westlichen Lesern häufig in ihrer Sanskrit-Form geläufiger sind, wurde diese (wo sie sich von der Pali-Schreibweise unterscheidet) in der Übersetzung beim ersten Auftauchen in Klammern hinzugefügt.

II   In diesem Abschnitt geht es um die verschiedenen Bedeutungen, die der im englischen Original verwendete Begriff *„whole"* im Deutschen haben kann, nämlich „ganz" (d.h. ungeteilt), „heil" (und davon abgeleitet „heilig") beziehungsweise „eins". Der in vielen Bibelübersetzungen verwendete Begriff „vollkommen" wird mehr als ein Werturteil empfunden und bringt nicht so deutlich zum Ausdruck, dass es in diesem Zusammenhang vor allem um das *Ungeteiltsein* geht.

III   Das „Nichttun", von dem im Buddhismus (wie auch im Daoismus) die Rede ist, ist keineswegs ein träges „Nichtstun", sondern ein spontanes Tun, das nicht von Absichten angetrieben wird.

VI   Das „Reine Bewusstsein" ist das vollkommen formlose „Grundbewusstsein", das nach buddhistischer Auffassung allen speziellen Formen des Bewusstseins zugrunde liegt, aus dem diese Bewusstseinsformen hervorgehen und in die sie zurückkehren. Es wird manchmal auch als „Universalbewusstsein" oder „kosmisches Bewusstsein" bezeichnet.

V   Im Reinen Bewusstsein oder Grundbewusstsein gibt es keine Form und keine Bewegung, damit auch keine Zeit und deshalb auch keinen „Anfang". Dennoch läuft im bewegungslosen Grundbewusstsein die Zeit der Welt der Erscheinungen ab; auf diese Einheit von „Zeit und Ewigkeit" weist der buddhistische Begriff der „anfanglosen Zeit" hin.

© Elisabeth Vigeon

RODNEY SMITH ist der Begründer und leitende Lehrer der Seattle Insight Meditation Society und Hauptlehrer der Insight Meditation Society in Barre. Er unterrichtet und leitet Retreats amerikaweit. Sein erstes Buch, *Lessons from the Dying* (Was der Tod uns lehrt), entstand vor dem Hintergrund seiner langjährigen Arbeit in Sterbehospizen.

Rodney Smith schöpft aus seiner eigenen reichen Lebenserfahrung – als buddhistischer Mönch in Thailand und Indien, als langjähriger Direktor eines Hospizes, als liebevoller und engagierter Ehepartner und als Lehrer mit vieljähriger Erfahrung.

Rodney Smith ist wohl am ehesten als ein buddhistischer Revolutionär zu beschreiben, der sich nicht mit formelhaften Ausdrucksweisen zufrieden gibt, sondern sich in den Kern vertieft hat. Auf den Inhalt seines Buches haben sich Lehren von Ajahn Buddhadassa und Nisargadatta Maharaj ausgewirkt, die seine direkten Lehrer waren, aber auch andere, wie Jiddu Krishnamurti, Tulku Urgyen, Adyashanti und Eckhart Tolle – um nur einige zu nennen.